CAIXA-PRETA

HENRY LOUIS GATES JR.

Caixa-preta
Escrevendo a raça

Tradução
floresta

Copyright © 2024 by Henry Louis Gates Jr.

Todos os direitos reservados, incluindo o direito de reprodução total ou parcial em qualquer formato. Publicado mediante acordo com Penguin Press, um selo de Penguin Publish Group, divisão da Penguin Randon House LLC.

Grafia atualizada segundo o Acordo Ortográfico da Língua Portuguesa de 1990, que entrou em vigor no Brasil em 2009.

Título original
The Black Box: Writing the Race

Capa
Mariana Metidieri

Imagem de capa
Home Sweet Home (*After Seurat, Manet and Pippin*), de Wangari Mathenge, 2023. Óleo e bastão a óleo sobre tela, 243,84 × 736,6 cm. Aquisição do Crocker Art Museum com verba fornecida por Simon K. Chiu em homenagem à equipe, docentes e apoiadores do Crocker, 2023.57.1

Preparação
Leny Cordeiro

Índice remissivo
Gabriela Russano

Revisão
Huendel Viana
Luís Eduardo Gonçalves

Dados Internacionais de Catalogação na Publicação (CIP)
(Câmara Brasileira do Livro, SP, Brasil)

Gates, Henry Louis, Jr.
    Caixa-preta : Escrevendo a raça / Henry Louis Gates Jr. ; tradução floresta. — 1ª ed. — São Paulo : Companhia das Letras, 2024.

    Título original: The Black Box: Writing the Race.
    ISBN 978-85-359-3787-9

    1. Afro-americanos – Vida intelectual 2. Afro-americanos na literatura 3. Relações raciais – Estados Unidos – História I. Título.

24-199256   CDD-305.800973

Índice para catálogo sistemático:
1. Afro-americanos : Estados Unidos : Relações raciais : Vida intelectual : Sociologia   305.800973

Cibele Maria Dias – Bibliotecária – CRB-8/9427

Todos os direitos desta edição reservados à
EDITORA SCHWARCZ S.A.
Rua Bandeira Paulista, 702, cj. 32
04532-002 — São Paulo — SP
Telefone: (11) 3707-3500
www.companhiadasletras.com.br
www.blogdacompanhia.com.br
facebook.com/companhiadasletras
instagram.com/companhiadasletras
twitter.com/cialetras

Para Stephanie Gates
Sempre fora da caixa

Para Eleanor Margaret Gates-Hatley
Lembre-se sempre de que você tem o direito de
marcar sua própria caixa ou caixa nenhuma

[...] *não vos deixei prender de novo ao jugo da escravidão.*

Gálatas 5,1

A raça é a modalidade na qual a classe é vivida, o meio através do qual as relações de classe são vivenciadas.

Stuart Hall, *Policing the Crisis*, 1978

Sumário

Prefácio: A caixa-preta 11

1. Raça, razão e escrita. 31
2. O que há em um nome? 62
3. Quem é seu pai?: Frederick Douglass e as políticas
   de autorrepresentação. 93
4. Quem é sua mãe?: A política da desrespeitabilidade 109
5. A "verdadeira arte do passado de uma raça": Arte,
   propaganda e o Novo Negro. 132
6. O modernismo e seus dissabores: Zora Neale Hurston
   e Richard Wright trocam farpas. 158
7. Vendidos versus homens da raça: Sobre o conceito
   de passing 175

Conclusão: Policiando a linha de cor 197
Agradecimentos 210
Notas. 213
Índice remissivo 235

Prefácio
A caixa-preta

A vida inteira eu vinha buscando alguma coisa, e para qualquer lugar que me voltasse, alguém tentava me dizer o que era. Acatei suas respostas, embora quase sempre contraditórias ou mesmo incoerentes. Eu era ingênuo. Buscava a mim mesmo e fazia a qualquer um, menos a mim, perguntas que eu, e somente eu, poderia responder. Custou-me muito tempo e muitas idas e vindas de expectativas para que eu alcançasse uma compreensão aparentemente inata a todos os outros: que não sou ninguém a não ser eu mesmo.

Ralph Ellison, *Homem invisível*

Minha neta, Ellie, nasceu de cesariana em uma tarde de sábado de novembro de 2014, após sua mãe, minha filha mais velha, Maggie, ter sofrido estoicamente em um parto induzido que durou cerca de vinte horas. Naquela noite, meu genro, Aaron Hatley, apareceu para me dar um abraço caloroso e brindar com uma dose de uísque da minha garrafa mais antiga de Pappy Van Winkle's Family Reserve.

Eu ouvi o relato de Aaron sobre os eventos do dia anterior e, após uma boa pausa, fiz a pergunta que queria ter feito desde o começo: "Você marcou a caixa?", eu perguntei, a propósito de nada do que havíamos acabado de conversar.

Sem demora, meu genro respondeu: "Sim, senhor. Marquei".

"Ótimo", respondi, servindo uma segunda dose de Pappy Van Winkle.

Aaron, um jovem homem branco, havia marcado a caixa "preta" no questionário que os estadunidenses são obrigados a preencher quando uma criança nasce. Agora, a mistura étnica do pai da minha filha — em outras palavras, a minha — é 50% africana subsaariana e 50% europeia de acordo com os testes oferecidos por empresas comerciais de DNA que tenho feito na última década e meia. Meu genro é 100% europeu. E como minha filha é 75% europeia, a filha dela, Ellie, quando cuspir no tubo de ensaio, terá cerca de 87,5% de ascendência europeia. "Legalmente", pelo menos um tempo atrás — e se não mais "legalmente", então por convenção, prática e/ou vontade —, Eleanor Margaret Gates-Hatley, que tem a aparência de uma adorável garotinha branca, vai viver sua vida como uma pessoa "preta"* porque seu pai e sua mãe marcaram a caixa-preta. (Imagino que a nossa Suprema Corte conservadora, que já se posicionou sobre o uso dessas caixas para ingresso em universidades, vai continuar de olho nelas.) E por causa dessa prática arbitrária, uma menina inteligente, linda e fenotipicamente branca será fadada, por toda a vida, a enfrentar o desafio de "provar" que é "preta", apenas porque seu avô autointitulado como um "ho-

---

* No original, *Black*. Nos Estados Unidos, o termo *Black* foi instituído de uma forma mais unânime por conta do Movimento Black Power (1960-70). Nesta tradução, optei pelo uso de "preta/o" sobretudo em relação a pessoas, reservando "Negra/o" para a tradução de *Negro* (termo datado do inglês) e no caso de adjetivações, como "história negra" e "intelectualidade negra". (N. T.)

mem da raça" desejou com ardor — e talvez com ingenuidade — que o eu racial dela fosse socialmente construído dessa forma.

Assim é o absurdo da história da raça e das designações raciais nos Estados Unidos da América, derivadas da lei da hipodescendência, a proverbial "regra da única gota". Talvez Eleanor escolha dançar a dança da indeterminação racial, atravessando sem esforço a linha de cor. Ou talvez ela reivindique uma identidade social que reflita a porcentagem de seus ancestrais de ascendência europeia dos últimos quinhentos anos. Ou talvez, ainda, ela guarde na carteira uma foto de seu avô e se alegre em refutar — ou afirmar, conforme o caso — a completa, risível e trágica arbitrariedade da construção racial nos Estados Unidos. O mais importante é que seja uma escolha dela.

Atualmente, a maioria de nós está bem familiarizada com pedidos para marcar esse tipo de caixa. Nós também sabemos muito bem o que a busca pela "caixa-preta" — o registro de voo — tragicamente significa na ocasião de um acidente. Esse dispositivo preserva um registro da verdade em meio a circunstâncias desastrosas — é a caixa-preta que sobrevive. Para mim, "a caixa-preta" também é uma poderosa metáfora para o circunscrito universo da existência no qual as pessoas de ascendência africana foram forçadas a tentar construir uma nova identidade depois de emergir deste lado do Atlântico após os horrores da Passagem do Meio, transportadas até aqui em um navio negreiro em condições desumanas — uma outra clausura circunscrita, uma outra espécie de caixa-preta — para fornecer a mão de obra que criou uma ordem econômica que remodelou fundamentalmente as economias da Europa e dos então emergentes Estados Unidos. Mas também se trata de uma metáfora que ressoa o mundo social e cultural que essas pessoas criaram dentro desse espaço circunscrito — as pessoas que o abolicionista Martin R. Delany chamou de "uma nação dentro da nação" e que Du Bois chamou de "uma pequena nação de pessoas".[1]

Para mim, essa "caixa-preta" figurativa é um conceito muito útil para compreender a história dos africano-americanos* nos Estados Unidos, similar, em ressonância, à persistente metáfora do "Véu", cunhada pelo notável W. E. B. Du Bois em seu clássico *As almas do povo negro*, de 1903. A caixa-preta tem uma longa e curiosa história dentro e fora das letras negras. E como todas as metáforas, seus significados se multiplicaram ao longo de sua existência.

Creio que foi Stephen L. Carter, jurista acadêmico de Yale, que definiu essa metáfora de uma forma que se relaciona mais de perto com aquela caixa que meu genro marcou e que vai definir tantas escolhas de Ellie, desde coisas aparentemente insignificantes até a forma como sua inscrição na faculdade será tratada e como seu médico vai refletir suas tendências a certas condições de saúde. Carter definiu sua própria caixa da seguinte forma:

> Ser preto e intelectual nos Estados Unidos é viver em uma caixa. Então, eu vivo em uma caixa, e não fui eu quem a criou, e nessa caixa há um rótulo que não fui eu quem escolheu. A maioria das pessoas que não me conhecem, e muitas daquelas que conhecem, vê a caixa, lê o rótulo e imagina que me viu. A caixa é formada pelas suposições que os outros fazem quando descobrem que eu sou preto, e os rótulos estão sempre disponíveis para qualquer ocasião.[2]

No uso de Carter, a caixa-preta é um lugar de confinamento identitário por meio da predefinição, semelhante à brilhante definição do estereótipo como "um texto já lido",[3] cunhada pela falecida

---

* No original, *African Americans*. Embora *afro-american* e *african american* sejam, por vezes, utilizados como sinônimos, o segundo é proposto como uma ideia de integridade cultural, uma forma de reivindicar parentesco com uma base histórica. (N. T.)

crítica literária Barbara Johnson. O rosto negro entra na sala, e, num vislumbre, o espectador sabe tudo o que precisa sobre a pessoa que veste a máscara da negritude. A negritude é um verdadeiro repositório da metaidentidade histórica do africano-americano, uma caixa que contém uma longa lista de conotações, significados, estereótipos, folclore, mitos, piadas, ostentações, suposições, predisposições e contra-argumentos.

Conseguir livrar-se de qualquer uma dessas conotações é uma sorte, o que só é possível quando apagamos o que foi escrito e que, portanto, já está sendo lido assim que o rosto negro é vislumbrado.

Os usos-padrão da ideia por trás da "caixa-preta" remontam ao início dos anos 1930, segundo o *Oxford English Dictionary*, conotando "um dispositivo que desempenha funções complexas, mas não é imediatamente compreendido". A partir do fim da Segunda Guerra Mundial, no mais tardar, "um sistema de caixa-preta" seria aquele que possui entradas e saídas, mas cujos funcionamentos internos não são compreensíveis.

A caixa-preta, em outras palavras, é algo cujos funcionamentos internos são incompreensíveis, mas cujas saídas nós podemos ver, tocar, ouvir ou sentir. E enquanto podemos determinar as entradas e considerar as saídas, é impossível determinar de que forma essas saídas são produzidas.

Eu considero essa metáfora uma ferramenta analítica útil para pensar tanto a natureza do mundo discursivo que as pessoas de ascendência africana criaram nos Estados Unidos — por trás do Véu de Du Bois, por assim dizer — quanto a forma como esse mesmo mundo tem sido "visto" e "não visto" a partir de fora, por gente incapaz de compreender seus funcionamentos internos. A caixa-preta, nesse sentido, reflete a assombrosa descrição de Milton da terrível fornalha do inferno que, mesmo na escuridão sem fim daquele buraco negro flamejante, irradia misteriosamente:

Um cárcere horrível, curvo de cantos
Como inflamado forno, porém chamas
Sem luz, senão visível cerração
Revelando paisagens de lamento,
Regiões de dor, sombrias, onde paz
E descanso não restam, nem esperança [...].
(*Paraíso perdido*, Livro I, v. 59-63)[4]

Uma maneira de pensar a história dos africano-americanos é refletindo a respeito das formas maravilhosamente intrigantes e engenhosas pelas quais eles têm navegado dentro e fora dessa caixa-preta impenetrável que eles criaram, à qual, de boa vontade ou contra a vontade (como a minha neta), perplexos e confusos, têm sido confinados. Meu foco aqui neste livro sobre o legado da auto-definição ao longo do extenso percurso da intelectualidade negra desde o século XVIII é tentar contar a história da caixa-preta, a história, literal e figurativamente, da escrita da raça. Todos os capítulos que compõem o corpo do livro encontram sua origem em minhas aulas da disciplina "Introdução aos estudos africano-americanos" que ministrei em Harvard por muitos anos. São temas que há muito me fascinam — e me assombram, em alguns casos —, aos quais tenho voltado sempre.

Talvez a primeira caixa-preta de todas tenha sido a definição da África como o "Continente Escuro", uma metáfora para a cor da pele de seus habitantes e também para a sua suposta ignorância, um continente destituído de beleza, de verdade e sobretudo de razão. Essa metáfora foi utilizada para justificar a segunda e ainda mais cruel caixa-preta na qual as pessoas de ascendência africana se viram introduzidas pelos europeus, o terrível tráfico transatlântico de escravizados, responsável por aquela que talvez seja a maior migração forçada da história humana. Henry Box [Caixa] Brown, autor e escravizado em fuga, literalizou esse tropo quando fugiu da escravidão em 1849 dentro de uma caixa de 93 centímetros de altura, 76 de profundidade e sessenta de largura em um navio de Richmond com destino à Filadélfia. A caixa levava o rótulo ESTE LADO PARA CIMA para manter Brown na vertical, mas a instrução foi muitas vezes ignorada, então Brown passou horas de viagem de cabeça para baixo nessa pequena caixa. Ele bebia água de uma bexiga de boi e respirava pelos três buracos que havia aberto na caixa.[5]

Essa caixa-preta de confinamento literal, então, sempre refletiu um lugar de armazenamento figurativo, o repositório de estereótipos racistas, de início empregados para justificar a escravização de um continente de seres humanos e, em seguida, logo após a abolição da escravidão, empregados com vigor e eficácia renovados, diante dos dramáticos desenvolvimentos tecnológicos, para justificar o retrocesso da Reconstrução e a ascensão da segregação sob as leis Jim Crow* no momento em que ex-escravizados lutavam para sair da caixa-preta da escravidão. Supostamente banidos ou forçados à clandestinidade, esses estereótipos ainda persistem.

Mas a caixa-preta também foi, de alguma forma, um lugar de criatividade sublime, um universo cultural misterioso e inexplicavelmente criado, muitas vezes ininteligível para os que se encontravam fora dela. Frederick Douglass foi um dos primeiros a reconhecer isso quando refletiu sobre a mágica operada por homens e mulheres escravizados na composição dos spirituals, os hinos sublimes que Du Bois chamou com propriedade de "canções de pesar":

---

* Após o período da Guerra da Secessão ou Guerra Civil (1861-5) nos Estados Unidos, iniciou-se a era da Reconstrução (1865-77) no país, com o intuito de integrar os estados do Sul e do Norte e estabelecer, por meio de um conjunto de leis, direitos igualitários aos cidadãos, a despeito da raça. O fim dessa era foi marcado pelo desmantelamento dessa legislação e sua substituição pelas leis segregacionistas, conhecidas como Jim Crow (1877-1954). (N. T.)

Quando se punham a caminho [da Casa-Grande], eles faziam reverberar os bosques densos e antigos, por quilômetros em redor, com suas canções selvagens, revelando, a um só tempo, a mais intensa alegria e a mais profunda tristeza. Compunham e cantavam conforme seguiam, sem preocupar-se com ritmo ou melodia. O pensamento que surgia manifestava-se — se não na palavra, no som — e tão frequentemente em um como no outro. Por vezes cantavam o mais patético dos sentimentos no tom mais arrebatador, e o sentimento mais arrebatador no mais patético dos tons.[6]

E o mais importante, Douglass nos conta, era o fato de essas canções serem compostas em código, a música posta "em palavras que, para muitos, soariam como um jargão sem sentido, mas que, no entanto, eram profusas de significados para eles mesmos" — para aqueles fluentes na linguagem criada e falada na caixa-preta.[7] Thomas Wentworth Higginson se referiu aos "spirituals Negros" como "plantas estranhas" que, até a Guerra Civil, ele "só vira em museus", fora da caixa-preta, ao lado da "dança rítmica e bárbara que os negros chamam de *shout*, cantando, muitas vezes com exagero, mas sempre em um tempo perfeito, algum refrão monótono".[8] Mas de que forma, perguntava-se, esses artefatos culturais eram criados? Qual seria a fonte dessas linguagens simbólicas inventadas nessa caixa-preta conceitual, linguagens que precisavam ser interpretadas por espectadores de fora da caixa para ser plenamente "ouvidas" e compreendidas?

Nem todas as pessoas escravizadas podiam ler esses sinais. Como Douglass confessa:

> Em minha condição de escravo, eu não compreendia o profundo significado daquelas canções rudes e que pareciam incoerentes. Encontrava-me eu mesmo no interior do círculo, de forma que não via nem ouvia como aqueles de fora podiam ver e ouvir. Aquelas

canções narravam uma história de lamentos que, então, estava fora da minha frágil compreensão; eram notas altas, longas e profundas; exalavam as orações e as queixas de almas que fervilhavam com a angústia mais amarga. Cada nota era um testemunho contra a escravidão e uma oração a Deus pela libertação das correntes.[9]

O que para os não letrados eram simplesmente "notas selvagens", para aqueles dentro da caixa-preta capazes de decifrar o código, eram declarações pronunciadas em uma outra linguagem. A lista de artefatos culturais sublimes criados dentro da caixa-preta é longa e segue crescendo. Quando o maestro James Reese Europe apresentou o jazz aos europeus durante a Primeira Guerra Mundial, os músicos franceses quiseram saber os truques e as técnicas que os músicos de Europe usavam para criar os sons que saíam de seus instrumentos, pois os instrumentos europeus não podiam emitir aqueles sons.[10]

Para Booker T. Washington, o autodeclarado sucessor de Douglass, a caixa-preta não era de forma alguma uma "caixa", mas um barril, uma metáfora sem dúvida oriunda de seus anos de estudante no Hampton Institute, na região de Tidewater, na Virgínia, um barril cheio de caranguejos determinados a manter todos os outros confinados aos limites desse barril. Como Marcus Garvey apontou, sugerindo que sentiu os arranhões das garras dos outros caranguejos que nadavam no barril:

> Grande parte dos problemas que enfrentei na promoção da causa racial partiu dos negros. Booker Washington descreveu adequadamente a raça em uma de suas palestras, afirmando que somos como caranguejos em um barril, do qual nenhum permitiria que o outro saísse, mas, diante de qualquer tentativa, todos continuariam a puxar para baixo aquele que empreendesse a escalada. Entretanto, aqueles

dotados de visão não podem desertar da raça, deixando-a entregue ao sofrimento e à morte.[11]

Para W. E. B. Du Bois, a caixa-preta era um discurso ampliado maliciosamente chamado, com equívoco, de "o problema do Negro", um discurso imposto sobre a comunidade negra por apologistas para justificar a erradicação dos direitos adquiridos durante a Reconstrução, levado adiante pelo paleontólogo e geólogo de Harvard Nathaniel S. Shaler nas páginas da *The Atlantic* em 1884 e persistindo até o fim do século XIX e em uma boa parte do século XX. Foi dessa caixa que Du Bois e seus pares se viram tentando apagar seus rastros, por assim dizer, como ele enfatiza em *As almas do povo negro*:

> Entre mim e o outro mundo, há sempre uma pergunta não feita — que alguns não fazem por delicadeza, e outros pela dificuldade de formulá-la com exatidão. Todos, no entanto, se agitam ao redor dela. Eles me abordam com certa hesitação, olham-me com curiosidade ou compaixão, e então, em vez de perguntarem diretamente: Como é ser um problema?, dizem: Conheço um homem de cor* admirável em minha cidade; ou Lutei em Mechanicsville;** ou Esses ultrajes sulistas não fazem seu sangue ferver? [...] Mas diante da verdadeira pergunta, Como é ser um problema?, raramente pronuncio uma resposta.
>
> Entretanto, ser um problema é uma estranha experiência [...].[12]

---

* No original, *colored man*. O termo *colored* foi utilizado por pessoas pretas nos Estados Unidos desde o século XIX, sendo repensado e debatido ao longo dos anos. Aqui no Brasil, do século XIX até o início da retomada do termo "negro" na década de 1930, a expressão "pessoas de cor" também foi utilizada por alguns grupos. (N. T.)
** A Batalha de Mechanicsville, ocorrida na Virgínia em junho de 1862, marcou o início da Batalha dos Sete Dias, durante a Guerra Civil nos Estados Unidos. (N. T.)

Du Bois descreveu a caixa-preta como um lugar de confinamento sufocante, um lugar em que:

> As sombras da prisão nos envolveram a todos: paredes apertadas e obstinadas para os mais brancos, mas implacavelmente estreitadas, altas e impossíveis de escalar para os filhos da noite, que devem caminhar soturnos em resignação, espalmar em vão as mãos contra a pedra ou fitar, meio desesperançados, a faixa de céu azul lá em cima.[13]

Para libertar a si mesmo e a raça das amarras dessa caixa, Du Bois escreveu e falou de forma tão prolífica, abordando o assunto sem cessar, ao que parece incansavelmente, em uma ampla variedade de gêneros, meios e plataformas. Mas em 1934, no mais tardar, Du Bois tomou plena consciência de que uma estratégia de libertação baseada na negação só poderia levá-lo até certo ponto. Estar condenado a negar as assertivas perniciosas do Outro era uma armadilha. Quando o mestre define todos os termos, onde é que fica o escravizado? Esse era o problema, como Wole Soyinka apontou com uma eficácia devastadora, com a filosofia da *Négritude*. E esse era o problema de todas aquelas bonecas pretas indesejáveis no famoso "teste da boneca" de Kenneth e Mamie Clark* que desempenhou um papel tão importante no êxito do caso Brown versus Conselho de Educação.[14]

O "véu" de Du Bois era um espelho bidirecional que cobria as paredes da caixa-preta, permitindo que o Negro visse o lado de fora enquanto permanecia invisível ao exterior. Companheiro de Du Bois em Harvard e por vezes um inimigo ideológico, o filósofo Alain

---

* Mamie Phipps Clark (1917-83) e Kenneth Bancroft Clark (1914-2005) foram um casal de psicólogos e ativistas pelos direitos civis que conduziram um teste com bonecas negras e brancas junto a crianças negras, cuja maioria rejeitou as bonecas negras. O teste ajudou na decisão do caso Brown versus Conselho de Educação, que determinou como inconstitucional a segregação racial em escolas públicas nos Estados Unidos. (N. T.)

Locke amplia a imagética do espelho. Mesmo "o Negro pensante" dentro da caixa-preta, forjado na "mente da América", ele escreveu, é forçado "a ver a si mesmo através da perspectiva distorcida de um problema social. Sua sombra, por assim dizer, tem sido mais real para ele que a sua personalidade".[15]

E quanto ao legado da primeira caixa-preta discursiva, aquele discurso pernicioso sobre raça e razão cujas linhas foram estampadas no Iluminismo por Hume, Kant e Jefferson? Esse discurso só fez se transformar, ao longo das décadas, em uma variedade de formas repreensíveis, incluindo "histórias" acadêmicas da época que não passavam de propagandas racistas mal veladas, assumindo suas formas mais populares e vulgares em romances branco--supremacistas extremamente famosos, como *The Leopard's Spots: A Romance of the White Man's Burden, 1865-1900* [As manchas do leopardo: Um romance sobre o fardo do homem branco] (1902), de Thomas Dixon Jr., e *The Clansman: A Historical Romance of the Ku Klux Klan* [O homem do clã: Um romance histórico da Ku Klux Klan] (1905), que D. W. Griffith adaptou para um filme muito popular e inegavelmente racista, *O nascimento de uma nação* (1915). Du Bois resumiu esse bombardeio retórico com uma concisão devastadora: "Há muito o Negro tem sido o palhaço da história; o brinquedo da antropologia; e o escravo da indústria".[16]

Para Richard Wright, a caixa-preta é um esconderijo para o herói de *O homem que viveu debaixo da terra*. Para o sucessor de Wright, Ralph Ellison, em *Homem invisível*, a caixa-preta é tanto um ringue de boxe no qual dois meninos pretos vendados são forçados a lutar sem motivo para levar o troféu, e também, como é bem conhecido, o buraco em que o protagonista de Ellison se esconde de um mundo que tenta impor suas máscaras identitárias, o buraco no qual ele datilografa o manuscrito que por fim descobrimos, surpresos, que estamos lendo por cima de seu ombro. Já o dr. Martin Luther King Jr. teve a audácia de se envolver na moralidade da participação dos Estados Unidos na Guerra do Vietnã, ainda que — ou por isso mesmo — vários de seus companheiros líderes do movimento pelos direitos civis tenham lhe dito abertamente que ele estava fora de seus limites, pedindo que ele redirecionasse suas preocupações às questões relevantes para aqueles condenados a viver dentro da caixa-preta, um conselho que o bom pastor ignorou corajosamente.

Em tempos mais recentes, a figura de uma caixa como um termo ou condição da "negritude" é usada com bastante eficácia em *Life in a Box Is a Pretty Life* [A vida em uma caixa é uma bela vida], de Dawn Lundy Martin, que explora a clausura a partir de uma perspectiva negra e queer, e *Wind in a Box* [Vento na caixa], de Terrance Hayes, cujo poema "The Blue Seuss" [Seuss azul][17] talvez explore ao máximo a metáfora da caixa-preta:

Blacks in one box
Blacks in two box
Blacks on
Blacks stacked in boxes stacked on boxes
Blacks in boxes stacked on shores
Blacks in boxes stacked on boats in darkness
Blacks in boxes do not float
Blacks in boxes count their losses
[...]
Blacks in voting booths are
Blacks in boxes
Blacks beside
Blacks in rows of houses are
*Blacks in boxes too**

---

* Em inglês no original: "Pretos em uma caixa/ Pretos em duas caixa/ Pretos na/

Este é um livro sobre alguns dos principais debates que as pessoas pretas tiveram entre si, no interior da caixa-preta, sobre sua natureza e função, mas sobretudo sobre formas de escapar dela. Eu considero o conteúdo do curso "Introdução aos estudos africano--americanos", do qual se produziram a maioria dos capítulos deste livro, como uma forma de apresentar os estudantes ao fato comumente ignorado de que as pessoas pretas vêm discutindo entre si o que significa ser uma pessoa preta desde que começaram a publicar suas ideias e sentimentos no último quarto do século XVIII. A moral do curso, e deste livro, é que nunca existiu uma única forma de ser negro; que os africano-americanos são diversos e tão complexos em suas crenças políticas e religiosas, digamos, e em suas práticas culturais e religiosas quanto qualquer outro povo. E eles expressaram essas diferenças internas, por assim dizer, com grande fervor e paixão, com uma eloquência e veemência formidáveis, muitas vezes envolvendo aqueles pensadores negros com os quais discordavam com inimizade e intensidade, e até mesmo com os ataques ad hominem mais vis e mesquinhos. Na longa tradição do discurso negro, o político, como veremos, podia ser bem pessoal.

Porque a caixa-preta não é algo que se pode saber, por assim dizer, por muito tempo esses debates no interior e em torno da tradição africano-americana se mostraram obscuros para a maioria dos estadunidenses, da mesma forma que as canções de suas irmãs e irmãos escravizados continuaram a ser obscuras para Frederick Douglass. Nós costumamos falar da "comunidade negra" como se fosse uma vila, composta de um grupo unitário, dotado de expe-

---

Pretos empilhados em caixas empilhados nas caixas/ Pretos em caixas empilhadas nas costas/ Pretos em caixas empilhadas em barcos na escuridão/ Pretos em caixas não flutuam/ Pretos em caixas contam suas perdas/ [...]/ Pretos em cabines de votação são/ Pretos em caixas/ Pretos ao lado/ Pretos em fileiras de casas são/ Pretos em caixas também". (N. T.)

riências compartilhadas, conceitos e visões unificadas. Mas há tantas formas de ser negro quanto há pessoas pretas no mundo. E a tradição do pensamento negro é mais bem pensada como uma série de disputas, muitas vezes acirradas. Mas então o fogo, como os maiores intelectuais negros sempre souberam, produz tanto luz como calor.

Acho indispensável uma intervenção em um tempo de foco crescente na identidade e nas políticas identitárias, nessa mais recente iteração das chamadas "guerras culturais". Refletir ao mesmo tempo sobre o que une as pessoas pretas estadunidenses e sobre o que distingue indivíduos e subculturas dentro dessa tradição me parece muito necessário neste momento crucial e ferozmente disputado, quando a polarização e o efeito bolha dos canais de notícias a cabo e as mídias sociais conduziram tantos de nós a pensar preguiçosamente sobre todos os grupos como algo monolítico, seja um grupo de eleitores, um grupo de consumo ou um grupo de comportamento. Este livro procura mostrar que, no caso do mundo que se desdobrou dentro da caixa-preta, *isso nunca foi uma verdade*. Mas a metáfora também se aplica ao discurso negro que responde a si mesmo: algo é uma "caixa-preta" quando se mostra irreconhecível, e dentro da caixa conceitual rotulada como "negritude", como este livro procura mostrar, a resposta "certa" sobre as formas de fuga da caixa-preta nunca foi formulada nem dita em voz alta, justamente porque nunca houve, nem nunca haverá, *uma resposta certa* para essa pergunta insistente.

Considere este paradoxo: a "negritude" foi uma categoria arbitrária inventada por europeus e estadunidenses durante o Iluminismo para justificar o show de horrores da subjugação negra. Os seres humanos que de repente se tornaram "negros" foram, então, forçados a encenar um complexo jogo de "representação" para reivindicar algum espaço no mundo. E esse processo complexo evoluiu para um incrivelmente rico, elaborado e profundo legado de autodefinição dentro dessa diversa e magnífica comunidade composta de todos os tipos de pessoas que vivem no planeta Terra, cerca de 50 milhões só nos Estados Unidos, conectadas por uma relação com essa caixa-preta proverbial, um construto metafísico inventado para justificar uma ordem econômica na qual sua individualidade poderia ser objetificada, sua subjetividade assaltada e seu trabalho roubado.

A caixa-preta significa uma realidade dupla e paradoxal: o próprio conceito de "raça" é cria do *racismo*; é a caixa-preta literal e figurativa na qual as pessoas de ascendência africana foram, e continuam a ser, confinadas com o fim de justificar a subordinação de castas que se manifestou no big bang do tráfico transatlântico de escravizados que lubrificou a emergente rede capitalista internacional. Mas ao mesmo tempo, esses seres humanos destituídos tiveram que construir um lar dentro dessa caixa e reivindicar sua natureza humana dentro desse espaço cruelmente delimitado e claustrofóbico, em parte, no início, jogando o jogo do Iluminismo e lançando mão das ferramentas do senhor — que podemos pensar como a "alfabetização da escrita" — para *se inscrever* nessa arena discursiva —, e então cada vez mais encontrando seu espaço autônomo no qual seus próprios diálogos se tornaram conversas interiores, escritas e direcionadas para a própria comunidade, mas que também interagiram com a cena cultural mais ampla em que o poder precisava ser reivindicado — ou, pelo menos, em que a tentativa de reivindicar o poder precisava ser feita com maior urgência.

Contra todas as expectativas, alguns dos primeiros autores negros da era iluminista conseguiram construir carreiras de sucesso e viver com conforto. Eu me refiro, por exemplo, a Ignatius Sancho, John Marrant e Olaudah Equiano. Mas nem todos conseguiram, infelizmente. Apesar de sua fama e notoriedade sem precedentes, Phillis Wheatley morreu na obscuridade e na pobreza. Anton Wilhelm Amo, considerada a primeira pessoa preta a concluir um doutorado na Europa (na Universidade de Wittenberg, em 1734), retornou à Costa do Ouro, suspeita-se, após um incidente racista e constrangedor causado, supõe-se, por um romance malsucedido com uma mulher branca.[18] Jacobus Capitein, ex-escravizado da Costa do Outro que teve um sucesso similar ao de Amo (ele também defendeu sua tese de mestrado na Europa, na Universidade de Leiden, em 1742, na qual argumentava que a Bíblia não se opunha à escravidão), foi acolhido por antiabolicionistas holandeses por motivos óbvios. Como Amo, Capitein deixou a Europa e retornou à Costa do Ouro, onde fundou uma escola. Também como Amo, ele teve problemas por uma história de amor, no seu caso, entrando em conflito com autoridades da Igreja.[19] Capitein parece ter caído na desgraça holandesa e foi enterrado em um túmulo anônimo em 1747. Podemos começar a entender como ele era visto por seus contemporâneos lendo as palavras que um colega de Leiden escreveu na introdução da tese de Capitein: "Vejam esse Mouro, sua pele é preta, mas branca é sua alma [...]. Ele trará fé, esperança e amor aos africanos, de forma que, embranquecidos, eles possam honrar o Cordeiro ao seu lado".[20]

O pequeno e seleto grupo de intelectuais negros escreveu poucas palavras sobre a questão de sua "negritude" em um mundo que ainda discutia sobre quem ou o que eles *eram* e sobre uma possível relação entre "negritude" e "branquitude" em uma economia europeia definida por um gigantesco comércio de seres humanos pretos. Por mais brilhante que um indivíduo racializado* pu-

---

* No original, *individual of color*. Recupero o termo "racializadas" do ensaio "Por um feminismo afro-latino-americano" (1988), de Lélia Gonzalez: "Nós somos invisíveis nos três aspectos do movimento de mulheres; mesmo naquele em que nossa presença é maior, somos descoloridas ou desracializadas e colocadas na categoria popular" [grifo meu]. Embora discutível, pois as pessoas brancas também deveriam ser racializadas, com base nesse uso de Gonzalez, tomo o significado do termo como uma crítica à racialização de determinados corpos, um processo que resulta nas opressões a eles circunscritas. (N. T.)

desse ser, a despeito de sua fama, ou do sucesso financeiro que pudesse alcançar, o racismo antinegro imbuído na metafísica iluminista asseverava, infelizmente, que mesmo a pessoa negra mais assimilada e aculturada poderia, sem saber, estar em cima de uma armadilha: por mais que ascendessem na sociedade europeia, as pessoas negras sempre corriam o risco de cair radicalmente em desgraça, mesmo depois de morto. Esse foi o curioso destino de Angelo Soliman, a personificação de realizações negras sem precedentes em todo o século XVIII.

Soliman nasceu por volta de 1721, ao que parece em Canem-Bornu (atual Nigéria). Ele foi roubado da família ainda criança, forçado a entrar na caixa-preta da escravidão. Recebeu o nome Angelo Soliman no cativeiro. Seu primeiro nome significa "anjo", e o sobrenome deve ter sido uma referência à família Sollima, uma família proeminente da nobreza católica. Ele foi vendido na Itália para um nobre que supostamente o ofereceu de presente ao governador imperial da Sicília, conde Lobkowitz, que levava Soliman consigo em suas viagens e até no campo de batalha. Quando Lobkowitz morreu, Soliman acabou em Viena, em 1753 ou 1754, sob o jugo do príncipe Wenzel von Liechtenstein. Segundo Iris Wigger e Spencer Hadley, "sua jornada da Nigéria para a Europa e, por fim, Viena, não foi apenas influenciada por uma rede bem estabelecida de comércio de pessoas escravizadas, mas também formada por conexões sociais na aristocracia".[21]

O príncipe mantinha Soliman como servo, um suposto mouro da corte, e o vestia em trajes exóticos. Mas o dispensou quando Soliman, sem permissão, se casou com Magdalena Christiano, uma viúva aristocrata, irmã do general francês François Étienne de Kellermann. Contudo, o prestígio de Soliman só fez aumentar, e sua caixa-preta começou a rachar. Ele continuou a frequentar os círculos aristocráticos, retornou à corte real como educador sob o sucessor do príncipe e ingressou em uma loja maçônica em Viena chamada Zur wahren Eintracht (Verdadeira Harmonia), que contava com Mozart e Haydn entre seus membros. Soliman se tornou o grande mestre dessa loja e alterou seus rituais, dando-lhes uma inclinação mais acadêmica, de tal forma que ainda é celebrado na tradição maçônica como Angelus Solimanus, o "Pai do puro pensamento maçônico". Ele falava várias línguas. Tinha a realeza austríaca entre seus amigos mais queridos. Wigger e Hadley concluem que "Soliman foi, até onde sabemos, a pessoa negra mais proeminente e famosa da Áustria do século XVIII".[22] E com certeza isso se aplica à Europa como um todo.

Na morte, nada disso importava, apenas a negritude. Soliman faleceu no dia 21 de novembro de 1796. Apesar dos apelos da filha Josephine, que exigiu que a polícia entregasse o corpo de seu pai, Soliman não teria direito a um enterro propriamente cristão. Em vez disso, seu corpo caiu nas mãos do diretor da Coleção Real de História Natural, Abbé Simon Eberlé, que havia elaborado seu plano nefasto com Soliman ainda vivo, solicitando ao governo a "cessão do cadáver". O que se seguiu é indescritível. Wigger e Hadley explicam que Eberlé

> ordenou que uma máscara mortuária fosse criada antes da remoção da pele de Soliman e preparada para exibição com um composto de enchimento. A figura assim criada foi, então, vestida como um "selvagem", com uma tanga, uma coroa de penas de avestruz e contas de vidro, e apresentada ao público em meio a animais exóticos empalhados.[23]

Em sua derradeira humilhação, Soliman foi posto em exibição no museu, um artefato sem valor preso atrás de um vidro, uma realização literal da suspensão permanente no interior de uma caixa-preta. Em 1806 esse espectro perverso do primitivismo europeu e do racismo antinegro ainda se encontrava orgulhosamente em exibição. Por fim, o corpo foi transferido para um depósito que foi queimado durante a Revolução de Outubro de 1848. Angelo Soliman nunca recebeu um enterro condizente com seu status social.

O que aprendemos lendo as trocas e debates analisados neste livro é que a identidade entre um povo composto de quase 50 milhões de almas é sempre uma caixa-preta para qualquer pessoa, na medida em que, em última análise, é algo irredutível. Ao mesmo tempo, a busca por uma cultura e por uma identidade individual é infinitamente surpreendente, já que as pessoas no interior dessa "comunidade" tiveram, por necessidade, que florescer da melhor forma possível dentro da caixa na qual se encontravam. Esse foi, e é, um argumento sem fim, e — como todos os argumentos realmente bons — uma história incessante de criatividade e reinvenção, uma história sem a qual qualquer tentativa de entender a história e a cultura dos Estados Unidos não seria apenas incompleta, mas absurda. Para qualquer problema complexo, como H. L. Mencken disse, há uma solução simples, interessante e… equivocada. A caixa-preta representa, em um de seus muitos significados, o engajamento da escrita e a resistência contra o confinamento desse construto maligno. Em seu segundo significado metafórico, a caixa-preta representa a irredutibilidade das complexidades da experiência humana que se desdobraram nos Estados Unidos desde o século XVI através da dança da linha de cor. Por fim, de uma forma mais pessoal e significativa para mim, a caixa-preta representa aquele espaço quadrado que meu bem-intencionado genro decidiu marcar quando minha neta nasceu.

Henry Louis Gates Jr.
Cambridge, Massachusetts
4 de setembro de 2023

1. Raça, razão e escrita

Iniciaremos este retrato da singular poeta Phillis Wheatley observando alguns números. No verão de 1761, cerca de 4 498 897 africanos escravizados foram transportados à força da África para o Novo Mundo. Desse número, 211 227 foram levados para a América do Norte. No dia 11 de julho daquele ano, o navio negreiro *Phillis* atracou em Boston, tendo navegado desde a Costa do Barlavento africana, a fronteira norte de Serra Leoa e a fronteira sul da Libéria. Entre os homens, mulheres e crianças escravizados a bordo, havia uma menina de seus sete anos, idade estimada pela condição dos dentes. Ela era apenas uma entre os 7161 africanos escravizados que chegaram à América do Norte só naquele ano.[1] A menina foi vendida para John Wheatley, um mercador de Boston que a comprou para presentear sua esposa, Susanna Wheatley. Eles a chamaram de Phillis, seu próprio nome uma lembrança perpétua de seu sofrimento durante a Passagem do Meio.[2]

Os Wheatley ensinaram Phillis a ler, e ela logo dominou o inglês. Em 1765, Phillis já escrevia sua própria poesia, e em dezembro de 1767, então aos treze ou catorze anos, teve seu primeiro poema publicado no jornal *Newport Mercury*. Patriota ardorosa, Phillis celebrou o Massacre de Boston* com um poema em 1770. No mesmo ano, Phillis ganhou proeminência com sua elegia "On the Death of Mr. George Whitefield" [À morte do sr. George Whitefield], um importante evangelista metodista britânico que havia inspirado o Grande Despertar** em Massachusetts. Em 1772, Wheatley havia escrito poemas suficientes para compor um livro. Os Wheatley veicularam três anúncios em *The Censor*, abordando os editores de forma ousada com suas "Propostas de impressão por assinatura". O livro de Wheatley consistiria em 28 poemas que seriam "Impressos tão logo as Trezentas Cópias fossem encomendadas".[3]

Nessa época, a maioria das pessoas brancas, nos dois lados do Atlântico, encontraria dificuldade de acreditar que uma pessoa preta, que dirá uma adolescente, ainda por cima escravizada, fosse capaz de criar uma poesia tão fundamentada e elegante. Prevendo essas queixas, o anúncio que os Wheatley publicaram em 29 de fevereiro de 1772 enfatizava que os "Poemas foram vistos e lidos pelos melhores Juízes, que os consideram merecedores da atenção Pública; e após análise crítica, declararam que a Autora apresentou aptidão para escrevê-los". O biógrafo definitivo de Wheatley, Vincent Carretta, observa que essas "Propostas" foram únicas, "as primeiras entre aquelas que logo se tornariam uma tradição, em que comentaristas ou editores brancos atestavam a autenticidade de trabalhos assinados por pessoas de ascendência africana".[4]

---

* O Massacre de Boston ocorreu no dia 5 de março de 1770, quando soldados do Exército britânico dispararam contra um grupo de civis, resultando em cinco mortes. O evento contribuiu para a impopularidade do regime britânico nas colônias da América do Norte nos anos anteriores à Revolução Americana (1775-83), que culminou na independência de treze colônias norte-americanas que inicialmente formariam os Estados Unidos da América. (N. T.)
** Referência a uma série de manifestações religiosas que impactaram as colônias inglesas nas Américas entre os anos 1720 e 1740. (N. T.)

No dia 28 de outubro de 1772, como Joanna Brooks argumentou de forma convincente, alguns dos membros mais respeitáveis da sociedade de Boston, incluindo John Hancock e Thomas Hutchinson, assinaram uma declaração, ainda que tingida de ofensas, com o fim de

> atestar ao Mundo que os POEMAS especificados na Página a seguir foram (como deveras acreditamos) escritos por PHILLIS, uma Jovem Negra, que há apenas alguns Anos foi trazida como uma bárbara inculta da *África*, e desde então, sob o Jugo de uma família desta Cidade, tem servido como Escrava.

Eles revisaram por cima a linguagem incisiva do anúncio publicado no *Censor*, proclamando: "Ela foi avaliada por alguns dos melhores Juízes, e foi declarada apta a escrevê-los".[5] Catorze entre esses dezoito homens eram formados em Harvard; sete eram escravizadores.

Mas ainda assim Wheatley não conseguiu recolher as trezentas assinaturas. Em 1773, ainda escravizada e na companhia do filho dos Wheatley, ela viajou para a Inglaterra em busca do apoio de Selina Hastings, a condessa de Huntingdon. Reformista religiosa que organizaria um pequeno grupo de igrejas evangélicas em 1783, a condessa era uma figura ativa no movimento antiescravista. Hastings encorajou Wheatley e mais tarde outros homens e mulheres ex-escravizados a escreverem e publicarem a fim de provar com ainda mais força que as pessoas pretas eram tão inteligentes, tão capazes de escrever quanto os europeus brancos. Por meio da escrita, as pessoas pretas podiam mostrar que eram dotadas do mesmo status que os europeus, enquanto seres humanos igualmente criados; em suma, que as pessoas escravizadas também possuíam razão. *Poems on Various Subjects, Religious and Moral* [Poemas sobre vários assuntos, religiosos e morais] de Wheatley foi afinal publicado por Archibald Bell em Londres, no mês de setembro de 1773.[6]

Por que a condição humana das pessoas de ascendência africana era motivo de debate? De onde vieram essas ideias? Por que as pessoas pretas — com a ajuda de abolicionistas "iluminados" — tiveram que adotar tais posturas para provar que estavam em pé de igualdade? E por que a busca por essa prova dependia da escrita?

A adolescente escravizada, com seu dom da versificação e seu pequeno livro de poemas, desempenhou um tremendo papel na corte das letras ocidentais. Para compreender a enormidade da realização de Wheatley — que se tornou provavelmente, aos dezenove anos, a primeira pessoa de ascendência africana a publicar um livro de poemas em língua inglesa —, é necessário analisar o feito dela sob a luz dessa história tão complexa. Por mais chocante que possa parecer hoje, os "acadêmicos" iluministas questionaram que tipo de seres os africanos subsaarianos seriam de verdade. Seriam membros da comunidade humana? Os africanos seriam um povo "dotado de razão" segundo o pensamento cartesiano? No século XVIII, a poesia era o mais alto sinal de civilização. Era a janela para o espírito de um povo, seu "caráter nacional". A negritude foi construída como uma essência transcendente, não delimitada pela geografia. Wheatley poderia inscrever suas irmãs e irmãos na comunidade humana, no sublime reino das "artes e das ciências", através da qualidade de seus versos? Essa era a "montanha racial" cujo precipício a poeta negra adolescente teve que escalar.

O nome de Wheatley está nos letreiros de escolas fundamentais e clubes de mulheres por todo o país. Ela enobrece as páginas de incontáveis antologias. Uma proeminente estátua na Commonwealth Avenue, em Boston, monumentaliza suas realizações. Gerações de escritores negros seguiriam seus passos. É impressionante que duas feministas negras proeminentes tenham considerado adequado não apenas reimaginar a vida dela, mas literalizar como um verdadeiro "julgamento" os eventos que precederam a assinatura da carta de certificação que introduz o livro de poemas. Shirley Graham assim o fez em 1949 (dois anos antes de se casar com W. E. B. Du Bois) em *The Story of Phillis Wheatley*, transmitida pela rádio CBS, segundo relato em primeira mão, creio eu, do acadêmico David Waldstreicher. Mais de uma década antes, em 1932, Mary Church Terrell, ativista pelos direitos civis e educadora, de forma similar, dera vida a Wheatley na ocasião de uma celebração bicentenária em Washington, DC. Terrell produziu um espetáculo que dramatizou a vida de Wheatley e apresentou um desfile de notáveis personalidades de Boston "autenticando" a poesia de Wheatley em uma espécie de avalição oral. Até onde eu sei, a primeira acadêmica a redescobrir a existência da peça de Terrell foi Lurana Donnels O'Malley, em 2018 — mais de oito décadas após sua apresentação.

A forma como Phillis Wheatley foi "criticamente avaliada" de fato — o processo que levou à curiosa assinatura do documento — permanece, como sempre, um tema de especulação. Com base no drama de Terrell, O'Malley escreve:

> [...] vários grupos de eminentes autoridades brancas solicitam que Phillis Wheatley demonstre seu conhecimento e suas habilidades. Essas autoridades variam, desde amigos dos proprietários de Wheatley, John e Susanna Wheatley, até os dezoito homens de Boston que assinam o atestado da competência de Wheatley, e os convidados da condessa de Huntingdon reunidos na Inglaterra.[7]

Joanna Brooks teoriza que o documento deve ter sido assinado antes, durante ou depois de uma reunião emergencial em Faneuil Hall sobre uma questão financeira colonial, na qual os signatários estariam, é claro, presentes. Waldstreicher considera a peça de rádio de Shirley Graham como a fonte da imagem de um julgamento, mas argumenta que os signatários, rivais políticos acirrados, jamais teriam se reunido na sala de estar de Wheatley, ou em qualquer outro lugar, aliás, e rejeita por completo a ideia de uma avalição oral administrada coletivamente.[8]

Não resta dúvida de que Wheatley foi avaliada, seu biógrafo Vincent Carretta afirma. E podemos ter certeza desse fato, pois, quase com as mesmas palavras, tanto os anúncios do *Censor* como o suposto atestado dizem que sim; mas nós não sabemos toda a verdade — não sabemos exatamente *como* ou *quando* essa avaliação ou essa série de avaliações ocorreu. Como Carretta conclui com sobriedade: "Os 'melhores Juízes' de Wheatley a avaliaram e aos seus escritos entre 1770 e 1772, mais provavelmente enquanto indivíduos, ou no máximo em pequenos grupos, e não como membros de uma assembleia entre todos os signatários do 'Atestado'". E mais surpreendente ainda, Carretta diz, essa forma perniciosa de lançar dúvidas sobre a autoria de Wheatley persistiu com seu livro: "Após a publicação de *Poems*, Wheatley seguiu produzindo composições mediante solicitações e diante de testemunhas".[9]

Como qualquer acadêmico contemporâneo não perceberia a exigência de uma autoria negra ter que "provar", sob qualquer forma, sua própria autoria como parte de um incessante racismo antinegro presente no amplo discurso da raça e da razão no século XVIII seria algo bastante difícil de compreender. Usei a palavra "julgamento" para nomear esse ritual ofensivo, pois não há nada de inocente, neutro ou generoso na necessidade de interlocutores brancos exigirem que um autor ou autora de cor negra "prove" que escreveu seu próprio texto. Para mim, essa forma de autenticação foi, de fato, um "julgamento", mas figurativo. Cunhei o termo como um tropo e de várias formas — talvez sem sucesso — tentei imaginar a pressão e o estresse que tais episódios de "autenticação" podem ter causado nessa autora, sobretudo em 1772, quando as apostas sobre o "lugar na natureza" do africano eram tão altas.

Carretta reconheceu corretamente a intenção do meu uso de "um julgamento alegórico que simboliza a prática de exigir a autenticação branca de uma autoria negra",[10] uma prática que tem um histórico longo e desagradável na história da tradição literária africano-americana e que parece ter iniciado com uma introdução autenticadora da narrativa da escravidão de James Gronniosaw publicada em 1772 — um ano antes da publicação dos poemas de Wheatley, mas no mesmo ano em que os anúncios foram publicados no *Censor* (em fevereiro, março e abril) *e* no mesmo ano em que a declaração de autenticação foi assinada. Esses eventos estabeleceram a convenção de incluir prefácios autenticadores na introdução de narrativas autobiográficas da escravidão escritas dessa época até o fim da Guerra Civil. Após a Guerra Civil, formas similares de autenticação de autorias negras persistiram ao longo do século xx.[11]

Essas duas acadêmicas negras antes de mim — mulheres e feministas — não apenas viram esse ritual de autenticação como um ritual ofensivo e racista, mas escolheram dramatizá-lo como um evento literal, inventando diálogos para as trocas imaginadas entre Phillis Wheatley e seus auditores brancos, e encenando-o como um verdadeiro julgamento, ressaltando o poder persistente desse tropo que se repete no interior da tradição negra. (Incluí o livro infantil de Shirley Graham, *The Trials of Phillis Wheatley*, em minha bibliografia, uma entre as várias abordagens populares de Wheatley escritas para jovens. Li esse livro pela primeira vez na Biblioteca Schlesinger, em Harvard, nos arquivos de Graham. Imaginem o meu deleite quando vi que o livro incluía a cena de um julgamento e que Graham também havia transmitido uma versão da história em um programa de rádio!) Por que três acadêmicos negros — deve haver outros — escolheriam representar esse evento vagamente definido, cujos detalhes históricos são indeterminados, na forma de julgamentos ou avaliações orais dramatizadas ou imaginadas, constituindo uma espécie de discurso dentro dos estudos de Wheatley? Essa questão por certo merece mais estudo. Como Hollis Robbins escreve: "A imagem de juízes guardiões dramatiza o fardo que as autorias negras carregam de se inscreverem na comunidade humana em vez de serem bem-vindas", e a persistência desse tropo enfatiza esse pesado fardo.[12] Neste livro eu mostrarei como as pessoas pretas se perceberam, como perceberam sua chamada raça e puseram essas percepções em palavras. A escrita e a linguagem foram cruciais para a formação dessa nação dentro da nação. Postas na defensiva por filósofos europeus e estadunidenses, as pessoas pretas revidaram de diversas formas e, ao revidar, plantaram as sementes de uma história e de uma cultura compartilhadas.

PESSOAS BRANCAS SÃO DA TERRA, PESSOAS PRETAS SÃO DE MERCÚRIO

Retornemos ao Renascimento, período repleto de exemplos de desconsiderações racistas do intelecto negro. Bernard le Bovier de Fontenelle, em *Diálogos sobre a pluralidade dos mundos* (1686), refletindo sobre os habitantes de Mercúrio, escreveu: "Imagino que eles não sejam dotados de Memória, como a maioria dos Negros; que não fazem reflexões; e o que fazem é por impulsos repentinos e por obra do perfeito acaso. Em suma, Mercúrio é o hospício do universo".[13]

Em 1773, no mesmo ano em que os poemas de Phillis Wheatley foram publicados, a Academia Real de Ciências de Bordeaux encomendou ensaios sobre a origem da "negritude". Os autores apontaram a negritude como o resultado de um plano de Deus, de uma falha moral, do clima e até de uma "degeneração" da espécie.[14] David Hume escreveu em "Of National Characters" [Dos tipos nacionais] (1748):

Encontro-me inclinado a suspeitar que os negros e, em geral, todas as outras espécies de homens (pois há quatro ou cinco tipos) sejam naturalmente inferiores aos brancos. Nunca houve uma nação civilizada de nenhuma cor de pele que não a branca, nem mesmo nenhum indivíduo eminente em ação ou especulação. Entre eles não há invenções engenhosas, artes ou ciências. Por outro lado, os mais rudes e bárbaros entre os brancos, como os antigos ALEMÃES, ou os presentes TÁRTAROS, ainda guardam algo de eminente, em seus valores, formas de governo ou algum outro particular. Tal diferença uniforme e constante não poderia manifestar-se, em tantos países e épocas, se a natureza não tivesse operado uma distinção original entre essas estirpes de homens. Sem mencionar nossas colônias, há escravos NEGROS dispersos por toda a EUROPA, dos quais nunca se descobriu o menor traço de talento; embora essa gente baixa, sem educação, quando entre nós, ganhe proeminência em alguma profissão. Na JAMAICA, de fato, falam de um único negro como um homem de talentos e erudição; mas é provável que ele seja admirado por realizações muito modestas, como um papagaio que fala distintamente algumas palavras.[15]

Esse "único negro" a quem Hume se refere é Francis Williams (1702-70), um jamaicano livre que estudou direito em Londres, escreveu poesia em latim e cujo trabalho era o assunto da vez na capital inglesa nos anos 1740. Hume sabia que as pessoas pretas podiam ler e escrever; que eram inteligentes, articuladas, sofisticadas e aristocráticas. Mas escolheu ignorar as evidências, sem nem sequer mencionar a grande universidade negra do século XVI em Timbuktu. De forma consciente ou inconsciente, Hume criou o que podemos chamar discurso de "raça e razão" e que se tornou uma poderosa ferramenta na justificativa do comércio de pessoas escravizadas do século XVIII. Todos os principais pensadores do Iluminismo que escreveram sobre esse discurso partiram de Hume.

Em 1764, Immanuel Kant, em *Observações sobre o sentimento do belo e do sublime*, escreveu:

Os Negros de África não possuem, por natureza, nenhum sentimento que se eleve acima do trivial [...].

Tão fundamental é a diferença entre essas duas raças de homens, e parece ser tão grande em relação às capacidades mentais como em relação à cor. A religião de fetiches tão difusa entre eles é, quiçá, um tipo de idolatria que se perde tão profundamente no trivial quanto parece ser possível à natureza humana. A pena de um pássaro, o chifre de uma vaca, ou qualquer outro objeto comum, tão logo consagrado por algumas palavras, transforma-se em um objeto de veneração e invocação em juramentos. Os pretos são deveras vaidosos, mas à maneira dos Negros, e tão faladores que devem ser apartados uns dos outros às sovas [...].[16]

Mesmo filósofos antiescravistas como Montesquieu e Voltaire acalentaram atitudes racistas em relação às pessoas pretas. Montesquieu, como se sabe, se opôs à escravidão em *O espírito das leis*, publicado em 1748, mas sua oposição à instituição não refletia sua crença na igualdade racial. Montesquieu afirmou que aqueles que vivem perto do equador têm "extremidades fibrosas distendidas ou relaxadas" e "nenhuma curiosidade, nenhuma iniciativa nobre ou sentimento generoso". Dois anos depois, em uma nota não publicada, ele descreveu as pessoas pretas livres que viviam na colônia caribenha francesa de São Domingos como "tão naturalmente preguiçosas que aquelas que são livres nada fazem".[17] São Domingos, é claro, se tornaria a República do Haiti em 1804, a única nação a conquistar sua independência como resultado de uma rebelião bem-sucedida de pessoas escravizadas.

Voltaire, que também se opôs à escravidão na teoria, escreveu em *Ensaio sobre os costumes e o espírito das nações* que os africanos eram o Outro dos europeus: "seus olhos arredondados, o nariz chato, os lábios invariavelmente cheios, a lã sobre a cabeça, e mesmo o alcance de sua inteligência refletem prodigiosas divergências entre eles e os outros homens".[18]

Ainda assim, o livro de poesia de Wheatley cumpriu a função abolicionista que pretendia com alguns céticos. Voltaire, por exemplo, se contradisse, escrevendo para o barão Constant de Rebecque em 1774, um ano após a publicação do livro de Wheatley, que o "gênio, que é raro em qualquer parte, é [no entanto] encontrado em todos os climas. Fontenelle se equivocou quando disse que jamais haveria poetas entre os Negros: há agora uma Negra que escreve excelentes versos ingleses".[19]

Mas nem todos os céticos foram convencidos, incluindo, mais notavelmente, um dos pais fundadores e futuro presidente dos Estados Unidos, Thomas Jefferson.

Em suas *Notes on the State of Virginia* (1785), as "objeções" de Thomas Jefferson em relação às pessoas pretas eram "políticas [...], físicas e morais". "A primeira diferença que nos chama a atenção é a cor", ele escreveu. E era uma diferença, segundo ele, "estabelecida na natureza".

> E seria uma diferença sem importância? Não seria o fundamento de uma maior ou menor proporção de beleza nas duas raças? Não seriam as finas misturas de vermelho e branco, as expressões de quaisquer paixões por maiores ou menores sufusões de cores em uma delas, preferíveis àquela eterna monotonia que reina nos semblantes, aquele véu escuro imóvel que cobre todas as emoções da outra raça?

Como outros importantes pensadores da época, Jefferson se envolveu profundamente na pseudociência da raça, postulando que o que julgamos como uma "diferença racial" era mais que uma mera diferença de tonalidade da pele, era mais que "epidérmica", por assim dizer; a cor e outras características físicas refletiam diferenças imutáveis em caráter, inteligência e cultura.[20]

Embora menos visível, a segunda diferença, segundo Jefferson, é a diferença entre o desejo de um lado (negro) e o sentimento, a sensação e a razão de outro (branco). Sobre as pessoas pretas, Jefferson escreveu:

> Suas dores são transitórias. Aquelas inúmeras aflições que nos deixam sem saber se o céu nos deu a vida por misericórdia ou ira são menos sentidas e antes esquecidas por eles. Em geral, parece-me que sua existência envolve mais sensações que reflexões. A isso se deve atribuir sua disposição de dormir quando abstraídos de suas diversões e desocupados do trabalho.

Resumindo, de acordo com Jefferson,

> parece-me que, em memória, sejam iguais aos brancos; em razão, muito inferiores, pois creio que raramente se pode encontrar um deles capaz de traçar e compreender as investigações de Euclides; e em imaginação são fracos, insossos e anômalos. Seria injusto segui-los até a África para levar a cabo essa investigação.

Em relação à arte e à música, Jefferson tinha visões quase opostas. No nível mais básico, Jefferson considerou as aptidões musicais das pessoas pretas superiores aos dotes musicais das pessoas brancas, elogiando-as como "geralmente mais dotadas que os brancos, com ouvidos apurados para a melodia e o ritmo, mostrando-se capazes de alguma imaginação nesse sentido". Mas, coerente com seus outros posicionamentos, Jefferson questionou a capacidade das pessoas pretas em relação à complexidade: "Mas se estarão à altura de uma composição ou melodia mais extensa ou de uma harmonia complexa, é algo que ainda precisa ser provado".

A julgar pela avaliação que Jefferson fez de Phillis Wheatley, eu suspeito que ele chegaria a uma conclusão negativa:

Entre os pretos há muita miséria, Deus sabe, mas nenhuma poesia. O amor é o estro peculiar do poeta. O amor deles é ardoroso, mas provoca tão só os sentidos, não a imaginação. De fato, a religião produziu uma Phyllis Whately [sic], mas não poderia produzir um poeta. As composições publicadas com o nome dela não são dignas da crítica [...]. Epiteto, Terêncio e Fedro eram escravos. Mas pertenciam à raça dos brancos. Não foi a condição deles, então, mas a natureza, que produziu a distinção.

Em outras palavras, a raça, ou a "natureza", representava a raiz do pensamento e da aptidão artística — de *qualquer* aptidão e pensamento, aliás. O pensamento era a marca da humanidade, uma capacidade quase exclusiva dos brancos. Em nenhum outro momento Jefferson expressou mais sua convicção de que as pessoas pretas eram menos humanas que suas contrapartes brancas do que em sua abominável declaração sobre a sexualidade das mulheres africanas, em que Jefferson escreve sobre "a preferência do orangotango pela mulher preta em detrimento daquelas de sua própria espécie". É possível pensar nessas mulheres como as mães metafóricas de Phillis Wheatley, que declarou que foi roubada dos braços de seus pais. Com um movimento vulgar de sua pena, Jefferson deixa claro o que ele acreditava ser o verdadeiro status das pessoas pretas na grande cadeia do ser: o africano se encontra entre o humano e o animal, em um estado intermitente entre essas condições. Foi por isso que Jefferson se viu obrigado a desprezar a qualidade da poesia de Phillis Wheatley, a assumir uma visão oposta à de Voltaire, que argumentou que o trabalho de Wheatley havia refutado as insinuações lançadas em direção à inteligência inata das pessoas pretas.

"E afirmo isto tão só como uma suspeita", Jefferson concluiu, "de que os pretos, se originalmente uma raça distinta ou tornados distintos pelo tempo e pelas circunstâncias, são inferiores aos brancos nos dotes do corpo e da mente." Tal inferioridade indisputável tornava problemática a emancipação e a integração, impossível. Ele escreveu:

> Essa infeliz diferença de cor, e talvez de faculdades, é um poderoso obstáculo para a emancipação desse povo. A maioria de seus defensores, enquanto deseja justificar a liberdade da natureza humana, também anseia preservar sua dignidade e beleza [...]. Entre os romanos, a emancipação demandou apenas um esforço. O escravo, liberto, poderia misturar-se sem manchar o sangue de seu mestre. Mas para nós um segundo esforço, desconhecido para a história, é necessário. Quando liberto, o escravo deverá ser afastado para além do alcance da mistura.

Thomas Jefferson julgava a presença das pessoas pretas tão incompatível com os ideais dos Estados Unidos que, se libertas, elas teriam que tornar a atravessar o oceano Atlântico. Era a África, então, que se encontrava "além do alcance da mistura".

"DEVANEIO CIENTÍFICO"

Hoje, graças aos notáveis desenvolvimentos nas pesquisas genéticas, sabemos que, em termos científicos, o que se costuma chamar de "raça" é um construto social — que todos os seres humanos, por mais diferentes que possamos ser uns dos outros com base em características físicas como a textura do cabelo, a estrutura facial e a cor da pele, são mais de 99% idênticos geneticamente. Os testes de DNA nos oferecem a oportunidade de criar uma linguagem diferente — para além da raça — a fim de explicar não apenas nossas origens individuais, mas também nossa herança compartilhada.[21] Porém, a ideia de que as raças são essências e de que pessoas com características físicas diferentes são membros de "raças" distintas que têm características distintas ainda é uma parte amplamente compartilhada da nossa cultura popular, nos Estados Unidos e no mundo. Características culturais passaram a ser aceitas como biológicas; como científicas, essenciais e inalteráveis; como "naturais".

Essa confluência não científica e historicamente perigosa entre caráter e "características" surgiu no século XVIII, precisamente quando os europeus tentavam justificar o comércio de pessoas escravizadas inclusive no discurso filosófico.

Kant, autor do ensaio "Von der verschiedenen Rassen der Menschen" [Sobre as diferentes raças humanas] (1777), foi além em sua definição das "raças". Segundo a antropóloga evolucionista Nina Jablonski, Kant "classificou as pessoas em quatro raças fixas, organizadas em uma hierarquia conforme a cor e o talento". E assim o fez de uma posição de ignorância. Jablonski afirma que

> Kant possuía pouco conhecimento pessoal sobre a diversidade humana, mas opinava à vontade sobre os gostos e sentimentos complexos de grupos sobre os quais nada sabia. Para Kant e para seus muitos seguidores, a classificação das raças por meio da cor da pele e do caráter criou uma ordem natural evidente, implicando que as raças de pele clara eram superiores e destinadas a ser servidas pelas raças inerentemente inferiores, de pele mais escura.

As ideias de Kant vieram em momento oportuno. Jablonski diz:

> Essa hierarquia natural e fixa das raças humanas, classificada em valores, do claro ao escuro, ganhou um tremendo apoio porque reforçava concepções populares equivocadas sobre a pele escura como algo mais que uma característica física. A preferência do claro em detrimento do escuro — a rigor, do branco em detrimento do negro

— derivou [em parte] de associações pré-medievais do branco com a pureza e a virtude, e do negro com a impureza e o mal.

A conclusão: "As associações negativas entre a pele negra e o valor humano eram, então, lucrativas" — superlucrativas.

Conforme o tráfico transatlântico de pessoas escravizadas se tornava mais lucrativo, a polaridade moral dos tons de pele foi acentuada ao ponto de a pele clara e a pele escura serem respectivamente associadas com humano e animal, o que criou um dos padrões de injustiça mais nefastos e duradouros já conhecidos no mundo.[22]

Nos Estados Unidos, em particular, é fácil ver que, para os africano-americanos, os argumentos mais prejudiciais desses filósofos iluministas foram aqueles apresentados por Thomas Jefferson sobre a natureza das pessoas pretas escravizadas (sem esquecer sua especulação ultrajante sobre relações sexuais entre orangotangos e as mulheres africanas na África). E o motivo é evidente por si mesmo: ao lado de Benjamin Franklin, Jefferson era a personificação estadunidense do Iluminismo, e foi ele quem cunhou a ideia de que "todos os homens são criados iguais" — na qual ele claramente não acreditava, a julgar por aquelas escandalosas declarações em *Notes on the State of Virginia*.

Antes de analisarmos as respostas impressas que os africano-americanos apresentaram ao sr. Jefferson, que criaram um verdadeiro subgênero no qual eles "revidaram" — um revide que persistiria até a Guerra Civil —, é essencial compreendermos não apenas *como*, mas *por que* a escrita se tornou algo tão crucial na avaliação de todo um continente de pessoas, em relação ao suposto lugar de uma "raça" na grande cadeia do ser.[23]

ÁFRICA, "O ESPÍRITO NÃO HISTÓRICO E NÃO
DESENVOLVIDO"

Em *Filosofia da história*, publicada em 1837, G. W. F. Hegel
escreveu que a África

> não é parte histórica do Mundo; não tem nenhum movimento ou
> desenvolvimento a mostrar [...]. O que compreendemos propria-
> mente por África é o Espírito Não Histórico e Não Desenvolvido,
> ainda envolto em condições meramente naturais, que aqui teria de
> ser apresentado tão só como no limiar da História do Mundo.[24]

Hegel alegou — falsamente — que a África carecia de uma tradição escrita, em línguas europeias ou línguas indígenas africanas.
Como Hume, ele ignorou a tradição da escrita negra em árabe da
Universidade de Timbuktu, que não combinaria com a sua tese. Sem
a escrita, segundo Hegel, não há uma memória iterável, passível de
ser transmitida com segurança; e sem uma memória iterável, não
pode haver história significativa de um povo. Seres são "humanos"
porque podem recontar suas histórias; humanos podem contar suas
histórias porque têm memória; e podem recontar e compartilhar suas
memórias coletivamente por meio da escrita e por meio da escrita
apenas. Sem escrita e sem história, as pessoas pretas na África existiam fora por completo da "gama da cultura", eram destituídas da
noção "de um Poder Superior", de respeito por elas mesmas, pelos
outros e pelos princípios de "Justiça e Moralidade" que, na Europa e
nos Estados Unidos, eram associados à "humanidade". A tendência
ao canibalismo, à poligamia e a outras atividades não humanas, sua
predileção pela escravidão — como mercadoras e como mercadorias
— eram, segundo Hegel, a "condição Natural" do Negro.

Bem cedo na história do tráfico de pessoas escravizadas, pelo
menos uma pessoa argumentou, no papel, que os africanos eram

seres humanos como os europeus: o reverendo anglicano Morgan Godwyn. Em 1680, 43 anos após Descartes ter escrito "penso, logo existo" e muito antes do início do Iluminismo, esse estudante de Oxford de quarenta anos que havia sido pastor anglicano na colônia da Virgínia publicou o livro *The Negro's and Indians Advocate* [O defensor dos negros e dos indígenas]. Godwyn argumentou contra a noção esdrúxula de que as pessoas de ascendência africana não seriam de fato seres humanos em um esforço de apoiar sua crença de que as pessoas pretas e nativo-americanas deviam ser batizadas e convertidas ao cristianismo em vez de perecerem em sua suposta condição de selvagens. Godwyn defendia que as pessoas escraviza-das podiam ser batizadas e permanecer escravizadas, uma ideia adotada de bom grado pelos fazendeiros escravistas.

Como é possível, questionou Godwyn, que os negros africanos não sejam considerados humanos quando

> o exame da forma e da figura dos Corpos de nossos Negros, seus Membros e seus Órgãos; suas Vozes e Semblantes, [são] para todos os efeitos conformes com outros Homens; [segundo] ao lado de sua Risibilidade e Discurso [a capacidade de rir e a capacidade de se co-municar na fala ou na escrita que Godwyn chama de] (as faculdades particulares do Homem) deveriam formar uma forte Convicção. De outra forma, como seriam capazes de exercer Mercancias e outros ofícios não menos Varonis; bem como Ler e Escrever ou demonstrar tanta Discrição na gestão dos Negócios [...] não seriam eles verda-deiramente Homens?[25]

Godwyn argumentou a favor de uma humanidade comum entre as pessoas pretas e os europeus em termos de razão, leitura e escrita — os "Três Pilares", por assim dizer. Essa recusa da ideia de que as pessoas pretas não seriam plenamente humanas porque não podiam ler ou escrever, no entanto, se conservou como uma visão minoritária. Afinal, Hume e Kant escreviam mais de sessenta anos *depois* de Godwyn levar a público seus argumentos.

RESPONDER, REVIDAR

As pessoas pretas revidaram — por escrito — essas ideias racistas em parte para se expressar, mas também para refutar as alegações racistas em relação à natureza do Negro.

Em 1573, exatamente duzentos anos antes de Phillis Wheatley publicar seu livro de poesias, "O Negro" Juan Latino (*c.* 1518-*c.* 1594) publicou *seu* livro de poesia em latim. O ex-escravizado polímata e professor é considerado o primeiro poeta negro europeu.

Nascido no atual país de Gana, Anton Wilhelm Amo (1703--69) foi levado para Amsterdam ainda criança e mais tarde para a Alemanha, onde passou a servir na casa de Anton Ulrich, o duque de Brunswick-Wolfenbüttel. O duque enviou Anton para excelentes escolas europeias,[26] e acredita-se que Amo tenha sido o primeiro africano a frequentar uma universidade europeia. Ele se doutorou em Wittenburg em 1734 e dois anos depois foi lecionar na universidade em Halle, onde havia estudado. Após sofrer uma ridicularização cruel, ao que parece por ter se apaixonado por uma mulher branca, Amo voltou para Gana em 1747, onde veio a falecer alguns anos depois.

Jacobus Capitein (1717-47) foi contemporâneo de Amo. Como Amo, ele nasceu no território que hoje corresponde ao país de Gana, então chamado de Costa do Ouro. Escravizado pela Companhia Holandesa das Índias Ocidentais e levado para a Holanda ainda menino, ele foi criado em Haia na casa de um homem chamado Jacobus van Goch, que lhe permitiu estudar. Capitein foi para a Universidade de Leiden em 1737 e em 1742 conquistou um grau avançado graças a uma dissertação que defendia, entre todas as coisas, a escravidão. Ele retornou à sua terra natal, onde se tornou "o pastor negro" no Castelo da Mina, a sede do tráfico holandês na costa oeste da África.[27]

Houve incontáveis outros. Francis Williams, tão insultado por David Hume, frequentou a Universidade de Cambridge antes de voltar para a Jamaica, onde fundou uma escola de meninos. Job ben Solomon (1701-73) livrou seu caminho da escravidão por meio da escrita em Maryland. Os dois volumes de *Letters of the Late Ignatius Sancho, an African* [Cartas do falecido Ignatius Sancho, um africano], de Ignatius Sancho (1729-80), foram publicados postumamente, em 1782. Olaudah Equiano (1745-97), autor de uma narrativa da escravidão publicada em 1789, conquistou fama de escritor sem precedentes até Frederick Douglass publicar sua narrativa da escravidão campeã de vendas em 1845. Todas essas pessoas foram tratadas como espécimes metafóricos do africano, e não como verdadeiros seres humanos. Esse discurso do século XVIII em torno da raça e da razão persistiu bastante até o próximo século.

E o revide contra esse discurso também persistiu. Por exemplo, o brilhante autor Alexander Crummell (1819-98), o herói de W. E. B. Du Bois que se tornaria um abolicionista negro pioneiro, pan-africanista, pastor episcopal e educador na Libéria, escreveu que a inspiração para o seu sucesso foi o notoriamente racista senador da Carolina do Sul John C. Calhoun. Quando Crummell trabalhava como mensageiro no Escritório Antiescravidão da Cidade de Nova York em 1833 ou 1834, ele ouviu uma conversa entre "o Secretário e dois eminentes advogados de Boston" na qual eles disseram que, durante um jantar em Washington, Calhoun havia declarado que, "se ele conhecesse um Negro educado na sintaxe grega, então acreditaria que o Negro era um ser humano e deveria ser tratado como um homem".[28]

Crummell se empenhou em ser "aquele Negro". Em 1853, depois de cumprir o currículo clássico de quatro anos do Queens'

College na Universidade de Cambridge, Crummell se transformou no primeiro africano-americano a conquistar um título de bacharel na respeitável instituição, tornando-se perfeitamente fluente em grego — tudo para refutar a noção racista de John C. Calhoun de que as pessoas pretas seriam inferiores por natureza, a não ser que pelo menos uma delas soubesse escrever e falar grego.

Fosse ou não seu desejo, esses autores negros se envolveram em — ou, pode-se dizer, foram encurralados ou capturados em — um complexo ato de "representação", agindo como sinédoques para a raça. Frederick Douglass entendeu isso: ele até chamou a si mesmo de "o 'representante' da 'raça negra'".[29] Phillis Wheatley era *a Negra*, *a Africana*. Um indivíduo solitário e bastante vulnerável foi forçado a defender, ou representar, o grupo todo — nesse caso, um continente inteiro de seres humanos.

As pessoas pretas revidaram o discurso da raça e da razão criando seu próprio gênero literário, que hoje chamamos de narrativas da escravidão. Mais uma vez, a escrita era a chave. Os escravizadores sabiam disso. Alguém que sabia escrever podia exigir seus direitos e podia se organizar para isso. Escrever era visto como um ato tão poderoso que as pessoas pretas escravizadas foram proibidas de aprender a escrever pela Lei do Negro de 1740, aprovada na Carolina do Sul em resposta à Rebelião de Stono, ocorrida no ano anterior. Para muitas pessoas libertas ou que tinham fugido para o Norte, a liberdade estava associada à alfabetização. Para alguns desses homens e mulheres, após 1830, a estrada para a liberdade conduzia a um circuito de palestras, e então esses oradores, após suas turnês, escreviam longos relatos autobiográficos sobre a escravidão e a liberdade. Dentro desse gênero, pessoas ex-escravizadas inventaram sua própria metáfora ou tropo peculiar, que eu chamo de tropo do livro falante, a imagem da voz que fala no texto e que é também uma metáfora para o ato de uma pessoa preta fazer as letras ocidentais falarem com a sua própria voz.

Todos os autores das primeiras cinco narrativas autobiográficas negras (quatro narrativas da escravidão e uma narrativa do cativeiro e da conversão negra) empregaram essa imagem: James Ukawsaw Gronniosaw em 1770; John Marrant (nascido livre, mas viveu com os cheroquis por dois anos) em 1785; Ottobah Cugoano em 1787; seu melhor amigo, Equiano, em 1789; e, por fim, John Jea em 1811.[30] A metáfora se espalhou no pequeno mundo literário negro de Londres. Além dessa circulação de grandes ideias em um pequeno grupo, três desses autores, como aconteceu com Phillis Wheatley antes deles, foram encorajados a escrever e/ou tiveram suas publicações subsidiadas pela condessa de Huntingdon, um outro elo da corrente.

James Albert Ukawsaw Gronniosaw nasceu na atual Nigéria e foi escravizado e vendido em 1730. Por mais de vinte anos ele viveu na casa do ministro reformado holandês Theodorus Jacobus Frelinghuysen (Freedlandhouse na narrativa), que o libertou após sua morte. Concentrando-se em sua jornada espiritual, Gronniosaw empregou o tropo do livro falante em seu livro pela primeira vez.

> [Meu mestre] guardava o costume de recitar orações em público para a tripulação do navio aos Sábados; e quando eu o vi ler pela primeira vez, nunca antes me espantei tanto como quando vi o livro falar com meu mestre; pois assim pensei, observando meu mestre olhando para o livro e mexendo os lábios. Desejei que o livro fizesse o mesmo comigo. Finda a leitura, segui meu mestre até o lugar onde ele guardou o livro, sentindo-me profundamente deleitado, e, sem ninguém à vista, abri-o e acheguei minha orelha ao livro, na esperança de que dissesse algo para mim; mas senti-me muito triste e decepcionei-me quando descobri que o livro não falaria, de imediato ocorreu-me este pensamento, que tudo e todos me desprezavam porque eu era um Preto.[31]

O tropo do livro falante é a cena educativa em todas as narrativas da escravidão em que o livro "fala" com a pessoa escravizada. Nesse momento, ocorre o primeiro passo para a educação, para a liberdade e, em uma palavra, para a iluminação. É uma alegoria que refuta o discurso racista antinegro que vimos em Hume, Kant e Jefferson. Ciente de que o texto não falaria com um escravizado, Gronniosaw faz o texto falar. Faz o texto conter a voz dele, a voz negra; faz o texto refletir seu rosto, o rosto da negritude. É um movimento ousado, escrever e publicar um livro, sobretudo, para provar aos racistas que as pessoas pretas possuíam razão, e então jogar o processo todo na cara deles criando um tropo, uma cena instrutiva, que nomeia o ato performado. Foi um gesto brilhante.

As pessoas pretas também revidaram adentrando a arena e respondendo por escrito, criticamente, a Thomas Jefferson, como podemos ver nos escritos de Benjamin Banneker (1731-1806), o primeiro matemático e astrônomo negro. Banneker nasceu livre. Sua avó o ensinou a ler, e ele pode ter sido educado por quakers. Por volta de 1755, construiu um relógio de madeira que funcionou até sua morte. Entre 1792 e 1797 Banneker produziu um almanaque anual, publicado por abolicionistas na Pensilvânia.[32]

No dia 19 de agosto de 1791, em resposta à conjectura vil de Jefferson, Banneker lhe enviou uma carta com uma cópia inédita de seu almanaque. Banneker escreveu:

> Suponho que seja uma verdade deveras atestada para o senhor, ao ponto de não carecermos de provas aqui, que somos uma raça de seres que há muito vêm sofrendo com as injúrias e as censuras do mundo; que há muito são olhados com desprezo; e que há muito são considerados mais brutais que humanos, quase nunca providos de dons mentais [...]. E compreendo que o senhor aproveitará qualquer oportunidade para erradicar esse conjunto de ideias e opiniões absurdas e falsas [...].

Somos todos dotados "das mesmas faculdades", Banneker continuou, e "embora diversos em condição ou cor, pertencemos todos à mesma família". Ele revidou com as próprias palavras de Jefferson, de abertura da Declaração da Independência:

> Mas, senhor, como é lastimoso refletir que, embora tão plenamente convencidos da benevolência do Pai da Humanidade e de sua distribuição igualitária e imparcial de direitos e privilégios por ele conferidos, vocês tenham, ao mesmo tempo, contrariado as graças dele, detendo, por fraude e violência, uma parcela tão numerosa de meus irmãos, sob o jugo de um cativeiro lastimável e de uma opressão cruel, que, ao mesmo tempo, sejam vocês culpados desses atos dos mais criminosos que de modo tão explícito detestam nos outros quando proferidos contra vocês mesmos.[33]

As realizações de Banneker seriam suficientes para convencer Jefferson de seus equívocos em relação à natureza do Negro? Lembre-se, Hume havia dito que a pessoa preta, para se provar igual, tinha que dominar "as artes *e* as ciências". A resposta de Jefferson para Banneker indica que ele estava disposto a enxergar os seus erros:

> Ninguém mais do que eu deseja ver tais provas que o senhor apresenta, de que a natureza dotou os nossos irmãos pretos de talentos iguais àqueles que possuem os homens de outras cores; e que a aparente falta de talentos se deve tão somente às condições degradantes de sua existência, na África como na América.

Mas em uma carta para o seu amigo Joel Barlow, datada de 8 de outubro de 1809, Jefferson se mostrou muito menos caridoso:

> Sabemos que ele teve um conhecimento suficiente de trigonometria esférica para produzir almanaques, mas não sem a suspeita de ajuda

por parte de Ellicot [o major Andrew Ellicot, que mapeou as fronteiras originais de Washington, DC] que era seu vizinho e amigo e nunca perdeu uma oportunidade de exaltá-lo. Tenho comigo uma longa carta de Banneker que, de fato, revela uma mente de magnitude deveras comum.

Jefferson não seria persuadido. Ele reduziu e delimitou as realizações de Benjamin Banneker nos reinos da ciência e da matemática da mesma forma que desprezou as realizações de Phillis Wheatley no reino da poesia.

O APELO DE WALKER

Os anos entre 1809, o fim da presidência de Thomas Jefferson, e 1830, mais ou menos na época do nascimento do movimento abolicionista como conhecemos hoje e da Underground Railroad,* foram um período de grandes transições nos Estados Unidos. Em 1793, a invenção da descaroçadora ou máquina de algodão por Eli Whitney revolucionou a economia estadunidense, transformando o sistema escravista baseado em plantações em um negócio muito mais eficiente e lucrativo para a classe dominante. Para os escravizados, uma tarefa que já era exaustiva se tornou ainda mais árdua. Antes de 1793, uma pessoa escravizada podia limpar meio quilo de algodão cru por dia, em uma jornada de catorze horas. Depois de 1793, o volume do produto disparou, e então uma pessoa podia limpar quase 23 quilos de algodão cru por dia. A economia sulista explodiu: em 1815, foram colhidos 200 mil fardos de algodão; em

---

* Nome dado a uma rede secreta de rotas e abrigos estabelecida nos Estados Unidos no século XIX, utilizada por pessoas pretas escravizadas em fuga para os estados livres. (N. T.)

1840, esse número subiu para 1,35 milhão de fardos; em 1846, 2,85 milhões; e em 1860, 4,8 milhões. A transformação da economia sulista foi sentida no mundo, já que, em 1860, os Estados Unidos forneciam grande parte do algodão consumido na Grã-Bretanha, na França, na Alemanha e na Rússia — tudo nas costas de pessoas africano-americanas escravizadas.[34]

Enquanto a economia crescia, David Walker publicava seu *Appeal to the Coloured Citizens of the World* [Apelo aos cidadãos de cor do mundo], um dos exemplos de réplica mais dramáticos e importantes. Walker, um alfaiate de Boston, costurava cópias de seu livro em ternos para que os marinheiros negros livres pudessem distribuí-las entre as pessoas pretas escravizadas no Sul. O estado da Geórgia ofereceu uma recompensa pela cabeça de Walker: 10 mil dólares se ele fosse entregue vivo; mil dólares se fosse entregue morto. Walker morreu misteriosamente em 1830.

O apelo de Walker tem quatro pontos principais, ou artigos, mais um preâmbulo. Walker começou citando a Declaração da Independência de Jefferson para refutar as declarações que o próprio Jefferson tinha feito sobre as pessoas pretas em *Notes on the State of Virginia*: "a menos que tentemos refutar os argumentos apresentados pelo sr. Jefferson a nosso respeito", ele declarou, "não estaremos fazendo nada além de estabelecê-los".[35]

Em segundo lugar, Walker afirmou que as próprias pessoas pretas deviam estabelecer uma literatura, um discurso, que refutasse os argumentos pró-escravidão:

> Pois que nenhum de nós suponha que as refutações escritas por nossos amigos brancos sejam suficientes — eles são *brancos* — nós somos *pretos*. Nós e o mundo desejamos ver as acusações do sr. Jefferson refutadas pelos *próprios* pretos, conforme sua oportunidade [...]. Nossa opressão não deve nos impedir de adquirir todo [o aprendizado e o conhecimento] que pudermos [pois um dia, quando a liberdade per-

tencer a todas as pessoas pretas] então desejaremos que todos os conhecimentos e talentos entre nós, e quiçá mais, nos governem.

"Todos merecem ter sua chance", ele escreveu, "e a chance do americano está chegando ao fim."

Em terceiro lugar, Walker argumentou que o aspecto mais insidioso da justificativa jeffersoniana para a escravidão é a definição dos africanos como brutos e animais. Nem mesmo os egípcios (que, ele observou, como Frederick Douglass também o faria, "eram africanos ou pessoas de cor") "lançaram sobre as crianças de Israel *insultos tão intoleráveis*, dizendo-lhes que não faziam parte da *família humana*". A humanidade — ou a falta dela — encontra-se no cerne de todo o argumento a favor da escravidão, ele disse. "Pode o branco negar essa acusação? E não foram eles, depois de nos terem reduzido à deplorável condição de escravos aos seus pés, que nos retrataram como descendentes originais das tribos de *Macacos* ou *Orangotangos*? [...] Não seria isso intolerável?"

Por fim, Walker afirmou, as pessoas pretas não querem ser brancas, mas ser negras e livres. Walker estava determinado a refutar as suposições em relação às diferenças inatas ou biológicas entre pessoas brancas e negras, argumentando contra aqueles que afirmavam que "a própria natureza" queria que fosse assim. Em seu apelo, Walker denunciou o lado sombrio do Iluminismo. Suas palavras eram tão contrárias àquilo que os brancos queriam ouvir que alguns de seus contemporâneos acreditavam que seus apontamentos contundentes o levaram à morte.

"O HOMEM REPRESENTATIVO DE SUA RAÇA"[36]

Frederick Douglass, sem dúvida, foi a pessoa preta mais famosa do mundo depois de 1845, quando publicou sua primeira narrativa da escravidão. Ele seguiu adiante, editou seu próprio jornal, ocupou o lugar de liderança negra no movimento abolicionista, tornou-se amigo de Abraham Lincoln, serviu como ministro dos Estados Unidos (embaixador) no Haiti e viveu uma vida longa, próspera e celebrada. O estadunidense mais fotografado do século XIX morreu em 1895, no mesmo ano em que W. E. B. Du Bois se tornou o primeiro doutor negro formado na Universidade Harvard, e no mesmo ano em que Booker T. Washington proferiu seu famoso (ou infame) discurso na Exposição Internacional dos Estados Algodoeiros em Atlanta.

No dia 12 de julho de 1854 — um século após a publicação da notória nota de rodapé de Hume sobre a ausência de "artes ou ciências" na África —, Douglass se tornou a primeira pessoa preta a proferir um discurso de abertura diante de um público branco, apresentando o ensaio "The Claims of the Negro, Ethnologically Considered" [Considerações etnológicas sobre as reivindicações do Negro] no Western Reserve College, atual Universidade Case Western Reserve, em Cleveland.[37]

Douglass começou com uma longa citação de um editorial recentemente publicado em um jornal sulista, *The Richmond Examiner*. O editorial apresentava as questões centrais nas justificativas para a escravidão, desde o início repetindo o mesmo argumento de Jefferson sobre as pessoas escravizadas de pele branca da Roma e da Grécia antigas e sua capacidade de se tornarem livres.

O camponês branco é livre e, enquanto homem de disposição e intelecto, é capaz de ascender na escala social; ou ao menos sua prole. Ele não é destituído por lei daqueles "direitos inalienáveis", de "liberdade e [da] busca pela felicidade" através da liberdade. Mas aqui está a essência da escravidão — quando declaramos que o Negro é desprovido desses poderes. Nós o sujeitamos para sempre, por lei, à condição de trabalhador do campo, sem seu consentimento, e sujeitamos seus descendentes. Agora, a verdadeira questão é: temos o direito de fazer isso? Se não temos, todas as discussões sobre a sua confortável situação e sobre a real condição dos demais trabalhadores livres são deveras irrelevantes. Se o Negro tem o mesmo direito que o branco à liberdade e à busca da felicidade, então estamos cometendo a mais grave injustiça e um grande delito por mantê-lo cativo — um ato diante do qual o sentimento de justiça deveria revolver-se em qualquer coração — e a escravidão do negro é uma instituição que esse sentimento deve, mais cedo ou mais tarde, abolir da face da terra.

Douglass respondeu a sua própria pergunta em relação ao direito de manter as pessoas pretas escravizadas para sempre: "o *Examiner* afirma corajosamente que o Negro não tem esse direito — PORQUE O NEGRO NÃO É UM HOMEM!".

Douglass desconstruiu esse argumento atacando a classificação das raças humanas e, de modo mais específico, aqueles que pensavam que os africanos tinham uma relação mais próxima com os macacos que com outros seres humanos. Mas, para tanto, como David Walker, ele teve que dispensar como verdadeiras bobagens quaisquer teorias de que os seres humanos evoluíram a partir dos chimpanzés ou macacos. Douglass escreveu:

O próprio bom senso é quase desnecessário para detectar a ausência de humanidade em um macaco ou reconhecer sua presença em um negro. Sua fala, sua razão, sua capacidade de adquirir e reter conhecimento [...] cravam entre ele e a criação bruta uma distinção tão eterna quanto palpável. Dispensemos, então, qualquer devaneio científico que conectaria os homens com os macacos e que pretende fazer o mundo acreditar que a humanidade, em lugar de descansar em seu próprio pedestal característico — e gloriosamente independente — é uma espécie de escala variável, em que um extremo é irmão do orangotango, o outro é irmão dos anjos, e os demais são intermediários!

Ele está se referindo, é claro, à grande cadeia do ser. Douglass prossegue:

> Todo o argumento em defesa da escravidão se torna completamente inútil quando se prova que o africano é um homem tal qual o anglo-saxão [...]. O orgulho e a mesquinhez, combinados com o poder da mente, nunca carecem de uma teoria para justificá-los — e quando os homens oprimem seus semelhantes, o opressor sempre encontra, no caráter do oprimido, uma plena justificativa para a sua opressão. A ignorância, a depravação e a incapacidade de ascender da degradação para a civilização e a respeitabilidade são as alegações mais comuns apontadas contra os oprimidos. Os males mais adotados pela escravidão e pela opressão são precisamente aqueles que os senhores de escravos e os opressores transferem de seu próprio sistema para o caráter inerente de suas vítimas. Assim, os próprios crimes da escravidão se tornam a melhor defesa da escravidão. Dotando o escravizado de um caráter tão só adequado para a escravidão, eles se escusam por recusarem-se a tornar o escravo um homem livre.

Douglass sabia que ganhar essa discussão — ele e todos os escritores negros que revidavam contra Hume, Kant, Jefferson e Hegel, e diante daquilo que podemos pensar como a imaginação cultural popular — significava provar que *havia*, de fato, uma grande civilização que uma vez prosperou no continente africano, uma civilização criada por mulheres e homens pretos. Ele começou pelas pirâmides, argumentando:

> Mas o Egito fica na África. É uma pena que não fique na Europa, na Ásia ou, ainda melhor, na América! Uma outra circunstância infeliz é que os antigos egípcios não eram pessoas brancas; mas, indubitavelmente, de pele tão escura quanto muitos neste país a quem se consideram negros genuínos; e isso não é tudo [ele disse, em uma

referência direta às afirmações de Jefferson sobre a beleza inerente e superior da cor da pele europeia e da textura do cabelo], seus cabelos estavam longe de possuir aquela gracioso aspecto liso que adorna a bela cabeça anglo-saxã.

Uma vez que o Egito fica na África e que seu talentoso povo não era branco, Douglass concluiu, só o Egito já refutava as difamações lançadas sobre a natureza do povo negro, e, portanto, Douglass conjecturou, a própria escravidão era responsável pela posição degradada dos povos de ascendência africana do Novo Mundo. Ele exigiu que as pessoas brancas admitissem que haviam inventado noções ultrajantes em relação aos povos negros para justificar a exploração de seu trabalho e criar a mais próspera economia do mundo. Deem um fim à escravidão e ao preconceito racial, concluiu com determinação, e verão o homem preto ascender às antigas glórias de seus ancestrais.

Quando desafiados a provar sua humanidade comum com os europeus através dos maiores pensadores iluministas da Europa, quando tiveram que contestar a escandalosa afirmação de que as pessoas pretas eram animais, e não seres humanos, mulheres pretas e homens pretos — todos ex-escravizados, ou filhos e filhas de pessoas que tinham sido escravizadas — enfrentaram esse desafio. Eles se sentaram em suas escrivaninhas, leram e escreveram livros e, ao fazê-lo, inscreveram a si mesmos e aos seus companheiros de ascendência africana na comunidade humana. E esse foco na escrita e na linguagem suscitou outra pergunta: como devemos nomear a raça?

2. O que há em um nome?

Eu ainda estava no ensino médio quando os "Negros" se tornaram "pessoas pretas" em meados dos anos 1960. Quando requeri matrícula para Yale em 1969, em minha carta de intenção, escrevi: "Meu avô foi um homem de cor, meu pai é Negro e eu sou Preto!". Talvez a pessoa mais responsável por essa transformação, depois de Malcolm X, tenha sido Stokely Carmichael, a liderança carismática do Comitê de Coordenação Estudantil Não Violento. Carmichael anunciou a filosofia política do Movimento Black Power durante a Marcha Contra o Medo de James Meredith, no dia 16 de junho de 1966, em Greenwood, Mississippi. No geral, nós fomos pretos por essas duas décadas, até 1988, quando Jesse Jackson declarou, em uma coletiva de imprensa, que, então, nós éramos africano-americanos.[1] E desde então nós temos sido, em maioria, africano-americanos.

Três anos antes de assistir ao discurso de Stokely Carmichael, eu peguei o *New York Times* e li uma tirinha que ridicularizava as mudanças de nome: preto, que substituiu o afro-americano, que substituiu os Negros, que substituiu pessoas de cor, que substituiu escuros, que substituiu pretos. Será que nós simplesmente andamos em círculo em nossas nomenclaturas "revolucionárias"?

Liberdade para os irmãos escravizados era a principal preocupação da complexa comunidade de pessoas Negras livres, no Norte e no Sul. Essas pessoas também ansiavam e lutavam por direitos iguais aos dos cidadãos brancos. Mas também havia outra questão de grande importância. Para alguns, essa questão beirava o que só podemos chamar de obsessão: a questão do nome. De que forma essas pessoas se chamariam enquanto grupo?

Esse dilema em torno do nome remontava à relação do século XIX com a África. Um século antes, tanto Wilhelm Amo quanto Phillis Wheatley eram chamados de "africanos" e se referiam a si mesmos como tal. Muitas instituições negras formadas na época incluíam o adjetivo "africana" no nome, como a Igreja Metodista Episcopal Africana. Mas essa foi uma instituição criada no século XVIII; nos anos 1830, muitas pessoas pretas nos Estados Unidos nunca haviam chamado a África de lar. Como elas se sentiam quando pensavam em batizar suas instituições estadunidenses, e a si mesmas como grupo, com o nome de uma terra tão distante? A questão do nome ocupou um lugar proeminente nas mentes (e na escrita) dos Negros livres e continuou a desempenhar um papel importante nas políticas negras.

James McCune Smith, o homem preto mais bem instruído da época — ele obteve três diplomas, incluindo um doutorado em medicina na Universidade de Glasgow, na Escócia, sendo a primeira pessoa de ascendência africana a obter o título —, escreveu um ensaio sobre *Notes on the State of Virginia*, de Thomas Jefferson, em 1859. O mesmo ano em que John Brown tentava incitar uma revolução no arsenal de Harpers Ferry, na Virgínia, marcou o 75º aniversário da publicação do infame ensaio de Jefferson.[2] Três quartos de século: isso prova o poder não apenas dos argumentos de Jefferson sobre aqueles que concordavam com ele, mas o poder de ferir, o poder de lançar calúnias sobre a imagem do Negro, um poder tão grande, tão irresistível, que o homem preto mais bem instruído do mundo considerou adequado escrever a respeito dele em 1859, como Frederick Douglass havia feito cinco anos antes.

Perto do fim de seu ensaio, McCune Smith notou que uma mudança crucial de nomenclatura havia ocorrido entre as pessoas pretas. Elas haviam dispensado os termos "preto" e "Negro", preferindo então uma nova denominação revolucionária: "de cor".

Os senhores terão observado que empregamos a palavra "preto" para distinguir a classe que estamos considerando. Essa palavra, "preto", e a outra, "negro", eram os termos comuns, usuais, para essa classe na época em que o sr. Jefferson escreveu. Essa ocasião ocorreu há mais de cinquenta anos. Os jornais, sólidos indicadores da opinião pública, AGORA chamam essa mesma classe de "pessoas de cor". A classe é a mesma, o nome mudou; essas pessoas não são mais pretas, beirando a bestialidade; são "pessoas" e são "de cor". Não me furtarei a indagar se o termo "de cor" é empregado como uma eufonia para preto, ou se indica o fato de uma já perceptível mudança no tom de pele dessa classe. Isso responde ao nosso argumento e com efeito mostra uma diminuição da distância — um passo na direção da harmonia e da gentileza mútua entre o homem e seu semelhante — entre o homem preto e o homem branco nesta República. [...]

Então, há aquela outra palavra, "pessoas". O que significaria? Diga-nos, pobre adulador subserviente, você que teme que as duas raças só possam viver juntas como mestre e escravo, quem são essas "pessoas"? [...] São os homens que foram fundamentais — os grandes pais e os grandes herdeiros desta grande nação.[3]

Em 1859, McCune Smith apenas resumia aquele que por décadas já tinha sido um longo a acalorado debate na tradição negra, remontando pelo menos até 1828 e se mantendo em voga na imprensa popular dessa época até 1845, quando Frederick Douglass publicou sua narrativa da escravidão.

"NÓS REIVINDICAMOS A AMÉRICA"

Em 1820, em grande parte por conta da abolição do tráfico transatlântico doze anos antes, a maioria da população africano-americana de então havia nascido nos Estados Unidos. A ideia de um retorno geral para a África perdia o apelo que havia tido para as pessoas pretas livres na primeira década e meia do século XIX. Ninguém articulou melhor essa questão do que um homem chamado Thomas L. Jennings, um alfaiate bem-sucedido da cidade de Nova York, em artigo publicado no *Freedom's Journal* em 1828:

> Nós reivindicamos a América, a terra que nos trouxe à luz. Não conhecemos outra nação. Esta é a terra em que nossos pais sofreram e labutaram. Eles umedeceram esta terra com suas lágrimas e a sopraram com seus suspiros [...].
>
> Nossa relação com a África é a mesma que o homem branco guarda com a Europa. Nós atravessamos muitas gerações neste país e, por conseguinte, nos naturalizamos. Nossos hábitos, nossos modos, nossas paixões, nossas inclinações tornaram-se as mesmas. O mesmo leite materno nutriu-nos na infância; a criança branca e a criança de cor, ambas, beberam do mesmo seio. Poderia eu muito bem mencionar ao homem branco a Inglaterra, a França ou a Espanha, o país de onde seus antepassados emigraram, e chamá-lo europeu, tal qual ele nos chama africanos.
>
> A África é tão estrangeira para nós como a Europa o é para eles.[4]

A historiadora Dorothy Sterling nos conta que a rejeição à possibilidade de migrar para a África se relacionava com a oposição em larga escala, por parte das pessoas pretas, à Sociedade da Colonização Americana, uma organização branca que defendia e patrocinava a "repatriação" de pessoas pretas livres e ex-escravizadas para a África e fundou a Libéria em 1821. "A opinião pública negra no Norte", Sterling escreve, "então via a sociedade como inimiga e considerava traidores os homens que emigravam para a Libéria."[5]

Os debates sobre a emigração têm uma longa história, e o apoio ou a oposição à emigração nem sempre foram bem divididos. Por exemplo, a primeira maçonaria negra, fundada em Boston, e que mais tarde seria rebatizada em homenagem ao seu fundador, Prince Hall. Em março de 1775, Hall e outros catorze africano-americanos foram iniciados na maçonaria através de um grupo militar irlandês baseado em Massachusetts, já que nenhuma outra maçonaria permitiria a entrada deles. No dia 3 de julho de 1775, um ano e um dia antes da fundação da nova nação, eles fundaram a Loja Maçônica Africana nº 1. A Loja precisou obter uma autorização oficial dos britânicos após o fim da Guerra da Independência.

No entanto, em 1786, Hall e seus compatriotas escreveram para o governador James Bowdoin oferecendo apoio na contenção da Rebelião de Shays,* aparentemente indicando seu compromisso com o experimento estadunidense.[6]

Ao mesmo tempo, nas palavras do acadêmico Chernoh Sesay, Hall "sempre considerava, de forma simultânea, agendas múltiplas e, segundo consta, controversas". Ou seja, um ano depois, em 1787, Hall e mais de setenta partidários prometeram apoiar a emigração africana, solicitando que a Corte Geral de Massachusetts apoiasse

---

* Revolta armada, ocorrida entre agosto de 1786 e fevereiro de 1787, no estado de Massachusetts, impulsionada por agricultores em oposição às altas taxas de impostos cobradas pelo governo. (N. T.)

os planos deles. No sul de Rhode Island, a Sociedade da União Africana, fundada em 1780, tinha objetivos parecidos. Em 1787, o presidente da sociedade, Anthony Taylor, pediu ajuda ao governo federal:

> Nosso mais sincero desejo de retornar à África e estabelecermo-nos lá nos induziu a incomodá-los a fim de expressar uma ideia mais detalhada de nossa proposta. Que um determinado número de homens entre nós possa ser enviado à África para ver se podem obter, por ganho ou compra, terras suficientes para estabelecer-nos. E se a terra puder ser obtida, que, então, alguns desses homens possam voltar para trazer-nos informações. O grupo seguirá viagem, então, sem a companhia de suas esposas e crianças, e deixará tudo preparado para as famílias. Esse é o plano que nos agrada. Não podemos, contudo, levá-lo a cabo por carência de dinheiro, e tão só por isso incomodamos nossos superiores com este pedido de auxílio.[7]

O movimento das pessoas Negras livres que desejavam voltar à África se intensificou sob a liderança de Paul Cuffee (1759-1817), que seria conhecido como o pai do movimento de retorno à África. Cuffee nasceu em Cuttyhunk Island, ao sul de Massachusetts, um entre os dez filhos de Ruth Moses, indígena do povo wampanoag, e Kofi Slocum, ex-escravizado. Kofi Slocum anglicizou seu nome para Cuffee, encurtando-o para Cuff.[8]

Em 1766, os Slocum compraram uma fazenda de 47 hectares em Dartmouth, Massachusetts, em Buzzards Bay. Em 1772, Cuff Slocum faleceu, deixando a fazenda para Paul e seu irmão John, que haviam, ambos, adotado como sobrenome o primeiro nome do pai. Os dois irmãos ficaram em posse da fazenda por muitos anos, mas o jovem Paul trocou a terra pelo mar, indo trabalhar em baleeiros no Atlântico ainda adolescente. Por ser tão perigoso, o ofício da pesca de baleias estava disponível para os homens de todas as raças.

Mais tarde, Paul Cuffee se envolveu no comércio marítimo, obtendo um rápido sucesso financeiro.[9]

Em sua casa em Massachusetts, Cuffee protestava contra a discriminação. Em 1780, Paul e John, ao lado de outros cinco homens pretos de Dartmouth, apresentaram uma petição junto à legislatura estadual contestando a tributação sem representação,* principalmente porque as pessoas pretas tinham lutado pela Revolução:

> Consideramo-nos prejudicados, pois, ao passo que não possuímos os privilégios dos homens livres do estado, destituídos do direito ao voto ou de qualquer influência na eleição daqueles que cobram impostos, ainda assim muitos de nossa cor (como é bem sabido) adentraram de boa vontade o campo de batalha em defesa de uma causa comum (como concebemos) contra uma manifestação semelhante de poder (em relação à tributação) demasiado conhecida para ser exposta aqui.

Paul Cuffee passou uma breve temporada na prisão, mas conseguiu a diminuição dos seus impostos.[10]

Dois anos depois, ele se casou com Alice Pequit, uma indígena pequot de Martha's Vineyard. Eles tiverem sete filhos e até construíram uma escola para garantir que a discriminação racial não negasse uma educação formal aos seus filhos e a outras crianças. Eles tinham um moinho e uma loja, além de, o mais importante, comprarem e construírem navios, que usavam para estabelecer um comércio marítimo que cobria a Costa Leste dos Estados Unidos e mantinha

---

* Referência a um slogan político (*No taxation without representation*) que ganhou força nas colônias norte-americanas e que contestava a cobrança de impostos, por parte da Inglaterra, ainda que as colônias não tivessem uma representação política direta. (N. T.)

negócios com o Caribe e com a Europa. Paul Cuffee se tornou o homem preto mais rico do país e, em 1813, foi o primeiro homem preto livre a pôr os pés na Casa Branca. James Madison, ele próprio um escravizador, era presidente na época.[11]

Em 1811, Paul Cuffee fez duas viagens para Serra Leoa. Desde 1787, filantropos ingleses vinham tentando construir ali uma colônia de pessoas pretas livres. Eles fundaram Freetown em 1792, e Serra Leoa virou uma colônia em 1808. Cuffee se tornou o que chamamos de emigracionista, uma entre muitas pessoas que desejavam que os africano-americanos ex-escravizados deixassem os Estados Unidos de boa vontade para fundar seu próprio país na África — a despeito do que os africanos que viviam lá pensavam disso.

Após sua segunda visita, Cuffee fundou a Sociedade de Amigos de Serra Leoa para encorajar a emigração e a colonização. No dia 10 de dezembro de 1815, ele zarpou para a costa oeste da África com uma carga comercial e 38 africano-americanos de seis meses a sessenta anos de idade; vinte pessoas do grupo eram crianças. Eles atracaram no dia 3 de fevereiro de 1816. Essa foi a primeira iniciativa do movimento de retorno à África liderada por uma pessoa preta nos Estados Unidos.[12]

Cinco anos depois, em 1821, a Sociedade da Colonização Americana estabeleceu o país da Libéria. Muitas pessoas pretas consideravam a SCA uma instituição racista, e não emancipadora. Em termos mais diretos, o retorno para a África significava uma inversão da Passagem do Meio, e um número irrisório de pessoas pretas conseguiu sobreviver a essa jornada. Segundo o historiador James T. Campbell, 1100 lealistas* negros foram alocados em Serra Leoa pelos britânicos no ano de 1792. A Sociedade da Colonização Americana repatriou cerca de 15 mil colonos negros na Libéria

---

* Termo utilizado em referência aos estadunidenses leais à Grã-Bretanha durante a Revolução Americana. (N. T.)

depois de 1820, e outros 2500 africano-americanos voltaram para a África entre o fim da Guerra Civil e a virada do século.[13]

Menos de 20 mil africano-americanos retornaram voluntariamente para a África. Em comparação, os historiadores estimam que cerca de 25 mil pessoas escravizadas conseguiram fugir para o Norte pela Underground Railroad. Ambos os números representam uma porcentagem mínima da comunidade africano-americana. A maioria das pessoas pretas nunca conseguiu quebrar as correntes da escravidão.

DEBATES COLONIAIS

De início, a ideia da colonização era bem popular entre os intelectuais negros. Mas eles mudariam de ideia.

Temos, por exemplo, o melhor amigo de Cuffee, James Forten da Filadélfia, outro homem preto de negócios bem-sucedido. No início, ele compartilhava da filosofia do retorno à África de seu amigo, mas em 1817 Forten escreveu para Cuffee contando de uma reunião preocupante na Igreja Metodista Episcopal Africana Mother Bethel de Richard Allen na Filadélfia. "Pelos menos 3 mil compareceram", Forten escreveu, "e não havia uma única alma a favor do retorno à África. As pessoas acham que os senhores de escravos querem se livrar delas para assegurar suas propriedades." A reunião rendeu uma resolução formal:

> Ao passo que nossos ancestrais (não por escolha) foram os primeiros a cultivar com êxito as terras ermas da América, nós, seus descendentes, sentimo-nos autorizados a usufruir das bênçãos deste solo luxuriante [...]. Decidimos, portanto, que não nos apartaremos voluntariamente da população escrava deste país; essas pessoas são nossas irmãs pelos laços da consanguinidade, do sofrimento e da injustiça.[14]

Esta era a chave: as pessoas pretas do Norte se acreditavam conectadas com seus irmãos e irmãs escravizados do Sul. Enquanto existisse escravidão, elas não se considerariam verdadeiramente livres.

Cuffee faleceu no dia 7 de setembro de 1817, e no ano seguinte, Forten rejeitaria por completo a colonização. Em 10 de dezembro de 1818, Forten e Russell Parrott, diretor da Sociedade Literária Africana da Filadélfia, fizeram um discurso na Filadélfia contra a colonização no geral e contra a Sociedade da Colonização Americana em particular. A colonização, eles argumentavam, prejudicaria a vida das pessoas escravizadas que não pudessem partir. "Os senhores do Sul colonizarão apenas aqueles que podem representar algum perigo se permanecerem entre eles." Os africano-americanos viam cada vez mais esse fato como o verdadeiro motivo por trás do trabalho da Sociedade da Colonização Americana.

Parte de seu argumento não envelheceria bem, porque "a abolição definitiva da escravidão" estaria "progredindo", aparentemente de forma inevitável. Ainda assim, a colonização era injusta aos olhos deles, pois apartava as pessoas ex-escravizadas de sua família e amigos. Os homens escreveram:

> Todas as penosas agonias suportadas por nossos antepassados quando foram arrancados da África e escravizados serão revividas, e com uma angústia ainda maior. As costas da América, como as areias da África, serão lavadas pelas lágrimas daqueles deixados para trás. Aqueles que serão levados vagarão sem filhos, enviuvados e sós sobre as planícies ardentes da Guiné.

Forten e Parrott também acreditavam que as pessoas ex-escravizadas precisavam da orientação de nortistas instruídos como eles mesmos, que compreendiam a importância da respeitabilidade e da educação moral. "Desprovidos de educação e do conhecimento das verdades de nossa abençoada religião diante de sua nova situação", eles escreveram, "aqueles que se tornarão colonos serão cercados por cada um dos sofrimentos que podem afligir os membros da família humana." "Os fios", eles disseram, "que agora nos unem serão estendidos até ao ponto de romper-se; e todas as fontes de felicidade conferidas pela afeição, pela conexão e pelo sangue não serão mais nossas nem deles."[15]

Em 1831, Forten escreveu para William Lloyd Garrison, que havia acabado de lançar o periódico abolicionista *The Liberator*:

> Causa-me grande espanto que os ministros do evangelho participem tão ativamente no empenho de conduzir homens de cor livres para a África. Em vez disso, eles deveriam empenhar-se em eliminar o preconceito, melhorar a condição das pessoas de cor por meio da educação, oferecendo às suas crianças oportunidades de aprender um ofício.
>
> Jamais conversei com um homem de cor inteligente (não influenciado por motivos escusos) que não se opusesse decididamente à ideia de abandonar seu lar e partir para o clima fatal da África. Sou bem familiarizado com todos os proprietários de navios deste porto que estiveram na costa africana. Estão todos de acordo quando apontam a África como uma terra das mais insalubres [...]. Não solicitamos a ajuda deles para assistir-nos na emigração para a África. Contentamo-nos com a terra que nos deu à luz, pela qual muitos de nossos pais lutaram e morreram.[16]

A oposição negra à Sociedade da Colonização Americana se unificou na década seguinte, mas o debate sobre a colonização em geral não se encerrou. No fim dos anos 1820, lideranças negras nortistas enfrentavam uma série de problemas sem respostas óbvias, problemas que contestavam sua própria liberdade. Apesar das promessas da Revolução Americana e sua ênfase na autonomia e na liberdade, as pessoas pretas sofriam discriminações por parte das pessoas brancas em todos os aspectos da vida, a despeito de seus estudos ou ganhos financeiros. O crescimento da população negra acompanhava o crescimento da resistência branca. As pessoas pretas careciam de representação no Congresso e de uma organização nacional que as representasse ou aos seus interesses. Sua liberdade legal não era garantida. As pessoas pretas se encontravam em solo instável. Eram africanas e americanas, ambos ou nenhum? E de que forma conquistariam a segurança que desejavam para si mesmas e para o seu povo?

O MOVIMENTO DA CONVENÇÃO NEGRA

Uma resposta foi o Movimento da Convenção Negra, que teve início após três dias de violência branca em Cincinnati. A população preta da cidade disparou nos anos 1820, e no fim da década cerca de 10% dos residentes eram pretos. As pessoas brancas de Cincinnati viam os africano-americanos como adversários que tomavam seus empregos e reduziam seus salários. Os líderes da cidade recorreram às antigas "leis negras" de Ohio, estabelecidas em 1804 e 1807, para garantir o controle. Essas leis foram criadas para conter a migração negra para o estado e estipulavam que os migrantes africano-americanos seriam obrigados a provar que eram livres e também pagar uma fiança de quinhentos dólares, um valor que seria perdido se infringissem qualquer lei.[17]

Em 1829, os líderes da cidade começaram a fazer cumprir essas leis inativas. As pessoas pretas, em grande parte pessoas que haviam se mudado de outras partes do país para Cincinnati, reconheceram que estavam vulneráveis. A maioria não tinha condições de pagar uma fiança de quinhentos dólares. Então, solicitaram o adiamento da aplicação da lei.[18]

Cerca de trezentos homens brancos se recusaram a aguardar a decisão de um juiz, decidindo agir com as próprias mãos. No dia 15 de agosto, a turba iniciou um cerco de três dias no distrito negro da cidade, conhecido como Bucktown. Mais tarde, o historiador Carter G. Woodson escreveu que "a polícia se mostrou incapaz ou indisposta a restabelecer a ordem". Duas pessoas morreram, uma negra e uma branca; muitas se feriram; e Bucktown sofreu graves prejuízos.

A violência teve implicações nacionais, o que demonstrou até que ponto os estados livres eram livres de fato. As pessoas pretas se perguntaram se podiam viver em segurança em Cincinnati ou em qualquer outro lugar do Norte. Pelo menos mil africano-americanos decidiram que a resposta era não e fugiram não para a África, mas para o Canadá.[19]

O Movimento da Convenção foi uma resposta direta à violência em Cincinnati, mas também refletiu movimentos recentes entre os estadunidenses pretos que tentaram forjar uma comunidade ativista, como a fundação do *Freedom's Journal* e a publicação do apelo de Walker.[20] Como o acadêmico da Universidade Princeton, Eddie Glaude Jr., aponta, o Movimento da Convenção Negra surgiu "entre o terror racial das turbas jacksonianas* e o desejo expresso de 'fazer alguma coisa' diante das circunstâncias das pessoas pretas livres no Norte".[21] As convenções estavam entre as mais influentes, variadas e duradouras redes negras políticas e sociais do século XIX.

Emigração, abolicionismo, educação, reforma moral, igualdade de direitos — tudo era motivo de discussão nas convenções.

---

* Referência a um movimento conhecido como "democracia jacksoniana", liderada pelo então presidente dos Estados Unidos Andrew Jackson (1767-1845, mandato: 1829-37) e guiada por princípios de igualdade econômica, social e política entre os homens brancos do país. (N. T.)

Havia convenções nacionais e estaduais no nordeste do país; cerca de setecentas pessoas compareceram a convenções organizadas em Nova York entre 1843 e 1864, e as convenções voltaram a ganhar força após a Guerra Civil. Os africano-americanos organizavam convenções em nível estadual nos estados do oeste, incluindo Indiana, Illinois, Kansas e Ohio, que serviram de preparo para o grande abolicionista, futuro diplomata e congressista John Mercer Langston. Houve convenções na Califórnia antes e depois da Guerra Civil. As cidades canadenses de Drummondville (hoje Niagara Falls), Chatham, Amherstburg e Toronto abrigaram 142 representantes em quatro convenções entre 1847 e 1858. Em 1852 os africano-americanos do estado escravagista de Maryland tentaram organizar uma convenção, mas uma turba branca atacou o evento em Baltimore no primeiro dia. Ainda assim, a convenção foi adiante e o primeiro tópico a ser debatido foi a emigração para a Libéria.[22]

Os representantes das convenções adotavam procedimentos formais que pouco diferiam dos procedimentos das convenções políticas brancas. Os eventos incluíam um discurso de abertura, em geral proferido pelo presidente da convenção. Havia uma lista de presença com os nomes dos representantes e de outros participantes importantes. Comitês criavam regras e investigavam questões ou problemas significativos. Costumava haver um "discurso convencional" para resumir a convenção e mobilizar participantes para trabalhos futuros. Como veremos, alguns discursos eram considerados muito controversos para ser incluídos diretamente nas atas.[23]

Dessa forma, as convenções negras permitiram que os africano-americanos mantivessem o que P. Gabrielle Foreman chama de "uma prática política contínua, uma política paralela, realizada diante da exclusão oficial, do escárnio e da violência".[24] Segundo o depoimento de um proponente das convenções publicado na *The Colored American*: "De fato não temos outra forma de provar que somos dotados de talentos políticos".[25] E uma vez que as convenções giravam em torno de debates democráticos, os representantes costumavam chegar a conclusões muito diferentes. Como o historiador Howard Holman Bell escreveu em 1953, essa era a questão. Lendo sobre os debates e discursos das convenções, ele argumenta: "o público foi doutrinado nas questões apresentadas. E quando uma convenção servia a propósitos opostos em relação a outra, o progresso geral ainda era encorajado, pois o público, dessa forma, era informado de todos os aspectos de um dado problema". Esse é um ponto importante, já que viajar para uma convenção demandava tempo e dinheiro, o que a maioria das pessoas pretas livres não tinha de sobra. De fato, o historiador Jim Casey descobriu que, embora mais de 2 mil pessoas tenham comparecido em convenções nacionais e estaduais antes do fim da Guerra Civil, "apenas 20% dos representantes compareceram a mais de uma convenção".[26] Glaude argumenta que a primeira convenção de 1830, organizada após os episódios violentos em Cincinnati, "foi, em certa medida, o primeiro fórum nacional de atividades cívicas entre as pessoas pretas livres do norte dos Estados Unidos".[27]

O ativista de Baltimore Hezekiah Grice, cofundador da Associação de Direitos Legais ao lado de William Watkins e James Deaver, foi uma figura importante na organização dessa convenção inaugural. Grice, que nasceu livre e teve acesso aos estudos, foi um agente do *Freedom's Journal* e se aproximou dos abolicionistas Benjamin Lundy e William Lloyd Garrison. Em 1830 ele tinha até criado um mapa do Canadá marcando os locais onde os africano-americanos emigrantes poderiam viver. Grice debateu sobre uma convenção nacional com lideranças negras em Nova York e na Filadélfia. O contingente de Nova York já estava considerando uma convenção e acreditava que deveria abrigar a primeira. Na verdade, um africano-americano de Cincinnati discursou sobre o tema na cidade de Nova York no dia 7 de julho. Mas a honra coube ao lendário bispo da Igreja Metodista Episcopal Africana, Richard Allen, da

Filadélfia. Segundo seu biógrafo, Richard Newman, Allen "tentou fazer com que a convenção fosse abrigada na Filadélfia em vez de deixar que os reformistas negros de Nova York e Baltimore reivindicassem a honra de abrigar o evento".[28]

Quarenta representantes de sete estados se reuniram na Igreja Metodista Episcopal Africana Mother Bethel de Allen. Os representantes eram, em sua maioria, da região nordeste, quase metade da Pensilvânia e todos homens.[29] Entre os representantes mais notáveis estavam William Whipper, homem de negócios abolicionista da Pensilvânia; Austin Steward, que havia escapado da escravidão por volta de 1815, ajudava pessoas a fugir para o Canadá e era proprietário de um comércio em Rochester; e o abolicionista Abraham D. Shadd de Delaware.[30]

A convenção foi chamada de "Sociedade Americana de Pessoas de Cor Livres em prol da melhoria de suas condições nos Estados Unidos, da aquisição de terras e da fundação de um assentamento na Província do Alto Canadá". O evento se concentraria na emigração, mas não para a África e não com assistência da Sociedade da Colonização Americana. Em seu "Address to the Free People of Colour of these United States" [Discurso para as pessoas de cor dos Estados Unidos], Richard Allen disse:

> Por maior que seja a dívida que estes Estados Unidos possam ter junto à África ferida e por mais injustamente que seus filhos tenham sido sangrados e suas filhas tenham sido levadas a beber do cálice da aflição, ainda assim nós, nascidos e criados nesta terra, nós, cujos hábitos, modos e costumes compartilhamos com outros americanos, jamais poderemos consentir em assumir o risco e aceitar o retorno ofertado por aquela Sociedade àquele país tão afligido.[31]

Com a África fora de questão, os representantes propuseram um novo assentamento no "Alto Canadá", nas terras ao norte dos

Grandes Lagos, para onde lealistas tinham migrado após a Revolução Americana, onde havia terras baratas e disponíveis e um clima familiar. Embora tenha se mostrado um equívoco mais tarde, Allen argumentou ainda que

> as leis e os preconceitos da sociedade não surtirão o efeito de atrasar sua ascensão ao ápice do progresso civil e religioso. Lá o aluno aplicado terá ampla oportunidade de colher os frutos de sua diligência e perseverança; enquanto aqueles de conquistas mais modestas, se devidamente instruídos, poderão assumir uma posição entre os diversos cargos e ofícios necessários à promoção da união, da paz, da ordem e da tranquilidade.

Os lealistas negros que se instalaram na Nova Escócia após a Revolução Americana já tinham descoberto que o Canadá estava longe de ser a terra prometida.

Allen faleceu em 26 de março de 1831, deixando um legado indelével, mas também um poderoso vazio no movimento das convenções. Os representantes voltaram a se reunir do dia 6 ao dia 11 de junho de 1831, na Filadélfia, naquela que eles chamaram de I Convenção Anual das Pessoas de Cor. Além das discussões sobre a emigração, os representantes enfatizaram a persuasão moral e "a Educação, a Temperança e a Economia". Os líderes da convenção convidaram vários abolicionistas brancos para falar, incluindo o reverendo Simeon S. Jocelyn de New Haven, Arthur Tappan de Nova York e William Lloyd Garrison. Eles apresentaram o projeto de uma escola de ofícios manuais que "tão só elevaria o caráter da população de cor". Propuseram que a escola se localizasse na "vigorosa e bela" cidade de New Haven, que tinha um povo amigável, leis justas, moradia acessível, uma conexão com o comércio das Índias Ocidentais e um "caráter literário e científico". O reverendo Samuel E. Cornish foi nomeado gerente do empreendimento escolar. Recentemente, ele tentara reviver o *Freedom's Journal*, que havia deixado em 1827. O jornal tinha falido em 1829, em grande parte porque John Russwurm abraçava a causa da emigração para a África. O novo jornal de Cornish, *The Rights of All*, fechou as portas dentro de um ano.[32]

A convenção de 1831 acusou a Sociedade da Colonização Americana de

> perseguir a estrada direta para a perpetuação da escravidão, com todos os seus correlatos não cristãos, nesta terra que se vangloria de sua liberdade; e, na condição de cidadãos que dão o sangue pela popularidade desta Instituição, nós gostaríamos, com toda a sinceridade, de rogar que desistam: ou, se devemos ser sacrificados a sua filantropia, preferimos morrer em casa. Muitos de nossos pais e alguns entre nós lutaram e sangraram pela liberdade, pela independência e pela paz que ora desfrutamos; e certamente seria pouco generoso e insensível, por parte de vossas senhorias, nos negar um túmulo humilde e tranquilo na terra que nos deu à luz![33]

A emigração para o Canadá era mais atrativa. A convenção anunciou que 2 mil pessoas pretas estadunidenses tinham se mudado para lá e construído duzentas casas em 323 hectares de terra, "os fundamentos de uma estrutura que promete se tornar um asilo para a população de cor dos Estados Unidos".

Esse otimismo marcou o ápice do apoio à emigração ao Canadá. A convenção na Filadélfia, ocorrida entre 4 e 13 de junho de 1832, constituiu um comitê de sete homens para determinar a viabilidade da emigração. O comitê era composto de William Whipper, Robert Cowley (Maryland), Thomas Coxsin (Nova Jersey), William Hamilton (Nova York) e três homens da Pensilvânia: John Peck, Benjamin Paschal e J. C. Morel.[34] O grupo abordou três questões em particular: os africanos-americanos deveriam deixar os Estados

Unidos? Em caso positivo, deveriam optar pelo Alto Canadá? E por fim: "Há alguma certeza de que as pessoas de cor serão compelidas por decretos legislativos opressores a abandonar sua terra natal por um lar em uma região distante?".

Esse lar em uma região distante não era livre de obstáculos. Explorações anteriores no Canadá "renderam um relatório favorável, embora os cidadãos dos Estados Unidos não pudessem comprar terras no Alto Canadá e transferi-las legalmente para outros indivíduos". Eles também ficaram sabendo de uma resistência branca lá:

> [...] uma parte dos habitantes brancos da dita província, diante do preconceito e do medo de serem onerados com a chegada de uma população rejeitada, apresentaram uma petição ao parlamento provincial com o fim de proibir a entrada geral de populações de cor em seus limites, causando alguma consternação nas expectativas.

O comitê argumentou que a emigração das pessoas pretas dos Estados Unidos prejudicaria os esforços de ajudar ou proteger as que ficassem, por escolha ou por força, sem nenhuma garantia de que o movimento ajudaria as que emigrassem. E de forma significativa, o comitê também sustentou que os filantropos simpáticos à causa perderiam interesse, e então poderiam

> descansar de seus trabalhos e guardar o doloroso sentimento de transmitir para as gerações futuras que um povo oprimido, em sua terra natal, apoiado pelos verdadeiros filantropos da época, entre amigos, companheiros e seus laços naturais, num clima ameno, num solo fértil — entre os raios das mais prestigiosas instituições que já agraciaram a região mais abençoada sob os raios de um radiante sol do meio-dia —, abandonou seu lar, diante das perseguições que sofria, por um lar quase tão precário quanto e para viver entre estranhos!

Não que a vida no Norte dos Estados Unidos fosse muito melhor. O comitê votou contra a fundação da escola em New Haven. Era uma história já conhecida: diante de "alguma hostilidade manifestada por alguns habitantes de New Haven contra a localização do estabelecimento na cidade, tornou-se prudente alterar o endereço para 'New Haven ou qualquer outro lugar'". Assim como a rebelião de Nat Turner,* ocorrida entre 21 e 23 de agosto de 1831, fez os legisladores brancos aprovarem leis antialfabetização rigorosas na Virgínia, a proposta da escola também convenceu as pessoas brancas de New Haven dos perigos da educação negra.

A emigração estava fora de questão na convenção nacional da Filadélfia entre os dias 3 e 13 de junho de 1833. Já que "não há agora e provavelmente não haverá a necessidade real de uma grande emigração da presente raça de pessoas de cor livres", o foco mudou para a educação, a pobreza e a reforma moral em casa.

"NÓS SEREMOS CHAMADOS DE CIDADÃOS DOS ESTADOS UNIDOS E DE AMERICANOS"

Os porta-vozes negros deixaram claros seus sentimentos sobre sua chamada terra natal. A África tinha poucos atrativos para a maioria dos africano-americanos, em particular para os homens e mulheres livres. "Mas se os negros não mais pensavam em si mesmos como africanos", Dorothy Sterling pergunta, "quem seriam eles?"[35]

David Walker escreveu:

---

* Nat Turner (Virgínia, Estados Unidos, 1800-31), pregador escravizado, liderou uma das maiores revoltas de pessoas escravizadas da história dos Estados Unidos, que culminou na aprovação de uma legislação que proibia iniciativas como a alfabetização e reuniões de pessoas pretas escravizadas. (N. T.)

Niger é uma palavra derivada do latim, que foi usada pelos antigos romanos para designar [objetos] inanimados de cor escura: como fuligem, panela, madeira, casa etc. E também animais que eles consideravam inferiores à espécie humana, como um cavalo preto, uma vaca, um porco etc. Os americanos brancos atribuíram esse termo aos africanos como forma de reprovar nossa cor, agravar e elevar nossas misérias, pois eles têm seus pés em nossas gargantas.[36]

Vale a pena enfatizar que o apelo de Walker foi endereçado aos "cidadãos de cor do mundo", e não aos seus cidadãos Negros.

William Lloyd Garrison encontrou um interesse especial nesse debate, enviando várias cartas ao editor do *The Liberator* a respeito. No dia 4 de junho de 1831, uma mulher que assinou apenas como "Ella" sugeriu:

Por que nossos amigos e também nossos inimigos nos chamam de "Negros"? Sentimos que esse é um termo de reprovação e gostaríamos que nossos amigos nos chamassem por outro nome. Se o senhor ou um de seus correspondentes se dignasse a responder a essa pergunta, consideraríamos isso um favor.[37]

Três meses depois, outra pessoa apresentou uma nova sugestão:

O termo "de cor" não é um bom termo. Sempre que usado, faz pensar em distinções de cor ofensivas. A palavra "africano" é ainda mais objetável e não é mais correta do que "inglês" seria em referência a um cidadão nascido nos Estados Unidos. O cidadão de cor é um americano de ascendência africana. Não é possível encontrar um nome que possa explicar esses dois fatos? Eu sugiro um e rogo aos leitores que reflitam a respeito antes de rejeitá-lo. O termo é "áfrico-americano" ou, escrito em uma palavra, "africamericano". O termo afirma a verdade mais importante, que o cidadão de cor é um cidadão dos Estados Unidos como o é o cidadão branco.[38]

Mas "áfrico-americano" causou alguma revolta. "Um assinante e cidadão dos Estados Unidos" escreveu:

A sugestão é tão absurda quanto o som do nome é desarmonioso. É verdade que deveríamos ter uma denominação distinta — pois somos as únicas pessoas na América a sentir toda a injúria acumulada que o orgulho e o preconceito podem sugerir. Mas, senhor, uma vez que temos sido há tanto tempo distinguidos pelo título de "homens de cor", por que fazer essa mudança tão inculta e vulgar? Uma mudança que desejamos e uma mudança que teremos. E quando essa mudança chegar, nós seremos chamados de cidadãos dos *Estados Unidos e de americanos.*[39]

Mas alguns defendiam o uso do termo "de cor". James McCune Smith, como vimos, preferia o termo ainda em 1859. E de fato dois homens, o já mencionado reverendo Samuel E. Cornish e Philip A. Bell, jornalista da cidade de Nova York, fundaram uma revista em 1837 chamada *The Colored American*. Em seu primeiro número, eles explicaram a lógica por trás da escolha de *colored* no título do periódico:

O editor, consciente da diversidade de opiniões referentes ao título deste "Jornal" não considera inadequado declarar alguns motivos para a seleção desse nome. Muitos nos furtariam de boa vontade o estimado "AMERICANO", uma distinção mais enfaticamente pertencente a nós do que aos cinco sextos desta nação e uma distinção à qual jamais renunciaremos.

Mas por que de cor? Porque nossas circunstâncias demandam ações especiais. Temos em vista objetivos peculiares a nós mesmos e contrapostos à massa. De que forma, então, seremos conhecidos e nossos interesses apresentados se não por meio de um nome distinto e específico — e que denominação seria tão inofensiva, tão aceitável quanto PESSOAS DE COR — AMERICANOS DE COR?[40]

Ainda assim, nem todos gostavam do termo "de cor". William Whipper, o abolicionista e homem de negócios da Pensilvânia, apresentou uma petição na V Convenção Anual para o Aprimoramento das Pessoas de Cor Livres dos Estados Unidos de 1835: "Que, na medida do possível, recomendemos às pessoas de nosso povo que abandonem o uso do termo 'de cor' na fala ou na escrita em relação a si mesmas; e que, em especial, retirem o título 'africano' de suas instituições, dos mármores das igrejas etc.".

A resolução foi adotada por unanimidade "após uma discussão animada e interessante". Em 1835, os membros da Convenção das Pessoas de Cor fundaram uma nova organização que refletia totalmente sua mudança de foco para a persuasão moral: a Sociedade Americana para a Reforma Moral (AMRS). As convenções sociais continuaram, mas 1835 marcou a última convenção nacional por oito anos. A AMRS se transformou, então, no Movimento da Convenção de Pessoas de Cor em nível nacional.[41]

A "Declaration of Sentiments" de 1835 promoveu como seus "pontos de encontro" a educação, a temperança, a economia e a "Liberdade Universal". Mas o evento mais insólito e controverso da convenção, e o tópico pelo qual a AMRS ficaria conhecida, foi uma proposta de rejeição total da linguagem racial. Os sentimentos de Whipper "de abandonar o uso do termo 'de cor' [...] e em especial, retirar o título 'africano' de suas instituições" foram acolhidos.

"Whipper não era apenas um representante experiente", a historiadora Joan L. Bryant explica. "Era uma figura central nas convenções nacionais." Como o único homem que havia comparecido a todas a convenções nacionais, ele desempenhou o papel principal no desvio do foco na emigração. Agora ele reivindicava a reforma moral para além das "diferenças de cor da pele". Os debates sobre a designação da raça importavam menos do que eliminar por completo a questão da designação. Poucos representantes da convenção teriam contestado esse ponto em um nível intelectual. Mas como os reformistas negros alcançariam algum objetivo prático sem o reconhecimento explícito da discriminação racial? A AMRS nunca respondeu a essa pergunta.[42]

No fim, mesmo a AMRS não pôde abandonar por completo a terminologia racial. A convenção de 1836 enfatizou o auxílio da "população de cor", e as pessoas pretas responderam, pelo menos a princípio. Em 1837, "os reformistas morais contavam cem pessoas entre seus membros e representantes iniciais", Bryant escreve. "Quarenta indivíduos desse grupo — um número comparável ao tamanho da convenção de 1830 — participaram oficialmente dos processos."

A convenção nacional de 1837 foi um momento decisivo. Whipper apelou para o cristianismo. O racismo era errado, e a "afirmação geral de que a superioridade mental é o produto natural de uma cor de pele clara contraria a experiência de épocas passadas e do presente, e tanto a ciência natural como a psicológica". Glaude aponta a última frase como uma evidência de que Whipper usou a reforma moral e a religião para combater a ascensão da "ciência racial", que pretendia provar que a raça era uma característica essencial, imutável e biológica que indicava a superioridade das pessoas brancas e a inferioridade das pessoas negras.

A caridade universal não tolerava nenhuma distinção racial. Ao mesmo tempo, os reformistas reconheciam, mas não podiam fazer nada em relação aos clérigos brancos que associavam a escravidão ao cristianismo que Whipper e seus aliados apoiavam. Os escravistas religiosos não consideravam a lógica dos direitos universais. Eles ignoravam, ou talvez, de forma mais precisa, absorviam essa lógica no sistema da escravidão.[43]

O encontro de 1837 terminou com o presidente James Forten, amigo do falecido Paul Cuffee, banindo oficialmente as referências raciais. Mas a discussão não parou por aí.

Cornish, o editor da *The Colored American*, compareceu à convenção e saiu de lá perturbado: "Encontramos um Purvis, um Whipper e outros (de cuja caridade cristã e intelecto cultivado temos tantas e fortes evidências) muito vagos, agitados e indefinidos em seus pontos de vista. Eles lançaram sombras, lutaram contra o vento e uivaram para a lua por mais de três dias".[44]

O debate não tratava de integração versus separatismo. Whipper não negou a importância da herança africana. Ele encorajou a participação de pessoas brancas, mas ainda assim criticou a abrangente estrutura do poder branco. Suas questões diziam respeito à linguagem e ao seu significado. Enquanto os estadunidenses debatiam a forma como certos grupos queriam ou deveriam ser chamados, como acontece agora, Whipper se esquivava. A terminologia racial, na visão dele, validava as hierarquias raciais e a supremacia branca.

Muitos africano-americanos, como Cornish, criticavam severamente essa ideia, ainda que tivessem de concordar com o ponto principal. Cornish admitiu que era "tão contrário às distinções de cor da pele quanto o irmão Whipper ou qualquer outro homem". O ponto central de Cornish expôs o que os oponentes de Whipper viam como a falha fatal de seu pensamento: se a discriminação que sofriam vinha da raça, como eles poderiam abordar essa discriminação sem discutir sua raça? As pessoas pretas por certo não acreditavam que as distinções de cor refletiam diferenças raciais essencialistas. O uso das distinções por parte das pessoas brancas, no entanto, discriminava os africano-americanos. A flexibilidade do termo "de cor" também afetava o debate, pois significava coisas diferentes para pessoas diferentes. Como Bryant diz: "[O termo] era uma descrição fenotípica variada, uma designação de circunstâncias sociais e um rótulo de casta. O caráter indefinido do termo fazia as pessoas atribuírem significados múltiplos e conflitantes simultaneamente".[45]

Ignorar as palavras não alteraria as forças que elas representavam. "As palavras são usadas como signos das nossas ideias, e sempre que levam a cabo esse ofício, ou de fato significam as ideias que representam, as palavras cumprem o objetivo de sua invenção", escreveu William Watkins de Baltimore, cofundador, ao lado de Grice, da Associação de Direitos Legais, em uma carta para a convenção da AMRS de 1838. A carta não foi lida na convenção, mas foi publicada em *The Colored American*. Sobre o termo "de cor", Watkins escreveu:

> O costume fixou seu significado em referência a um povo em particular deste país, e a essa decisão, por mais arbitrária que seja, tenho certeza, não caberá nenhum apelo bem-sucedido. Mais uma vez, censurar o uso do termo "de cor", diante de alguma imprecisão questionável em sua aplicabilidade para nós, é um argumento que, se bem-sucedido, eliminará de nossos vocabulários ingleses certos termos de uso estabelecido.[46]

Em 1841, Whipper criticou uma convenção estadual em Albany, Nova York, por seu foco em diferenças raciais. Um escritor desconhecido chamado Sidney respondeu com cartas enviadas a *The Colored American*. A terminologia racial, na visão dele, não precisava ser destrutiva.

> Sempre que um povo é oprimido, de forma peculiar (e não pela cor da pele), são necessárias ações ou organizações distintas por parte dos oprimidos, a fim de destruir essa opressão. As pessoas de cor deste país são oprimidas; assim, as pessoas de cor precisam agir conforme esse princípio fundamental.

Ignorar a raça nunca seria algo eficaz. "Somos afligidos pela corfobia", Sidney escreveu, "e isso operará maravilhas entre nós — maravilhas como aquelas que Moisés operou no Egito — de natureza temerosa e tendência destrutiva; a menos que os meios corretos sejam usados para efetivar uma cura radical."[47]

Ele continuou:

Quando regamos e cuidamos da planta que perfuma nossos aposentos, não pensamos, *portanto*, que não gostamos de todas as outras plantas do mundo. Não aceitamos que, por amar os filhos de nossa própria mãe, nossos irmãos, estamos, portanto, excluindo a humanidade. Em suma, não temos nenhuma concordância com a disposição cosmopolita que despreza toda a nacionalidade.

Então, por que devemos acenar para toda a família humana? Por que devemos agir em desacordo com todos os outros diante dessa importante questão? Ora, porque, por obra do *acaso*, somos — PESSOAS DE COR.

E que somos pessoas de cor é um fato, um fato inegável. É verdade que descendemos dos africanos. Reiteramos que não há nada que nos envergonhe nisso, pelo contrário, para nós é um grande motivo de orgulho.

Por nós mesmos, estamos bastante satisfeitos. E tencionamos, em todos os nossos esforços públicos, ir aos órgãos detentores de poder e dizer: "Nós, pessoas de cor que somos, por mais *Negros* que possamos ser, exigimos nossos direitos, os mesmos direitos que os outros cidadãos possuem".[48]

O grande Henry Highland Garnet deu uma palavra final sobre esse assunto. Um dos primeiros defensores da militância abolicionista, Garnet era uma figura fascinante que se tornaria inimigo de Frederick Douglass, que julgava as ideias de Garnet radicais demais para serem postas em prática. Na verdade, suas discussões em torno da militância, da luta armada e da revolução estavam entre os mais aquecidos na comunidade negra pré-guerra.

Como Douglass, Garnet nasceu escravizado em Maryland, mas sua família fugiu para a Pensilvânia em 1824 quando ele tinha nove anos de idade. A família havia recebido permissão para ir a um funeral e fugiu. Garnet teve uma formação muito boa, frequentando a Escola Livre Africana e a Phoenix High School na cidade de Nova York. Depois, frequentou a Academia Noyes em Canaan, New Hampshire, e se formou em 1839 no Instituto Tecnológico de Oneida. Em 1840, ele teve a perna amputada após se ferir praticando esportes. Depois de 1842, ocupou a posição de ministro presbiteriano, pregando em várias igrejas.[49]

Garnet proferiu seu discurso mais famoso em 1843, na Convenção Negra Nacional em Buffalo. O seu "Call to Rebellion" [Chamado à rebelião] o afastava de Douglass e de seu mentor, William Lloyd Garrison. O discurso foi tão controverso que não constou nas minutas da convenção, mas se espalhou no boca a boca e alcançou um índice maior de leitura quando Garnet publicou uma versão "ligeiramente modificada" em 1848, junto com uma reimpressão do apelo de David Walker, uma escolha apropriada.

O ponto central de Garnet era que as pessoas escravizadas, enquanto cristãs, tinham a responsabilidade de resistir à escravidão por quaisquer meios, incluindo a violência:

> A lastimável condição à qual os senhores são forçados não destrói sua obrigação moral perante Deus. Os senhores não garantem o céu por se permitirem permanecer em um estado de escravidão em que não podem obedecer aos mandamentos do Soberano do universo. [...] PORTANTO, É SEU DEVER SOLENE E IMPERATIVO APLICAR QUAISQUER MEIOS, MORAIS, INTELECTUAIS E FÍSICOS, QUE PROMETAM SUCESSO.

Deus recompensaria as pessoas que resistissem à escravidão, Garnet argumentava. Resistência significava violência em potencial, uma violência que a pessoa escravizada teria que — ou melhor: *deveria* — abraçar. E se não fossem as pessoas escravizadas, quem seria? Garnet conclui seu discurso feroz com um apelo às armas:

> Que seu lema seja resistência! resistência! resistência! Nenhum povo oprimido jamais assegurou sua liberdade sem resistência. O tipo de resistência que melhor os senhores devem adotar dependerá das circunstâncias que os cercam, conforme sugerir a conveniência. Irmãos, adeus! Creiam no Deus vivo. Trabalhem pela paz da raça humana e lembrem-se de que os senhores são 4 milhões.

A multidão "foi literalmente levada às lágrimas". Depois de várias votações, a convenção rejeitou em termos oficiais a adoção do discurso de Garnet. Entre as rejeições estava a de Frederick Douglass, que considerava o chamado à violência de Garnet equivocado, irresponsável e fadado ao fracasso. Ele encorajou os opositores da escravidão a tentarem "um pouco mais por meios morais". Douglass teve sucesso na ocasião, no entanto, se aproximaria do pensamento de Garnet dali a alguns anos.[50]

Quando a Lei do Escravo Fugitivo de 1850* fez a escravidão bater na porta de todas as pessoas pretas no Norte, a emigração voltou a ser um tópico de discussão dominante dentro e fora das convenções. Garnet e Martin Delany se tornaram os apoiadores mais proeminentes da emigração; Delany até chegou a organizar uma convenção de emigração nacional, que aconteceu em Cleveland entre os dias 24 e 26 de agosto de 1854. Em 1849, Garnet

---

* A lei previa, entre outras medidas, o retorno de pessoas escravizadas ao estado do qual haviam fugido, penas aos que auxiliassem na fuga e a impossibilidade de um indivíduo fugitivo testemunhar a seu favor ou ir a julgamento por um júri. (N. T.)

ajudou a fundar a Sociedade da Civilização Africana. Agora, ele era defensor da emigração de pessoas pretas para o México, para a Libéria ou para as Índias Ocidentais, para onde havia viajado trabalhando de camareiro em navios com destino a Cuba. Ele reivindicava a fundação de uma colônia na Iorubalândia, no oeste da Nigéria, e a fundação de colônias negras em seções separadas dos Estados Unidos.[51]

Ele desistiu de seus esforços emigracionistas quando a Guerra Civil eclodiu e trabalhou para que Lincoln permitisse que os homens pretos lutassem. A última convenção nacional antes do fim da Guerra Civil ocorreu em Siracusa, entre os dias 4 e 7 de outubro de 1864. Diante da Proclamação da Emancipação de 1863 e da valentia das tropas negras, os representantes da convenção passaram a focar menos na emigração e mais nas possiblidades políticas para os africano-americanos nos Estados Unidos. Mais de 140 representantes africano-americanos compareceram, incluindo Douglass e Garnet, que ajudaram a fundar a Liga Nacional dos Direitos Igualitários.

No dia 12 de fevereiro de 1865, Garnet se tornou o primeiro pastor negro a proferir um sermão na Câmara dos Representantes. Seu último desejo era viver e morrer na Libéria. E ele conseguiu realizá-lo: Garnet foi nomeado ministro da Libéria em 1881, vindo a falecer apenas dois meses depois. O governo da Libéria lhe concedeu uma cerimônia oficial e ele foi enterrado no Cemitério Palm Grove, em Monróvia. Até Frederick Douglass lamentou essa perda. O retrato de Garnet está pendurado no Salão dos Capitólios, nos Corredores Cox do prédio do Capitólio, como parte de um mural pintado em 1973-4, intitulado *Civil Rights Bill Passes, 1866* [Aprovação do projeto de lei dos direitos civis, 1866].

Garnet nos deixou uma palavra final sobre a política e o valor do debate em relação às nomenclaturas que Dorothy Sterling chamou de "confusão nominal":

Como é improdutivo para nós sacrificar nossos valorosos momentos em debates longos e sérios sobre o dilema de sermos chamados de "africanos", "americanos de cor", "áfrico-americanos" ou "Negros". Meus amigos, a questão deveria ser: não deveríamos nos erguer, agir como homens e livrarmo-nos desse terrível jugo.[52]

3. Quem é seu pai?: Frederick Douglass e as políticas de autorrepresentação

Quase imediatamente após a chegada do livro de poemas de Phillis Wheatley às prateleiras das livrarias de Londres em 1773, outros africanos ex-escravizados, na Inglaterra e na América, começaram a publicar um tipo diferente de livro: relatos autobiográficos do tempo que passaram na escravidão. Esses homens e mulheres relatavam como tinham aprendido a ler e a escrever e sempre, sempre, é claro, contavam a história de sua fuga para a liberdade.

Essas narrativas constituíram um novo gênero literário, sendo hoje chamadas narrativas da escravidão. Elas combinam a autobiografia com ataques bem elaborados e convincentes contra a instituição da servidão humana. As narrativas da escravidão eram muito populares. No século XVIII, o relato de Olaudah Equiano, publicado em 1789, alcançou níveis invejáveis de reconhecimento. Porém a obra mais popular do gênero viria cerca de cinco décadas depois, em 1845, o estrondoso best-seller de um escravo fugitivo de 27 anos batizado como Frederick Augustus Washington Bailey.

Em Baltimore, Bailey mudou seu nome para Frederick Stanley; em Nova York, para Frederick Johnson. Por fim, ao chegar a New

Bedford, Massachusetts, onde trabalhou na indústria de transporte marítimo, ele adotou o nome pelo qual se tornaria uma das figuras mais conhecidas do século XIX: Frederick Douglass. O nome veio de um personagem literário, Black Douglas,* do poema de Sir Walter Scott de 1810, "The Lady of the Lake" [A dama do lago], adicionando o segundo "s"[1] e mantendo seu primeiro nome, Frederick. "Devo apegar-me a isso para preservar uma noção de identidade", ele escreveu em suas primeiras memórias.[2]

Ao contrário da maioria das pessoas escravizadas, Douglass podia traçar sua ancestralidade negra por várias gerações. A mãe fora escravizada pela família Bailey, que tinha raízes profundas na escravidão em Maryland. Mesmo que quisesse manter o nome Bailey — embora se suponha que estivesse ansioso para se livrar do nome de seu escravizador branco que quase certamente era seu pai —, Douglass tinha pouca escolha, ao menos a princípio: era um fugitivo, uma mercadoria em fuga. Mulheres e homens pretos escravizados em fuga para o Norte podiam ser restituídos à posse de seus escravizadores se fossem capturados, sobretudo após a notória Lei do Escravo Fugitivo de 1850. Embora a lei não reconhecesse o sobrenome que as pessoas escravizadas usavam para se referir a si mesmas, os fiscais com certeza usavam esse sobrenome para se beneficiar na caça aos fugitivos.

As pessoas escravizadas reconheciam a importância de nomear. Autonomear-se, protegendo esse nome de geração em geração, e possivelmente se protegendo dos capitães do mato, era uma forma de afirmar a humanidade e a individualidade de uma pessoa. Conhecer as identidades e os nomes dos antepassados, em especial do pai e da mãe, também era de grande importância — e conside-

---

* Referência a Sir James Douglas (Douglas, Reino Unido, c. 1286-Teba, Espanha, 1330), um comandante escocês que ganhou a alcunha por conta dos tons de seu cabelo e de sua pele, além de uma reputação temerosa nos campos de batalha. (N. T.)

rando a abominação da separação familiar, não era algo garantido. Em sua autobiografia de 1901, *Memórias de um negro americano*, Booker T. Washington observou que havia duas coisas que "praticamente todas" as pessoas ex-escravizadas fizeram depois da Emancipação: mudaram seu nome de alguma forma, mesmo quando isso implicava a adição de uma inicial intermediária, que elas chamavam de "títulos"; e foram embora da plantação onde eram escravizadas, ainda que só pudessem dar meia-volta e voltar.[3]

A publicação de livros escritos por pessoas escravizadas em fuga era, em conjunto, um gesto político, e as narrativas da escravidão foram cruciais para o movimento antiescravista. Que ferramenta ou arma mais poderosa poderia ser usada para combater a escravidão e o tráfico de pessoas escravizadas do que testemunhos escritos por pessoas que haviam sido escravizadas, homens e mulheres que, realizando o ato da escrita, puderam, ao mesmo tempo, testemunhar os horrores da escravidão *e* refutar as alegações de que aos africanos faltava raciocínio ou de que não eram capazes de escrever poesia? Seus escritos provavam que as pessoas pretas não eram bestas nem animais nem primas em primeiro grau dos macacos. Após 1831, o ano em que William Lloyd Garrison começou a publicar seu jornal antiescravista, o *The Liberator*, seguido um ano depois pela formação da Sociedade Antiescravista da Nova Inglaterra, o movimento antiescravista estadunidense encorajaria os mais articulados entre os fugitivos a escreverem sobre suas experiências sob a escravidão a partir de seu próprio ponto de vista.

O movimento chegou a subsidiar a publicação desses livros, incluindo afinal o best-seller que Frederick Douglass publicaria em 1845. Autorias aspirantes eram guiadas em suas narrativas do começo ao fim. As pessoas contavam suas histórias em voz alta no circuito de palestras e então, depois da prática e da repetição, escreviam seu livro. O circuito abolicionista de palestras foi, de fato, uma escola de escrita criativa.

***

O tropo do livro falante, como vimos, foi uma poderosa ferramenta para as narrativas da escravidão publicadas na virada do século XIX, baseado na tradição que incorporava adaptações criativas — interpretações, na verdade — entre 1772 e 1811. John Jea, um ex-escravizado, concretizou essa metáfora em sua narrativa da escravidão de 1811, afirmando que, após jejuar por dias e dias e suplicar a Deus que o ensinasse a ler e a escrever, um anjo apareceu em seu quarto no meio da noite e o ensinou, não apenas em inglês, mas também em alemão, ali mesmo. Depois que Jea virou o tropo do livro falante do avesso, restaram poucas oportunidades para outros escritores usarem a técnica de forma tão notável ou inovadora.[4] Mas esse tropo encontraria uma nova forma na segunda geração das narrativas da escravidão, publicadas depois de 1830.

Cerca de três décadas depois de John Jea, Frederick Douglass faria o texto falar de outra forma; para Douglass, aprender a ler e a escrever era o caminho para a liberdade, e a alfabetização era o que separava o humano da besta, o homem do animal, um homem livre de um homem escravizado. Ele usaria essa relação entre liberdade e alfabetização como um princípio estruturador de sua estratégia narrativa da mesma forma que a geração anterior de escritores negros usou a imagem do livro falante:

> Assim que fui viver com o sr. e a sra. Auld, ela muito gentilmente se pôs a ensinar-me o A, B, C. Depois que aprendi, ela auxiliou-me a soletrar palavras de três ou quatro letras. Nesse ponto de meu progresso, o sr. Auld descobriu o que estava havendo e proibiu sra. Auld de seguir com a minha instrução, dizendo-lhe, entre outras coisas, que era ilícito e perigoso ensinar um escravo a ler. Em suas próprias palavras, ele disse ainda: "Se você oferece a mão a um crioulo,* ele já quer o braço. Um

---

* No original, *nigger*. Insulto racial direcionado historicamente às pessoas pretas

crioulo não deve saber nada além de obedecer ao seu mestre — fazer o que lhe é mandado. Aprender pode *estragar* o melhor crioulo do mundo". "Então", disse ele, "se você ensinar a esse crioulo (falando de mim mesmo) a ler, nada poderá detê-lo. E isso o tornaria inapto a ser um escravo. Ele seria incontrolável e inútil para o seu mestre. Quanto a ele mesmo, aprender não lhe faria bem algum, só causaria grandes danos. Ele ficaria descontente e infeliz." Essas palavras calaram fundo no meu coração, despertaram sentimentos adormecidos e deram origem a toda uma nova linha de raciocínio. Tratava-se de uma revelação nova e especial que explicava coisas sombrias e misteriosas contra as quais minha jovem compreensão havia lutado, mas em vão. Então eu compreendia o que para mim havia sido extremamente difícil — a saber, o poder do homem branco de escravizar o homem negro. Foi um grande triunfo, o qual prezo muito. Naquele momento, eu compreendi o caminho da escravidão para a liberdade.[5]

Depois que aprendeu a ler, Douglass disse que a fuga para a liberdade foi inevitável. Mesmo aqui Douglass reagia ao debate iluminista sobre a natureza do africano, sobre sua capacidade de possuir e expressar a razão. O romancista Ishmael Reed resumiu isso desta forma: a pessoa escravizada que aprendia a ler e a escrever era a primeira a fugir.[6] A julgar pelas narrativas da escravidão, isso costumava ser real.

Mas escapar da escravidão com certeza não era algo tão comum como se acreditava ou como os mitos sobre o tamanho da Underground poderiam sugerir. Pouquíssimas pessoas fugiram da escravidão; afinal, se centenas de milhares de homens, mulheres e

---

nos Estados Unidos, com raízes profundas na história da opressão e discriminação racial no país. Embora, como *nigger*, "crioulo" tenha suas especificidades sociais e históricas, sendo uma referência datada a pessoas pretas escravizadas nascidas no Brasil, optei pelo uso do termo como uma denominação que, ao longo da história, também ganhou forte conotação pejorativa. (N. T.)

crianças escravizadas tivessem fugido pela Underground Railroad, a escravidão teria acabado muito antes da Guerra Civil.

Cerca de 25 mil pessoas talvez tenham conseguido realizar essa façanha incrível. Entre os escravizados que conseguiram cruzar a Linha Mason-Dixon para a liberdade, 102 publicaram narrativas da escravidão em livros. Esse é o maior corpo de literatura da escravidão do mundo criado por pessoas que foram escravizadas. Para fornecer um contraste, existe apenas uma narrativa da escravidão publicada por uma pessoa ex-escravizada em Cuba no século xix, e Cuba recebeu quase 1 milhão de cativos diretamente do continente africano, mais que o dobro dos Estados Unidos.

A maioria dos acadêmicos concordaria que Frederick Douglass foi a mais eloquente entre todas as autorias desse tipo de narrativa. Ele escapou da servidão em 1838 e se juntou ao circuito antiescravista de palestras, estreando em Nantucket no ano de 1841. Os abolicionistas o fizeram ensaiar sua história diante de uma plateia por quatro anos. Seus discursos recebiam a cobertura de repórteres de jornais, que os transcreviam usando taquigrafia. Suas palavras, portanto, foram amplamente lidas e puderam ser examinadas, no Norte e no Sul, até mesmo por seu antigo escravizador em Maryland, para confirmar sua veracidade.

A veracidade e a verificação eram cruciais para o projeto dos abolicionistas. Eles tinham sido queimados menos de uma década antes de Douglass publicar sua narrativa. A publicação de *The Narrative of James Williams, an American Slave, Who Was for Several Years a Driver on a Cotton Plantation in Alabama* [A narrativa de James Williams, um escravo americano, que foi por vários anos supervisor em uma plantação de algodão no Alabama], editada em 1838 pela Sociedade Antiescravista Americana, fez os abolicionistas compreenderem a importância, como se diz, da veracidade na publicidade.

No Ano-Novo de 1838, James Williams foi até os escritórios da Sociedade Antiescravista em Nova York, onde contou uma história cativante. Disse que havia nascido escravizado em Powhatan County, Virgínia, em 1805, e que fora bem tratado lá por seu proprietário, George Larrimore. Williams acabaria se casando com uma mulher escravizada chamada Harriet, que vivia em outra plantação, em poder de outro escravizador. Um pastor branco presidiu a cerimônia. Eles tiveram quatro filhos, entre os quais dois faleceram na infância.

Após a morte de George Larrimore, o novo mestre de James Williams, George Larrimore Jr., transferiu 214 pessoas pretas escravizadas da Virgínia para o Alabama, para uma plantação que pertencia à sua esposa, em Greene County. Williams seria separado, temporariamente segundo lhe disseram, de Harriet e das duas crianças, a menor então com dois meses. Mãe e bebês foram deixados para trás. Embora tivesse prometido a Williams que o levaria de volta para a Virgínia, seu escravizador quebrou a promessa, deixando-o entregue aos caprichos de um administrador cruel chamado Huckstep. Huckstep escalou Williams como supervisor — essencialmente um inspetor negro, um escravizado forçado a gerenciar e punir seus irmãos. Williams detalhou as terríveis atrocidades que era forçado a cometer sob as ordens de Huckstep, como açoitar uma mulher grávida e soltar cães de caça atrás dos fugitivos. Ele presenciou a morte a tiros de pessoas escravizadas e um homem sendo forçado a comer sua própria Bíblia como castigo por praticar o cristianismo.

Em determinada ocasião, descumprindo ordem de Huckstep, Williams se recusou a açoitar uma mulher, açoitando a árvore na qual ela estava amarrada para fazer parecer que tinha feito seu trabalho. Mas quando Williams foi delatado para Huckstep, o administrador *o puniu* com 250 chicotadas.[7]

Em algum momento Williams conseguiu fugir, encontrando abrigo com indígenas creeks. Ele se escondeu na floresta e vagou por riachos durante meses, seguindo a Estrela Polar. Finalmente, em dezembro de 1837, ele cruzou a Linha Mason-Dixon e seguiu para a liberdade em Carlisle, na Pensilvânia. Logo se mudou para a cidade de Nova York e foi até o escritório da Sociedade Antiescravista no dia 1º de janeiro para contar sua história.

Os abolicionistas brancos acolheram Williams. Nele, haviam encontrado um homem escravizado articulado e apresentável. E sem perder tempo publicaram sua história, a crítica definitiva dos horrores da escravidão. Williams narrou sua vida para ninguém menos que o grande poeta e abolicionista quaker John Greenleaf Whittier, com o entendimento implícito de que receberia uma passagem segura para a Inglaterra em troca. Eles trabalharam dia e noite e finalizaram o livro em três semanas, no dia 24 de janeiro de 1838. Três semanas depois, no dia 15 de fevereiro, o livro estava na gráfica, com prefácio assinado por Whittier. Williams era analfabeto, então Whittier escreveu a narrativa do começo ao fim. O livro foi um grande best-seller; em seis meses, já estava em sua terceira reimpressão. Em novembro, Williams zarpou para Liverpool, na Inglaterra.

E nunca mais se ouviu falar dele.[8]

A base do livro — sua fuga da escravidão — era verdadeira. Mas o mesmo não pode ser dito dos detalhes que compunham a narrativa. Segundo o acadêmico Hank Trent, um homem chamado J. B. Rittenhouse, editor do jornal *The Alabama Beacon*, revisou o livro e descobriu que nenhuma pessoa branca mencionada tinha vivido no Alabama. Também descobriu que as datas e as distâncias no livro eram imprecisas. E o mais grave de tudo, ele alegou que Huckstep, o terrível supervisor, nunca existiu. Após uma investigação, James Birney e Lewis Tappan, da Sociedade Antiescravista Americana, informaram a *The Emancipator*, no dia 25 de outubro de 1838, que estavam suspendendo as vendas do livro porque não podiam "solicitar com propriedade a confiança da comunidade diante de quaisquer declarações contidas na narrativa".[9]

A publicação da falsa narrativa causou grave constrangimento para os abolicionistas. Afinal, eles haviam promovido o livro de Williams em torno da ideia de que, finalmente, "O ESCRAVO FALOU POR SI MESMO". Estavam em busca de uma pessoa negra escravizada estadunidense tão articulada quanto Equiano fora no século anterior em Londres, e pensaram haver encontrado essa pessoa em Williams. A procura por outro porta-voz recomeçou, alguém igualmente articulado, para substituir Williams. O movimento logo encontrou o seu homem em Frederick Douglass.[10]

Ele era um sonho abolicionista: um mulato alto e bonito que sabia ler e escrever. Também era um orador nato. Douglass tinha sido escravizado em Talbot County, Maryland. Finalmente, depois de ter aprendido a ler e a escrever, derrotou seu supervisor, o sr. Gore, em uma batalha épica. Foi então que Douglass compreendeu que a estrada para a liberdade era pavimentada pela alfabetização. Depois de casar-se com uma mulher Negra livre em Baltimore, ele fugiu, disfarçado de marinheiro, levando consigo documentos de alforria que ele mesmo havia falsificado. Douglass pegou o trem de Baltimore para a Filadélfia, onde então passou a viver em liberdade. Após mudar-se para Nova York com a esposa, eles se estabeleceram em New Bedford, Massachusetts. Em agosto de 1841, Douglass compareceu a um comício antiescravista em Nantucket, e lá, espontaneamente, "ele se ergueu e encontrou sua voz". William Lloyd Garrison estava falando; depois da fala de Douglass, os abolicionistas logo o contrataram como palestrante do circuito antiescravista. Para atestar a veracidade de sua história, eles fizeram Douglass recitá-la no circuito de palestras por quatro anos antes de poder publicá-la, de forma que, se não estivesse falando a verdade, suas mentiras seriam expostas. Em 1845, Douglass publicou sua narrativa.

Frederick Douglass se tornou uma estrela indisputável e inigualável no circuito antiescravista por escrever e falar tão bem. As pessoas viajavam quilômetros para ouvi-lo falar por horas sobre os horrores da escravidão. Com a venda do livro e as palestras, Douglass ficou bem de vida. Na introdução de *My Bondage and My*

Freedom [Minha servidão e minha liberdade], publicado em 1855, James McCune Smith, repetindo a definição de Emerson do "homem representativo", publicada cinco anos antes, chamou Douglass de "um homem representativo da América — um modelo de seus compatriotas".[11] Ele era amigo de Abraham Lincoln; editava seus próprios jornais; viajava bastante para a Europa e chegou a ir ao Egito ao lado de sua segunda esposa, uma mulher branca abastada chamada Helen Pitts. Tinha vários compromissos presidenciais e chegou a servir como cônsul-geral no Haiti entre 1889 e 1891. Tendo posado para mais de 160 retratos no curso da vida, cultivando sua imagem de forma a maximizar sua dignidade e suas realizações, Douglass foi o estadunidense mais fotografado em todo o século XIX.[12]

Mas havia uma coisa que sempre o assombrou.

No dia 16 de março de 1894, Douglass, então com seus setenta e tantos anos, pegou um trem de sua casa em Anacostia, nos arredores de Washington, DC, rumo ao norte, para Baltimore, onde visitou o dr. Thomas Sears, neto de seus antigos escravizadores, Thomas e Lucretia Auld. Embora a essa altura já contasse com três autobiografias, Douglass ainda tentava solucionar um fato misterioso de seu nascimento. Peter Walker observa em *Moral Choices* [Escolhas morais], publicado em 1978, que Douglass estava sempre buscando um "passado perdido" do qual a escravidão o havia privado, ainda que tivesse recriado (e revisado) esse passado em suas autobiografias. Parece incrível, mas Douglass pegou aquele trem e foi para Baltimore por um motivo: descobrir a verdadeira data de seu aniversário. Como Walker aponta: "A infelicidade infantil de não ter um aniversário nunca foi superada. Até o fim de seus dias, o mistério de seu nascimento foi [nas palavras de Douglass] 'um problema sério'".[13]

Após o encontro, Douglass anotou em seu diário o que considerou fatos genealógicos cruciais que havia recolhido junto a Sears:

Cap. Thomas Auld nascido 1795

Amanda Auld, sua filha, nascida 28 jan. 1826

Thomas, filho de Hugh e Sophia Auld, nascido jan. 1824

Cap. Aaron Anthony [o primeiro proprietário de Douglass, pai de Lucretia Auld], morte 14 nov. 1823

A partir desses fatos, Douglass concluiu que "a morte de Aaron Anthony me compele a fixar 1825 como ano em que fui enviado para a casa do sr. Hugh Auld em Baltimore".[14] Como Peter Walker mostrou pela primeira vez, Douglass concentrou todo o seu esforço em resolver o mistério do dia de seu nascimento nessa única data, a data mais segura que ele conseguiu descobrir, e usou-a para um cálculo retrospectivo. Essa foi a última entrada que Frederick Douglass escreveu em seu diário. Douglass embarcou naquele trem para Washington e refletiu com pesar que ainda não tinha evidências de sua data exata de nascimento.

Menos de um ano depois, ele faleceu em sua casa em Anacostia, com sua idade calculada em 78 anos. Até seu obituário do *New York Times* observou: "A data exata de seu nascimento é desconhecida".[15]

Antes de conhecer a história de Frederick Douglass, qual característica poderíamos considerar que diferenciaria uma pessoa escravizada de uma pessoa livre? A lista é longa: alguém que podia ser espancado a qualquer hora e por qualquer motivo. Alguém que poderia ser vítima de estupro aleatoriamente. Alguém que não tinha direitos de propriedade e que, de fato, era uma propriedade. Todos esses horrores foram reais. Mas quem seria definido como "escravo" segundo alguém que foi forçado a viver como uma pessoa escravizada? Em outras palavras, que ausência, falta ou privação Douglass mencionou no primeiro parágrafo de sua narrativa da escravidão?

Nasci em Tuckahoe, nos arredores de Hillsborough e cerca de dezenove quilômetros de Easton, em Talbot County, Maryland. Não tenho informação exata da minha idade, pois nunca vi nenhum registro autêntico que a contivesse. Sem dúvida, a maior parte dos escravos sabe tão pouco de sua idade quanto os cavalos, e é o desejo da maioria dos mestres que conheço mantê-los ignorantes a esse ponto. Não me recordo de ter uma vez conhecido algum escravo que soubesse o dia de seu aniversário. Raro se aproximam dessa data para além do tempo de plantio, do tempo da colheita, da época das cerejas, da primavera e do outono. Essa carência de informação, de minha própria parte, foi uma fonte de infelicidade mesmo na infância. As crianças brancas sabiam sua idade. Eu não podia dizer por que tinha de ser privado do mesmo privilégio. A mim não era permitido fazer perguntas ao meu mestre a respeito. Todas essas perguntas da parte de um escravo ele julgava impróprias e impertinentes, evidências de um espírito inquieto. Minha estimativa mais próxima faz de mim um homem entre os 27 e os 28 anos de idade. E isso concluo depois de ter ouvido meu mestre dizer que, em algum momento de 1835, eu devia ter meus dezessete anos.[16]

Douglass traçou as diferenças entre a escravidão e a liberdade por meio de uma série do que ele chamou oposições binárias, e essa é uma delas. Desconhecer sua data de nascimento marcava uma diferença irreconciliável entre ser uma pessoa escravizada e ser livre. Especificamente, meninos e meninas brancas sabiam a data de seu aniversário; meninos e meninas pretas escravizadas não sabiam. Muitas outras oposições binárias aparecem no primeiro capítulo: a mãe de Douglass é preta; o pai é branco. Ele só vê a mãe quatro ou cinco vezes e sempre à noite; ele só vê o pai durante o dia. Para vê-lo, sua mãe caminha desde uma plantação vizinha; seu pai anda em uma carruagem puxada por cavalos. Sua mãe é uma metáfora para a natureza, seu pai, para a cultura. Sua mãe é escravizada; seu pai, um escravizador. Ele diz isso ao leitor três vezes no quinto parágrafo. Douglass chama isso de "dupla relação de mestre e pai".

Essas oposições binárias persistem até Douglass revertê-las, virando-as de cabeça para baixo. Ele faz isso por meio de um quiasmo, um dispositivo retórico cujo nome vem de uma palavra grega que significa "disposição em X". Em um quiasmo, a primeira e a segunda parte de uma frase são essencialmente escritas na ordem reversa. O quiasmo mais famoso da história estadunidense é a frase de John F. Kennedy: "Não pergunte o que o seu país pode fazer por você; pergunte o que você pode fazer pelo seu país". O quiasmo de Douglass aparece no centro estrutural de sua brilhante narrativa: "Vocês viram como um homem foi tornado escravo; e verão como um escravo se tornou um homem".[17]

Douglass inverte o mundo que os colonizadores construíram, mostrando que eles é que são os verdadeiros selvagens, as verdadeiras bestas, os verdadeiros animais, pois eles é que são os canibais, reais ou literais. E por quê? Porque comercializam carne humana; em outras palavras, metaforicamente, consomem os próprios filhos que fizeram nas mulheres e meninas que escravizam, estuprando e cometendo adultério, mantendo-as como propriedade e vendendo-as depois, violando o princípio sagrado da civilização ocidental: que uma criança deve herdar a condição do pai, e não da *mãe*. Se pudessem ter seguido a condição do pai, esses mulatos teriam nascido livres. Mas não podiam fazer isso porque ainda eram considerados propriedade, mesmo que fossem metade brancos. E os mulatos eram uma propriedade muito valiosa. Mesmo as crianças mestiças, por razões agora óbvias para nós, ao contrário de qualquer outra criança nos Estados Unidos, herdavam a condição da mãe.

Douglass escreveu duas narrativas da escravidão de sucesso, uma publicada em 1845 e a outra em 1855. Ele também publicou uma autobiografia em 1881, muito tempo depois de ter se tornado uma figura ilustre mundialmente conhecida. Embora as palavras de Frederick Douglass pudessem, talvez, ser analisadas mais de perto do que as palavras de qualquer outra pessoa, ele de alguma forma conseguiu evitar questionamentos sobre uma série notável de revisões de fatos cruciais de sua escravização. Na verdade, nós podemos considerá-los como os fatos mais cruciais na vida de qualquer ser humano. Em um ato de incrível destreza literária, Douglass conseguiu modificar radicalmente seus relatos sobre seu relacionamento com a mãe e com o pai e as descrições de ambos, transformando por completo os relatos sobre a identidade deles.

Em 1845, Douglass escreveu a famosa frase: "Meu pai era meu mestre; meu mestre era meu pai", mencionando quatro vezes a conexão entre mestre e pai nos primeiros sete parágrafos do livro. No terceiro parágrafo, ele escreve: "Meu pai era um homem branco. Também se sussurrava que meu mestre era meu pai; mas quanto a isso nada sei; e os meios de saber foram roubados de mim; e os meios de saber foram negados a mim". Dois parágrafos depois, ele continua:

> Num repente convocada para longe, [minha mãe] deixou-me sem a menor indicação da identidade de meu pai. Os sussurros de que meu mestre era meu pai podiam ou não ser verdadeiros; e, verdadeiros ou falsos, pouca consequência recairia em meus propósitos, pois, em toda a sua tremenda odiosidade, os escravizadores ordenaram, e por lei estabeleceram, que as crianças nascidas de mães escravas devem, em quaisquer circunstâncias, herdar a condição da mãe; e assim é feito, é óbvio, com o fim de administrar sua luxúria e agraciar seus desejos perversos com uma gratificação lucrativa e prazerosa; por meio desse arranjo astuto, o escravizador, em não poucos casos, mantém com seus escravos a dupla relação de mestre e pai.

Dois parágrafos adiante, ele diz: "é certo que a escravidão no Sul breve se tornará profana; pois ao ano milhares são trazidos ao mundo e, como eu mesmo, devem sua existência a um pai branco, e não raro esses pais são também seus próprios mestres".[18] Em 1855, ele retratou a cor da pele de seu pai com uma certeza hesitante: "Meu pai era um homem branco, ou quase branco".[19] Mas na versão final, de 1881, afirmou claramente: "de meu pai nada sei".[20]

Sua mãe encontrava-se no outro lado do binário. Em 1845, Douglass compartilhou que a viu apenas quatro ou cinco vezes e sempre à noite. Ele "recebeu as notícias de sua morte com as mesmas emoções que teria sentido diante da morte de um estranho". Uma década depois, projetou uma imagem mais bem definida dela, que se torna uma mulher alta, magnífica e bem proporcionada, de pele escura, brilhante e com traços faciais harmoniosos. Em uma ocasião memorável, a mãe aparece de repente para alimentá-lo e protegê-lo de uma cruel tia Katy, que o havia proibido de comer aquele dia. Aqui, Douglass descobre que é "filho de alguém". Ela envolve o filho em seus "braços fortes e protetores".[21] Nessa narrativa, ele também escreve sobre o surpreendente letramento da mãe:

> Depois da morte de minha mãe, eu soube que ela sabia ler e que era a única entre todos os escravos e pessoas de cor em Tuckahoe que desfrutava dessa vantagem. Desconheço os meios pelos quais ela adquiriu esse conhecimento, pois Tuckahoe é o último lugar no mundo onde ela poderia encontrar recursos para aprender. Portanto, posso com carinho e orgulho atribuir a ela um amor sincero pelo conhecimento.[22]

Em 1881, em sua última narrativa, Douglass dá ainda mais créditos à mãe. Peter Walker escreve que, para Douglass: "Foi a mãe que lhe permitiu se tornar escritor e orador; ela deu sua voz para ele [...]. [Douglass] orgulhosamente se identificava cada vez mais com Harriet Bailey que, além de tudo, era uma mulher preta escravizada".[23] Nessa época, ele havia encontrado uma imagem em um livro que o fez lembrar de sua falecida mãe, em *Natural History of Man* [História natural do homem], de James Prichard. Nessa visão, no entanto, sua "mãe" não era uma mulher, mas um homem, e não era apenas uma africana negra, mas egípcia — o faraó, Ramsés II. Isso aparece em sua segunda narrativa da escravidão, publicada em 1855, e de novo em sua autobiografia de 1881.

No curso de suas três autobiografias, Douglass reduziu seu pai de um homem branco que era seu mestre a um homem invisível, e ao mesmo tempo transformou sua mãe, alguém que ele tinha visto apenas quatro ou cinco vezes e sempre à noite, no faraó Ramsés II ou na mais eloquente e letrada entre as mulheres pretas ou, de fato, entre todas as pessoas escravizadas — homens ou mulheres — de Talbot County, Maryland.

Só Frederick Douglass sabia a resposta para a dúvida em relação à veracidade dessas descrições de sua mãe e de seu pai, e ele levou esse segredo para o túmulo. Isso significa que Frederick Douglass, o *substituto* de James Williams, na verdade, "bancou o James Williams" bem debaixo do nariz dos abolicionistas e eles nem sequer notaram? A leitura da narrativa da escravidão de Douglass perde seu valor diante dessas contradições?

Nós podemos começar a entender por que Douglass fez isso lendo suas obras. Em 1854, em "The Claims of the Negro, Ethnologically Considered" [Considerações etnológicas sobre as reivindicações do Negro], escritas um ano antes da publicação de sua segunda narrativa da escravidão, *My Bondage and My Freedom*, Frederick Douglass escreveu: "o intelecto deriva, de modo uniforme, do lado *materno*. Os mulatos deste país podem, em sua maior parte, orgulhar-se de uma ascendência anglo-saxã *masculina*".[24]

Não havia absolutamente nenhuma evidência científica que comprovasse a afirmação provocativa de Douglass, mas ele a fez mesmo assim.[25] Quando os abolicionistas brancos tentaram exaltar Douglass como um exemplo do intelecto negro e da igualdade das chamadas raças, a igualdade entre o africano e o europeu, os críticos brancos se convenceram de que toda a sua inteligência vinha da parte de seu pai branco; que os genes de seu pai branco se expressavam *apesar* da herança genética africana. Eles também não tinham nenhuma evidência científica para provar isso. Douglass seguiu adiante com todas essas manobras para refutar as alegações de que seu grande intelecto vinha de seu pai branco, de forma que pudesse ser utilizado, prima facie, como uma evidência na batalha pelo lugar do africano na grande cadeia do ser.

4. Quem é sua mãe?:
A política da desrespeitabilidade

Em 1994, Evelyn Brooks Higginbotham publicou *Righteous Discontent* [Um justo descontentamento], um livro brilhante sobre a ascensão da "política da respeitabilidade" no interior da comunidade feminista negra. A política da respeitabilidade foi uma ideologia de autodefesa racial coletiva adotada como uma forma de revidar a ascensão da supremacia branca e a institucionalização das leis Jim Crow, que o historiador de Harvard Rayford W. Logan chamou de "o nadir" das relações raciais nos Estados Unidos. Esse foi o ponto baixo absoluto, a pior época — os quase quarenta anos que se seguiram ao cruel desmantelamento da Reconstrução em 1877, durante a presidência de Woodrow Wilson (1913-21), um dos presidentes mais racistas que já ocuparam a Casa Branca. O nadir chegou ao fim com o início do Renascimento do Novo Negro (rebatizado de Renascimento do Harlem por Langston Hughes muito depois de seu fim, sendo o nome que os acadêmicos usam hoje para definir o período), que se desdobrou ao mesmo tempo que a Era do Jazz dos anos 1920.[1]

O nadir viu as leis Jim Crow ou segregação de jure se tornarem a lei da terra, com severas restrições sendo introduzidas em todos os aspectos da vida negra, a começar pela aprovação da lei de segregação nos transportes públicos na Louisiana em 1890, que levaria à segregação racial em estabelecimentos públicos. Nesse mesmo ano, a Convenção Constitucional do Mississippi privou as pessoas pretas do direito ao voto, abrindo caminho para que outros antigos estados confederados fizessem o mesmo. Em 1900, os direitos que os africano-americanos haviam conquistado por meio da 13ª, 14ª e 15ª emendas e de várias leis da Reconstrução foram em grande parte anulados. Não apenas a Suprema Corte sistematizou tudo sob o lema "separados, mas iguais" em 1896 no caso Plessy versus Ferguson, mas o direito ao voto se tornou uma memória distante para uma grande porcentagem de pessoas pretas sulistas, muitas das quais tinham sido escravizadas. Eleitores negros podiam ter um enorme impacto no resultado das eleições, com 89,7% dos africano-americanos vivendo no Sul em 1900.[2] Mas na época, por exemplo, a Louisiana, que antes contava com cerca de 130 mil eleitores negros registrados, tinha uma população eleitora de 1342 pessoas; e o Alabama, que contava com 181 mil, passou a ter 3 mil.[3] É claro, a supressão econômica somada ao desmantelamento do direito ao voto foram cruciais para o estabelecimento das leis Jim Crow, sendo o exemplo mais vívido disso visto na nova forma de neoescravidão, chamada de meeiragem.* O terror da era Jim Crow era real e diário: o número de linchamentos crescia como parte de uma campanha terrorista cujo fim era intimidar as pessoas pretas, impedindo-as de tentar votar ou assumir seu lugar como cidadãs iguais.

---

* No original, *sharecropping*, "meeiragem" ou "parceria rural" no português, conceito jurídico que contempla um tipo de contrato agrário no qual quem detém a propriedade da terra cede seu uso a uma pessoa em troca de uma parcela da produção. Historicamente, nos Estados Unidos, através dessa parceria, as pessoas brancas proprietárias de terras acumularam os lucros do trabalho agrícola das pessoas pretas trabalhadoras, prendendo-as à propriedade por dívidas, ameaças, violência e submetendo-as à pobreza. (N. T.)

Em resposta a esse ataque violento aos seus direitos, as pessoas pretas tentaram revidar de várias formas, talvez de modo mais notório por meio de uma estratégia articulada no discurso "Atlanta Compromise", que Booker T. Washington proferiu em 1895 na Exposição Internacional dos Estados Algodoeiros em Atlanta. O trecho mais citado desse discurso posicionou as leis Jim Crow ou a segregação de jure em termos sociais e políticos: "Em todos os aspectos puramente sociais, nós podemos ser separados como os dedos, mas somos um, como a mão, em todos os aspectos essenciais para o progresso mútuo".[4] Esse suposto compromisso, Washington esperava, acalmaria os segregacionistas e permitiria que as pessoas pretas do Sul tivessem algum progresso econômico por meio de ofícios como a carpintaria, trabalhando como ferreiros ou produzindo e assentando tijolos.

Washington defendia que uma educação prática e técnica deveria ser priorizada em detrimento das artes liberais, inúteis na visão dele: "Nenhuma raça pode prosperar até aprender que há tanta dignidade no cultivo da terra quanto na escrita de um poema", ele disse. "É na base da vida que devemos começar, e não no topo."[5] Em sua autobiografia, *Memórias de um negro americano*, de 1901, Washington mirou em W. E. B. Du Bois e no herói de Du Bois, Alexander Crummell, quando disse: "Estavam certos de que saber grego e latim, embora pela rama, fazia um sujeito crescer demais".[6]

Frederick Douglass faleceu em fevereiro de 1895; em setembro, com seu discurso em Atlanta, Washington se lançou como a liderança de uma nação Negra. Supreendentemente, considerando sua antiga animosidade indisfarçada, a reação imediata de Du Bois foi fornecer um apoio cordial. Ele enviou um telegrama para Washington, dizendo que as palavras dele tinham sido "bem apropriadas", e escreveu no *New York Age* que as ideias de Washington "poderiam ser a base de um acordo real entre os brancos e negros do Sul".[7]

O programa de Washington era a resposta econômica à ascensão das leis Jim Crow, mas ao mesmo tempo também houve uma resposta cultural negra. As pessoas pretas de classe média e de classe média alta no Norte e no Sul revidaram simbolicamente por meio de um complexo discurso cultural forjado por elas mesmas. Tratava-se de uma ideologia compartilhada que se expressou em uma variedade de formas, desde o movimento dos clubes de mulheres* até sermões em igrejas e editoriais na imprensa negra. Esse discurso cultural foi forjado para mostrar às classes média e média alta brancas que um pequeno grupo de pessoas pretas — o grupo que Du Bois chamaria de "o Décimo Talentoso" — incorporava os mesmos valores morais e aspirações vitorianas de classe média que os brancos, e era diferente das massas de africano-americanos. Essas pessoas se vestiam como os estadunidenses brancos vitorianos de classe média e média alta, e falavam também como eles, fazendo questão de usar o inglês padrão, e não os dialetos negros. A elite negra usaria a literatura e as artes visuais, em especial a fotografia, para refutar os estereótipos racistas de ampla circulação nos Estados Unidos e na Europa sobre a sua "natureza", criando uma imagem que fazia um forte contraste com as imagens negativas das pessoas pretas sempre presentes em manifestações culturais como os espetáculos de menestréis, o vaudeville, anúncios publicitários e cartões-postais. Em outras palavras, a elite negra tentava mostrar o que não era. Higginbotham se referiu adequadamente a esse movimento como "a política da respeitabilidade".

Tratava-se de um discurso público inter-racial, uma tentativa por parte de pessoas pretas de classe média bem instruídas de mostrar aos estadunidenses brancos — em especial os estadunidenses

---

* Referência a um movimento estadunidense iniciado no século XIX que compreendia grupos de mulheres dedicados à educação, serviços comunitários, questões sociais e políticas públicas. (N. T.)

brancos de posses, modestas ou não — que elas eram "exceções à regra", exemplos do melhor que a raça podia ser. Mais do que isso, os membros desse grupo pretendiam provar que não eram apenas naturalmente superiores à massa de pessoas pretas, mas se igualavam ao melhor que os estadunidenses brancos podiam oferecer e eram totalmente aptos à assimilação. Eles não eram inferiores por natureza ou essência e deviam ter tratamento adequado.

O fato de esse grupo de elite estar "ascendendo", conseguindo "crescimento", fazendo "progresso" — três palavras-chave que pontuavam esse discurso — era amplamente divulgado em editoriais e artigos da imprensa negra e em dezenas de dicionários biográficos como *Progress of a Race; or, The Remarkable Advancement of the American Negro from the Bondage of Slavery, Ignorance and Poverty to the Freedom of Citizenship, Intelligence, Affluence, Honor and Trust* [O progresso de uma raça; ou O notável avanço do Negro americano do cativeiro da escravidão, da ignorância e da pobreza para a liberdade da cidadania, inteligência, prosperidade, honra e fé], publicado em 1902 por John William Gibson e William Henry Crogman. As mulheres e os homens incluídos nessas compilações sugeriam o que a educação e a cultura podiam significar para os africano-americanos.

Era um discurso quase religioso que enfatizava valores morais conservadores e a moderação sexual com o fim de contestar os estereótipos de que as pessoas pretas eram geneticamente imorais, promíscuas e desprovidas de controle sexual. Grande parte desse discurso se direcionava ao que podemos chamar de valorização da mãe, ou recuperação da dignidade das mulheres pretas, que eram retratadas na cultura popular, em um extremo, como mulheres de pele clara, Jezebéis hipersexualizadas, e, no outro, como *mammies*, amas pretas retintas, obesas e desprovidas de atrativos.

Esses dois estereótipos das mulheres pretas permanecem conosco até hoje — um outro binário como os que vimos nas múltiplas versões da autobiografia de Frederick Douglass. Não por acaso, a primeira mulher preta a receber um Oscar foi Hattie McDaniel por seu papel como "Mammy" (ela não tinha outro nome) em ... *E o vento levou*, uma fantasia hollywoodiana sobre o amor que as pessoas pretas escravizadas tinham por seus mestres brancos. Higginbotham chama isso de "racismo romântico".[8]

Em outras palavras, a política da respeitabilidade era o avesso do programa de Washington, a resposta cultural negra ao gênero da imagética racista que eu chamo de arte Sambo, uma arte criada para definir a raça.

Uma forma barata de cromolitografia, um método de produção de impressões coloridas, facilitou a criação e a ampla disseminação de milhares dessas imagens negativas e racistas. Quem melhor para representar visualmente o polo oposto da branquitude estadunidense do que Sambo, retratado com os lábios mais encarnados, a pele mais preta, em todos os meios possíveis — cartões-postais, guardanapos, capas de bules, jogos de salão como *Ten Little Niggers* [Os dez negrinhos],* e quase uma avalanche de anúncios publicitários em cores?

A figura da *mammy* foi crucial para essa campanha midiática. A Tia Jemima** original, a *mammy* era o tipo de mulher preta confiável e dócil, alguém que, supunha-se, era capaz de amar mais os filhos de seus escravizadores do que os próprios. A imagem romantizava a escravidão, desprovendo-a de toda brutalidade destinada às mulheres (espancamentos, exploração sexual, estupros), e inventava nostalgia. Isso acontecia bem no momento em que as pessoas brancas higienizavam as memórias da Guerra Civil que,

---

* Referência a um jogo de cartas lançado pela Parker Brothers em 1895 cujo baralho era composto exclusivamente de personagens negras, seguindo a imagética descrita pelo autor. (N. T.)

** No original, *Aunt Jemima*, antigo nome de uma linha de produtos de café da manhã. A imagem da marca era a figura estereotipada de uma mulher preta. (N. T.)

afinal, não era mais lembrada como "a guerra pelo fim da escravidão", mas como a guerra pelos direitos dos estados.

Nem a política da respeitabilidade foi suficiente para combater essas imagens. Feridas com gravidade nessa guerra contra a raça, as pessoas pretas de classe alta criaram um construto chamado "o Novo Negro", uma imagem cuidadosamente elaborada do homem preto e da mulher preta ideais que incorporavam todas as virtudes da raça e nenhum de seus defeitos.

O slogan "o Novo Negro" apareceu pela primeira vez na imprensa em 1887, em uma manchete do *Hartford Daily Courant* que anunciava O NOVO NEGRO DO NOVO SUL. O bordão foi escolhido e elaborado no mês seguinte pelo jornal negro *The Washington Bee*, em um artigo que diz: "Temos um novo Sul e um novo Negro, e o novo Negro surge, marchando em fileiras de dezenas de milhares das faculdades e escolas da Nação, reverenciando o passado, mas com todas as suas energias voltadas para as perspectivas do futuro".[9] Um jornalista empregou o slogan em 1895, imediatamente após seu discurso de Atlanta, para descrever Booker T. Washington como o primeiro "Novo Negro".[10]

Podemos ver então, em sua primeira iteração, que o tropo do Novo Negro era quase exclusivamente associado com a classe alta negra, definida por realizações acadêmicas e status social. Como um editorial do jornal negro *The Cleveland Gazette* apontou em 1895: "Uma classe de pessoas de cor, o 'Novo Negro' [...] surgiu no Pós-Guerra, com educação, refinamento e dinheiro".[11]

A existência de um "Novo" Negro levou à inevitável conclusão de que havia um "Velho" Negro que precisava ser substituído. O Velho Negro, que era descendente de mulheres e homens pretos escravizados, a ralé sem educação, se tornou tão inextrincavelmente ligado às imagens racistas de Sambo que proliferaram na década de 1890, durante a era Jim Crow, que muitas pessoas pretas da classe média decidiram que sua reabilitação era inútil. Em resposta, elas inventaram um Novo Negro para representar "o melhor da raça" — e um outro binário.

A primeira manifestação em larga escala do Novo Negro ocorreu em 1900, quando W. E. B. Du Bois usou retratos fotográficos em preto e branco na *Exhibit of American Negroes* [Mostra dos Negros Americanos] na histórica Exposição de Paris (ou Feira Mundial) de 1900. A exposição foi uma brilhante colaboração entre Thomas Junius Calloway, Du Bois, Daniel Alexander Payne Murray e Andrew F. Hilyer. Esses homens personificavam o Novo Negro — educado, articulado e bem-sucedido — e sabiam que "era um imperativo estratégico que os Negros fossem vistos como uma raça orgulhosa, produtiva e culta em Paris", como David Levering Lewis, biógrafo de Du Bois, afirma, e não "como uma massa de estupradores", nas palavras de Calloway. As pessoas pretas tinham que apresentar sua imagem como os Novos Negros ao mundo branco publicamente, em um palco sem precedentes concedido pela Exposição de Paris.[12] Du Bois chamaria sua exposição de "uma exibição honesta e franca de uma pequena nação de pessoas, que retrata sua vida e seu desenvolvimento sem escusas ou polimento, e, sobretudo, feita por elas mesmas".[13]

Du Bois selecionou 363 fotografias — cerca de 150 oriundas de instituições negras sociais, culturais, acadêmicas e econômicas, e o restante de indivíduos negros muito bem-vestidos, trajados com elegância — para representar o melhor das conquistas negras desde a libertação do jugo da escravidão em 1865. "Há vários volumes de fotografias de rostos Negros típicos que dificilmente condizem com as ideias americanas convencionais", Du Bois explicou.[14] Ele as escolheu para representar a variedade dos tons de pele, texturas de cabelo e estruturas faciais (narizes, em particular, mostrados de perfil) para combater as ideias estereotipadas na cultura popular estadunidense em relação à aparência das pessoas pretas. Du Bois concebeu a *Exhibit of American Negroes*, como Lewis argumenta, "para subverter as concepções convencionais do Negro estaduni-dense apresentando, diante da curiosidade complacente dos espec-tadores brancos, um universo racial que espelhava seu próprio mundo branco incompreensível e opressor".[15]

A historiadora da arte Deborah Willis diz que, com suas "imagens de autoempoderamento, autodeterminação e autorre-cuperação", essas fotografias constituem um *mythos* duplo, que Du Bois pode ter chamado de "dupla consciência": "aquela pro-jetada na comunidade Negra [...] por seus próprios membros" e aquela projetada na comunidade negra "pela cultura dominante".[16] A intelectualidade negra travou uma guerra contra as imagens populares racistas e degradantes cujo fim era desumanizar seres humanos pretos. Resta perguntar se estavam vencendo essa guer-ra: enquanto o Décimo Talentoso podia estar no topo das con-quistas, do prestígio e até da riqueza dentro da comunidade ne-gra, essas pessoas não conseguiam alcançar uma mobilidade social ascendente e significativa dentro da sociedade estaduni-dense mais ampla.

Ainda assim, isso foi levado a sério em favor da raça, e também em nome de alguns indivíduos, que lucraram muito. Madam C. J. Walker, por exemplo, a primeira mulher preta milionária, atribuiu à higiene e aos cuidados pessoais o sucesso de uma das maiores fi-guras da história africano-americana, incluindo Booker T. Washing-ton e até Frederick Douglass. "Aparência refinada e confiável", dizia uma propaganda de seus cosméticos e produtos capilares, para o "incrível progresso da raça de cor."[17]

Podemos pensar nisso como a reconstrução da imagem da raça, e foi algo de importância vital, ainda que em retrospecto pos-samos ver uma estratégia falha. Incapazes de modificar as estruturas de sua opressão, as lideranças negras abraçaram o esforço, a deter-minação e a realização individuais como os principais meios de revidar essa maré de racismo antinegro. Essas lideranças distribuíram imagens de estadunidenses respeitáveis de pele preta no maior número de revistas e jornais que puderam.

Ao mesmo tempo, no interior da comunidade africano-americana, outro discurso se desenrolava na clandestinidade, a voz das classes negras mais baixas, a grande massa de pessoas pretas que por certo não eram os Novos Negros. Chamamos esse discurso de "política da desrespeitabilidade". Em contraste com a política da respeitabilidade, a política da desrespeitabilidade era um discurso culturalmente privado; um discurso *intra*rracial; uma forma de arte feita por pessoas pretas para pessoas pretas e que não era pensada para o consumo das pessoas brancas. (Lembre-se da metáfora da caixa-preta, a ideia de que o que se encontra no interior dela é ocultado e possivelmente incompreensível para aqueles do lado de fora da caixa.) Essa política abraçava os valores populares, vernaculares e próprios da classe baixa. Empregava uma linguagem escandalosa e a obscenidade. Fazia os Novos Negros corarem. E por ser escandalosa, tinha de ser contida ou ocultada do público estadunidense mais amplo, quando não eliminada por completo das práticas culturais negras. A política da desrespeitabilidade também era um discurso antirreligioso, em conluio com o diabo, alguns diriam. Grande parte dessa política dependia da degradação da mãe e até de sua sexualização. Esses universos culturais e textuais paralelos são ambos negros, mas um se desenrolava em público, diante das pessoas brancas, e outro nas ruas, no gueto, para o consumo exclusivo das pessoas pretas. E esses dois reinos do discurso cultural se desdobraram em universos paralelos com suas próprias tradições, de forma inconsciente, lado a lado, acima ou abaixo da superfície. São o yin e o yang da experiência africano-americana — e mais um binário.

Essas formas negras vernaculares foram inventadas no Harlem e em outras jurisdições do Norte urbano nos primeiros anos da

Grande Migração. As raízes do hip-hop se encontram ali, em duas formas que surgiram na comunidade negra quase ao mesmo tempo que o primeiro Movimento do Novo Negro, encontrando ambas suas raízes no folclore africano e africano-americano. Considere os poemas narrativos que têm lugar na selva. Eles apresentam três personagens, o Macaco,* o Leão e o Elefante. O Leão acha que é o rei da floresta, mas todos sabem que o título pertence ao Elefante. Em todos os poemas, o Macaco tenta fazer o Leão entrar em uma briga com o Elefante, que sempre o derrota. A outra forma principal é chamada de "Shine e o *Titanic*". Essas histórias contam que o único sobrevivente do naufrágio do *Titanic* foi um homem preto chamado Shine, que nadou do meio do oceano Atlântico até um bar no Harlem antes mesmo de o grande navio afundar de fato.

Mesmo W. E. B. Du Bois e James Weldon Johnson, aparentemente vitorianos e pudicos, celebraram certas formas vernaculares negras e as tornaram aceitáveis, em especial na tradição sagrada. Du Bois dedica um capítulo inteiro aos spirituals Negros, "Sobre as canções de pesar", em *As almas do povo negro*. Além dos spirituals, Johnson escreveu sobre o cake-walk e o ragtime.** Mas nenhuma figura respeitável exaltou as formas mais ousadas, como "Shine" e o "Macaco Significador", que eram mais populares entre o povo. Essas formas eram vulgares, obscenas e usavam o dialeto negro — e misóginas ao extremo quando praticadas por homens. Ninguém estava a salvo, nem mesmo a "sua mãe" ou, mais chocante, "sua vó também". Piadas de "sua mãe", talvez de forma surpreendente, são cruciais para o entendimento da política da desrespeitabilidade. Mesmo as

---

* Referência ao Macaco Significador, figura *trickster* do folclore estadunidense, oriunda de Èṣù-Ẹ̀légbára/ Eleguá, divindade do panteão yorùbá. (N. T.)
** Os cake-walks eram competições de dança cujas origens remontam às senzalas do Sul dos Estados Unidos. Ragtime é um ritmo musical antecessor do jazz, surgido nos Estados Unidos no século XIX. (N. T.)

versões mais brandas dessas formas vernaculares canônicas, como as citadas abaixo, teriam chocado as lideranças do Renascimento do Novo Negro de 1920.

Down in the jungle about treetop deep
a signifying Monkey was a wantin' some sleep.
Now, he'd been tryin' for a week or more,
and every time he'd go to sleep a damn Lion would roar.
One bright and sunny day
he told him about a bad bastard over the other way.
Said, "The way he talks, I know it ain't right,
if you two meet there'll be a hell of a fight."
Said, "That wasn't all I heared him say,
why, he done talked about your mama in a hell of a way.
He called her a bitch and a dirty whore,
if I hadn't left he'd a called her more.
Why, he [said he] screwed your mother, your sister, and your
                                                        [niece,
and the next time he sees your grandma, he's
gonna ask her for a piece."[18]*

Shine, o narrador negro das anedotas do *Titanic*, mira nas pessoas brancas, ricas e famosas, sem mencionar suas mães, esposas

---

* Em inglês no original: "Lá na floresta, nos galhos mais altos/ um Macaco significador queria dormir./ Mas dias fazia que ele tentava, uma semana ou mais/ e sempre que cochilava um leão rugia./ Num dia claro e ensolarado/ O Macaco contou ao leão sobre um sujeito bastardo lá do outro lado./ Disse o Macaco: 'Ele fala de um jeito que eu sei que não é certo,/ se vocês dois se encontrassem seria uma briga dos infernos'./ E disse o Macaco: 'E não foi tudo o que o ouvi falar, ele falou da sua mãe de um jeito terrível. Ele e chamou de puta, de vadia suja,/ e se eu não tivesse ido embora, teria falado mais. Ora, ele [disse que] fodeu com a sua mãe, sua irmã e sua sobrinha e na próxima vez que ver sua vó,/ vai tirar uma casquinha'". (N. T.)

e filhas, que imploram para Shine salvá-las durante o naufrágio do navio.

> *Big man from Wall Street came on the second deck.*
> *In his hand he held a book of checks.*
> *He said, "Shine, Shine, if you save poor me,"*
> *say, "I'll make you as rich as any black man can be."*
> *Shine said, "You don't like my color and you down on my race,*
> *get your ass overboard and give these sharks a chase."*
> *Say, the captain's daughter came out on the second deck*
> *with her drawers in her hand and brassiere around her neck.*
> *She said, "Shine, Shine, if you save poor me,"*
> *say, "I'll give you all this ass your eyes can see."*
> *Shine said, "There's fish in the ocean, there's whales in the sea,*
> *get your ass overboard and swim like me."*[19]*

Na coletânea que reúne os poemas acima, Bruce Jackson reconhece que "nenhum dos textos deste livro foram performados por mulheres [...]. Seu conteúdo costuma ser extremamente misógino, então parece improvável que as mulheres conhecessem ou recitassem essas anedotas; seria interessante saber se as mulheres possuíam narrativas igualmente misândricas".[20] Aqui entra em cena a acadêmica pioneira Claudia Mitchell-Kernan, que observa que as mulhe-

---

* Em inglês no original: "Um figurão de Wall Street chegou ao segundo convés./ Ele levava na mão um maço de cheques./ Ele disse: 'Shine, Shine, se você me salvar, pobre de mim',/ então: 'Vou te fazer tão rico como um negro pode ser'./ Shine disse: 'Você não gosta da minha cor e despreza a minha raça,/ jogue esse traseiro ao mar e dê aos tubarões o que caçar'./ Então, a filha do capitão chegou ao segundo convés/ de calcinha na mão e sutiã pendurado no pescoço./ Ela disse: 'Shine, Shine, se você me salvar, pobre de mim',/ então: 'Vou te dar todo o traseiro que seus olhos podem ver'./ Shine disse: 'No mar tem peixe, no mar tem baleia,/ jogue esse traseiro ao mar e venha comigo nadar'". (N. T.)

res se envolveram em suas próprias versões do ritual significador, invertendo os papéis e assim subvertendo o sexismo masculino negro.[21] Janie Crawford, a protagonista de *Seus olhos viam Deus*, de Zora Neale Hurston, suporta os insultos públicos do marido na loja dele até que um dia ela revida — respondendo, jogando o próprio jogo do marido e ganhando dele. Eu chamo isso de significador mulherista. "Para de confundir o que eu faço com a minha aparência, Jody", ela diz, sem rodeios, no meio da loja. "Olha, cada pedacinho de mim é uma mulher, disso eu sei. E é muito mais do que *você* pode dizer. [...] Falar que eu tô velha. Quando cê baixa as calça, parece que vira outro." Um espectador arqueja e diz: "Cês tá tudo trocando farpa hoje".* E Joe Starks percebe que o castigo de Janie é mortal: "ela lançara sua armadura vazia diante dos homens e eles riram, e continuariam a rir".[22] E rir, no caso do significador, é o pior remédio.

O dialeto era o reminiscente linguístico da escravidão, o som oral da diferença negra, que assinalava que os Negros que o usavam não podiam ser assimilados. Usado com propósitos racistas no palco dos menestréis e nos números de vaudeville, o dialeto era o signo audível da estupidez e da ausência de razão, o oposto dos valores da classe média. Muitos ainda hoje continuam a fazer essa associação. As formas de arte criadas pela subclasse negra — o povo —, de forma consciente ou não, guardam uma relação subversiva com as formas de arte do Movimento do Novo Negro, ao ridicularizar ou rejeitar por completo quase tudo a que a classe média e a classe média alta negras vitorianas haviam declarado que os africano-americanos deviam aspirar, em especial com a figura do "Macaco Significador" e "Shine e o *Titanic*", mas também por meio de um novo ritmo musical chamado ragtime, o precursor do jazz,

---

* No original, "*Y'all really playin' de dozens tuhnight*". *Dozens* é um tipo de jogo verbal em que duas pessoas trocam ofensas leves e engraçadas até uma delas se dar por vencida, uma prática popular na cultura africano-americano. (N. T.)

uma forma artística da classe baixa que não era o tipo de coisa que as pessoas pretas "respeitáveis" admitiriam consumir ou apreciar. Jean Toomer chegou ao ponto de se queixar de que os spirituals, as canções sagradas criadas por homens e mulheres escravizadas e ex-escravizadas, envergonhavam a classe média negra. Ele disse:

> Havia um vale, o vale de "Cane", com anéis de fumaça de dia e névoa à noite. Uma família de Negros da roça havia recentemente se mudado para um barraco não muito longe. Eles cantavam. E foi a primeira vez que ouvi as canções populares e os spirituals. Eram melodias fortes, tristes, alegres e belas. Mas soube que os Negros da cidade desprezavam essa música. Chamavam-na "algazarra". Eles tinham vitrolas e pianolas. Então apercebi-me, com profundo pesar, que os spirituals, recebidos com zombarias, estavam destinados a desaparecer. A tendência dos Negros também era partir em direção a cidades pequenas, então às grandes cidades — e a indústria, o comércio e as máquinas. O espírito popular encaminhava-se para a morte no deserto. Era um espírito tão belo. Sua morte, tão trágica. E assim parecia ser a soma da vida para mim.[23]

Em outras palavras, as formas artísticas eram classificadas: havia uma cultura negra pública e uma cultura negra privada, sulista, rural e da classe trabalhadora. Uma era criada pelas classes altas — destinada a servir como uma declaração política pública na batalha pela representação da raça — e a outra era criada por e para as classes baixas, para consumo próprio. Até onde a classe média negra tinha conhecimento, todas as formas culturais vernaculares negras eram uma coisa só: tanto o folclore negro como os spirituals e depois o ragtime e o blues, tanto as canções de trabalho e a tradição oral de "mentir" ou contar histórias como o uso do inglês negro ou "dialeto" na poesia e nas expressões musicais, tudo isso ia de encontro à política da respeitabilidade da virada do século. E assim também as tradições religiosas sulistas, como Toomer sugere. O sagrado e o profano podiam ser campos de batalha de um conflito sobre o que seria "apresentável", sobre o que "prejudicava a raça", e o que ajudava a vencer a sufocante maré da supremacia branca.

As formas mais expressivas entre os cultos religiosos negros do Sul, como o transe espiritual ("receber o Espírito Santo"), as danças sagradas nos corredores da igreja e o *ring shout* ou *shouting*,* foram assuntos recorrentes de debates entre adeptos, pastores e bispos. O bispo Daniel Alexander Payne da Igreja Metodista Episcopal Africana, por exemplo, que nasceu livre em Charleston, na Carolina do Sul, e cujos pais eram membros da "Elite Marrom", teve seu primeiro contato com esses rituais no Sul recém-liberto na época da Reconstrução. Para ele, eram formas de paganismo e de adoração do diabo, resquícios muito tangíveis de práticas espirituais africanas que aqui chegaram com os nossos ancestrais nos navios negreiros, formas de adoração e crença que eram "vergonhas para a raça", para usar uma expressão comum. Payne assim descreveu um desses encontros:

> Findo o sermão, as pessoas formaram um círculo e, despidas de seus casacos, cantaram, bateram as mãos e os pés da forma mais ridícula e pagã. Roguei ao pastor que fizesse com que parassem com aquilo. Ao pedido dele, as pessoas cessaram a dança e as palmas, mas continuaram cantando e balançando o corpo para a frente e para trás. E assim fizeram por cerca de quinze minutos. Adiantei-me então e, pegando seu líder pelo braço, pedi que desistissem daquilo, que se sentassem e cantassem de forma *racional*. Também lhes disse que se tratava de uma forma de adoração pagã e inglória para eles, para a raça e para o santo nome cristão.[24]

---

* Dança negra ancestral estadunidense performada em círculo, em que a música é repetida e acelerada até que uma espécie de transe coletivo ocorre. (N. T.)

Para Payne, essas práticas culturais eram vestígios tanto de uma "adoração pagã" africana como resquícios da escravidão, e, com reprimendas e ameaças de excomunhão, ele fez o seu melhor para erradicá-las.

Era melhor deixar os resquícios da escravidão para trás, nos resíduos da história que remontavam às plantações, e a África, cujas representações estereotipadas haviam sido absorvidas por muitos africano-americanos que tiveram pouca ou nenhuma exposição a imagens da África e dos africanos que não negassem o Ocidente e a própria "civilização", era melhor ser deixada na selva. Por mais absurdo que possa soar em uma época de recuperação tanto do passado escravista quanto do passado africano, isso resume muito da atitude da classe média negra em relação a ambos na virada do século e mesmo durante os anos 1920.

Generalizando, os Novos Negros inicialmente acreditavam que, por meio do empenho individual, eles podiam escapar das garras das leis e das práticas sociais que buscavam confinar todas as pessoas pretas ao mesmo status de cidadãos de segunda classe e definir todas as pessoas pretas, a despeito da classe ou das diferenças, como pretas — como iguais.

Esse nexo da respeitabilidade versus desrespeitabilidade, da arte erudita versus folclore, do passado versus presente é resumido no trabalho de dois homens: o autor branco Joel Chandler Harris e o autor negro Charles W. Chesnutt.[25]

Joel Chandler Harris e seu escudeiro, Tio Remus, mudaram o destino do folclore negro. É seguro dizer que Tio Remus foi o personagem literário mais popular da história estadunidense. O enorme sucesso comercial de Harris atraiu comentários de escritores e leitores negros e instigou alguns a tentar replicar o que ele tinha feito, mas a partir de dentro daquilo que podemos definir como uma estética negra.

Ninguém foi mais bem-sucedido em recuperar a tradição popular negra da "tradição da plantação" do que Charles W. Chesnutt, cujas histórias subverteram a tendência entre alguns folcloristas brancos de romantizar a vida no Sul pré-Guerra Civil e representar as relações entre escravizadores e escravizados com metáforas de consanguinidade como "tias" e "tios".

Chesnutt estourou na cena literária estadunidense com a publicação de sua primeira história, "The Goophered Grapevine" [A videira enfeitiçada], em *The Atlantic Monthly* em agosto de 1887 —[26] e por acaso, nesse mesmo ano, o termo "Novo Negro" apareceu pela primeira vez na imprensa. Chesnutt foi o primeiro autor negro a aparecer nessas páginas, onze anos depois de Joel Chandler Harris ter apresentado Tio Remus ao público leitor nas páginas de *The Atlanta Constitution* e sete anos após a publicação do livro *Uncle Remus: His Songs and His Sayings* [Tio Remus: Suas canções e seus dizeres]. Chesnutt era bem consciente da relação de seu personagem negro fictício, Julius McAdoo, com Tio Remus, e também de sua relação com Harris. Eram relações de repetição e inversão, ou de significância. Tio Julius é um *trickster* cujo comportamento à la Remus ludibria o nortista branco que narra as histórias, que oferecem retratos realistas das brutalidades do "regime escravo", como Frederick Douglass chamou, além de revelações de usos engenhosos de "conjurações" para resgatar as pessoas escravizadas dessas brutalidades.

Chesnutt reuniu sete dessas histórias e publicou em *The Conjure Woman* [A mulher conjurada] em 1899, conquistando grande aclamação da crítica e sucesso financeiro.[27] Chesnutt conhecia muito bem os riscos de seu projeto estético; como o autor escreveu em um ensaio fascinante, "Superstitions and Folklore of the South" [Superstições e folclore do Sul] (1901), ele "incorporou em várias histórias" a "crença antiga no que se conhecia como 'conjuração' ou 'feitiço'", um conjunto de práticas "trazidas do continente negro pelas pessoas escuras", os africanos escravizados, e "certas características [que] sugerem uma afinidade distante com o voduísmo, ou adoração da cobra, um culto que parece ter origens indígenas", ele conclui erroneamente, "na América tropical".[28] Aqui Chesnutt reivindicou as continuidades culturais entre as culturas africanas e as culturas africanas do Novo Mundo, valorizando a experiência das pessoas escravizadas responsáveis por sua fusão: "Nos antigos dias das plantações, essas práticas floresceram com vigor, embora desencorajadas pela 'casa-grande', e sua força foi bem estabelecida entre os negros e os brancos pobres".[29] Chesnutt também escreveu sobre Harris em 1931, em seu importante ensaio "Post-Bellum Pre-Harlem" [Pós-Guerra Civil, pré-Harlem].[30]

Se o fantasma da escravidão assombrou as atitudes da classe média negra em relação ao folclore negro e suas formas idiomáticas relacionadas, as sombras de Joel Chandler Harris (que, como nos lembra Sterling A. Brown, o filósofo Alain Locke amaldiçoou como "um gentil copista do Negro camponês analfabeto")[31] recaíram sobre o trabalho de Chesnutt (como um segundo texto silencioso) e sobre as subsequentes estimativas em relação à natureza e à função do folclore africano-americano no geral. Como Brown afirmou em 1950, quatro anos depois do lançamento do clássico da Disney *A canção do Sul* (no qual James Baskett, como Remus, consola um menino branco solitário, interpretado por Bobby Driscoll, com histórias daquele *trickster* velhaco, o Compadre Coelho): "Uma coisa que ficou clara com a ressurreição de Tio Remus em *A canção do Sul* de Walt Disney foi seu grau de pertencimento à cultura branca, e não ao povo Negro".[32] Ao mesmo tempo, no entanto, Brown é ágil ao apontar a importância de Harris para a preservação do folclore negro:

> Se a familiaridade gerou desprezo, ou se houve uma sensibilidade muito grande na direção da expressão popular, os Negros têm ficado

para trás em relação aos brancos na reunião de contos folclóricos. Sem Joel Chandler Harris, é provável que as histórias de Tio Remus, que agora pertencem às pequenas obras-primas da literatura estadunidense, estivessem perdidas.[33]

Brown lamentou o fato de que "os Negros instruídos, de modo geral, não têm demonstrado grande interesse",[34] apesar de ter concluído em 1941 que "a consciência da importância de um estudo do folclore está crescendo entre os Negros, mas ainda lentamente".[35]

O problema com Harris, porém, era tanto ideológico quanto literário: sua representação da escravidão, por meio de Remus, fazia parte de uma tentativa maior de reivindicar a escravidão como uma era dourada na história das relações raciais estadunidenses, um processo que se desdobrou no momento em que os efeitos da Reconstrução retrocediam e a segregação Jim Crow era legislada e legitimada. Nesse terrível processo, o folclore Negro foi evocado, ganhou a voz e trajou as roupas do criado sempre leal, sempre fiel e grato, Tio Remus, uma espécie de parente distante, mas com uma maquiagem *blackface*. Como diz Brown:

> As características marcantes e quase incrédulas do genuíno folclore, em especial aquele próprio dos Negros rurais, são apagadas em favor da gentileza e do sentimento [...]. Sua proposta era mais embelezar o Sul pré-Guerra Civil do que promover um autêntico folclore Negro.[36]

Mas, Brown argumenta, não devemos permitir que a destituição da essência do folclore Negro por defensores da escravidão, como Harris, nos impeça de reunir e cuidar da tradição folclórica. Pois nessas histórias, como nos spirituals, está incorporada a primeira expressão da fundação estética da cultura africano-americana.

Não há melhor exemplo dessa resistência do Novo Negro à suposta igualdade entre raça e classe do que o romance *The Marrow of Tradition* [O cerne da tradição] (1901). Chesnutt narra a partir da perspectiva de um médico negro que foi conduzido para o "vagão negro" depois de ter viajado no "vagão branco" com um colega doutor branco:

> Eram barulhentos, faladores, felizes, sujos e malcheirosos. Por um instante, Miller ficou maravilhado e contente. Eram seu povo, e ele sentiu uma certa simpatia generosa por eles apesar de seus óbvios defeitos. De vez em quando, no entanto, o ar pesava, e ele saía para a plataforma. Pela graça do ideal democrático, que significava tanto para a sua raça, ele poderia ter suportado a aflição. Ele podia facilmente imaginar que pessoas de refinamento, que tinham o poder nas mãos, poderiam sentir-se tentadas a comprometer o ideal democrático a fim de evitar tal contato, mas […] aquelas pessoas eram tão ofensivas para ele quanto os brancos na outra extremidade do trem. Por certo, se uma classificação de passageiros nos trens fosse desejável, esta poderia ser alicerçada em critérios mais lógicos e considerados, e não apenas arbitrários, insensíveis, pela própria natureza das coisas, pelo traçado brutal de uma linha de cor.[37]

Os Novos Negros, geralmente por meio da política da respeitabilidade, apregoaram sua diferença no interior da raça em uma tentativa de argumentar que deveriam receber um tratamento diferente daquele dispensado às pessoas pretas de classe baixa, com quem tinham pouco em comum. É claro, agora sabemos que essa estratégia não funcionou e, em 1909, quando Du Bois se juntou com algumas outras pessoas pretas e vários liberais brancos ricos para fundar a Associação Nacional para o Progresso de Pessoas de Cor (NAACP), a classe alta negra, no geral, também sabia disso.

Du Bois, como ficou bem conhecido, disse que todas as raças "são salvas por [seus] homens excepcionais".[38] Mas o curioso é que, mesmo em *As almas do povo negro*, que ganhou fama instantânea por sua crítica ao comodismo de Booker T. Washington, o próprio Du Bois endossou uma restrição ao direito ao voto entre as pessoas pobres. "Assim, a alternativa oferecida à nação", ele escreve em *As almas*, "não se encontrava entre o sufrágio Negro pleno ou restrito; caso contrário, todo homem de sensibilidades, Negro ou branco, escolheria com facilidade o último."[39] Em outras palavras, mesmo o Du Bois radical, pelo menos em 1903, considerava o voto como um privilégio do Décimo Talentoso.

Du Bois anunciou essa crença na diferença de tratamento dispensado às classes sociais negras em seu clássico da sociologia estadunidense, *O negro da Filadélfia* (1899):

> As pessoas de cor raramente são julgadas por suas melhores classes, e a própria existência de classes entre elas costuma ser ignorada [...]. Se os Negros fossem por eles mesmos[,] prevaleceriam, por ora, ou um forte sistema aristocrático ou uma ditadura. No entanto, com a democracia prematuramente imposta sobre eles, o primeiro impulso dos melhores, dos mais sábios e dos mais ricos é segregarem-se das massas [...] é natural que os Negros bem-educados e abastados se sintam muito acima dos criminosos e das prostitutas da rua Sete e da Lombard Street, e mesmo acima das criadas e bagageiros da classe média de trabalhadores. Até o momento, justificam-se [...].[40]

David Levering Lewis argumenta que o que forçou a elite negra a parar de se conceber como um grupo separado foi o fato de a cortina de cor, com sua discriminação social e revogação de direitos políticos, ter por fim caído sobre a elite negra como havia caído sobre as pessoas pretas pobres.[41] Mais do que tudo, foi essa espécie de opressão negra com cegueira de classe que cimentou a união da raça. Como Du Bois concluiu no mesmo parágrafo de *O negro da Filadélfia*:

Até o momento, justificam-se; mas cometem um erro quando não conseguem reconhecer que, por mais louvável que possa ser a ambição de ascender, o principal dever de uma classe alta é servir às classes mais baixas. As aristocracias de todos os povos têm aprendido isso lentamente e talvez o Negro não seja mais lento que o restante, mas sua situação peculiar requer que, no seu caso, a lição seja aprendida mais cedo.[42]

Apenas 10% das pessoas pretas eram livres em 1860, o que deve ter sido a fonte da ideia do Décimo Talentoso. Assim como a escancarada divisão de classes entre a comunidade negra e a comunidade branca, a estrutura de classes negra sempre foi desigual nos Estados Unidos, e, contrariando nossas expectativas no movimento pelos direitos civis e no Movimento Black Power, essa divisão de classes interna não mudou até hoje, apesar das tremendas conquistas de tantos entre nós que puderam tirar alguma vantagem das ações afirmativas de educação e emprego. Eu digo "tantos entre nós", mas, é claro, isso também significa que não chegamos *nem perto de ser suficientes*. O sucesso de uma classe dentro da comunidade negra se daria à custa de outra? A obra inteira de Du Bois lida com a ideia de que as pessoas pretas são um só povo, e ao mesmo tempo não são, que nós ascendemos e caímos juntos, mesmo quando alguns entre nós alcançam alturas maiores.

5. A "verdadeira arte do passado de uma raça": Arte, propaganda e o Novo Negro

O Renascimento do Harlem foi um período na década de 1920 em que as criações literárias e artísticas se tornaram cruciais na luta pelos direitos civis; David Levering Lewis, biógrafo de W. E. B. Du Bois, chamaria esse momento de "direitos civis por direitos autorais".[1] As raízes do Renascimento do Harlem podem ser traçadas desde a última década do século XIX, e uma mulher em particular, Victoria Earle Matthews, desempenhou um grande papel nessa cena. Matthews representa a ligação entre o discurso racial do Iluminismo e das décadas de 1840 e 1850 e aquilo que veio a se tornar, nos anos 1920, o Renascimento do Harlem ou do "Novo Negro".

Matthews nasceu Victoria Earle no ano de 1861, em Fort Valley, Geórgia. Sua mãe, Caroline Smith, foi uma mulher escravizada, e é possível que o pai de Victoria tenha sido o escravizador. Caroline fugiu para Nova York durante a Guerra Civil e voltou para buscar sua família em 1873. Então, a família se mudou para a cidade de Nova York. Victoria frequentou a Grammar School 48, mas teve que abandonar os estudos porque a família não pôde continuar a arcar com os custos de sua educação. Trabalhou como doméstica enquanto estudava por conta própria. Aos dezoito anos, ela se casou com William Matthews, e o casal teve um filho. O casamento deles não foi feliz.[2]

Matthews era uma escritora prolífica. Ela contribuiu para grandes jornais, incluindo *The New York Times*, e foi correspondente dos periódicos negros *The New York Age*, *The Washington Bee* e *Richmond Planet*. Também escreveu ensaios biográficos para o *New York Weekly*, para a *Waverly Magazine* e para o *Family Story Paper*. Publicou o conto "Aunt Lindy: A Story Founded on Real Life" [Tia Lindy: Uma história baseada na vida real] no *AME Church Review* em 1889.[3]

Matthews também era organizadora. Em 1892, cofundou, ao lado de Maritcha Lyons e outras mulheres pretas proeminentes, a União Leal das Mulheres de Nova York e do Brooklyn, para apoiar Ida B. Wells, que agradeceu as mulheres por ajudarem a financiar o pequeno impresso *Southern Horrors* [Horrores do Sul] (1892). A historiadora Val Marie Johnson considera a União Leal das Mulheres como "um trampolim para a organização da Associação Nacional das Mulheres de Cor", que encontra suas raízes na primeira Conferência Nacional das Mulheres de Cor, convocada por Josephine St. Pierre Ruffin em Boston, em julho de 1895. A partir dessa conferência, foi fundada a Federação Nacional de Mulheres Afro-Americanas, que se uniu a outro grupo, a Liga Nacional das Mulheres de Cor, para formar a Associação Nacional das Mulheres de Cor (NACW) em 1896. Matthews foi escolhida como presidente do conselho executivo da NACW.[4]

Foi nessa conferência em Boston que Matthews apresentou seu influente ensaio "The Value of Race Literature" [O valor da literatura racial] em um discurso. O ensaio começa com uma epígrafe de Ralph Waldo Emerson:

Se o homem negro carrega no peito o indispensável elemento de uma nova e vindoura civilização, graças a esse elemento, não há dinheiro, força ou circunstância que possam feri-lo; ele sobreviverá e cumprirá seu papel [...]. Se temos um *homem*, negro ou branco nada significa. O intelecto, sim, é milagroso![5]

Emerson, então, acreditava que a produção intelectual e artística poderia compensar o preconceito de cor. Matthews argumentou que essa produção estava acontecendo na literatura: "O que é brilhante, esperançoso e encorajador é, de fato, a fonte de uma escola original da literatura racial, da psicologia racial, de fortes possibilidades, um amálgama necessário para essa grande raça americana do futuro".[6]

Além de Emerson, Matthews também menciona Antonín Dvořák, o compositor clássico que, de 1892 a 1895, foi diretor do Conservatório Musical Nacional da cidade de Nova York. Lá, ele conheceu Harry Burleigh, estudante negro e solista na Igreja Episcopal St. George, de resto exclusivamente branca e de elite. Burleigh apresentou os spirituals para Dvořák. Em 1893, inspirado por essas canções de pesar, como diz Du Bois, Dvořák compôs sua peça musical mais famosa, Sinfonia nº 9, *From the New World* [Do Novo Mundo], que seria reconhecida como a maior obra original na história da música clássica estadunidense. Dvořák disse:

> Sinto-me ora satisfeito que o futuro da música deste continente possa ser fundado sobre as chamadas melodias Negras [...]. Nas melodias Negras da América, descobri todo o necessário para uma grande e nobre escola de música. São melodias comoventes, ternas, apaixonadas e melancólicas, solenes, religiosas, corajosas, felizes, alegres, agradáveis, ou o que se queira. É uma música que cabe em qualquer trabalho ou proposta. Não há nada em todo o espectro composicional que não possa encontrar uma fonte temática nela.[7]

Quando citou a entrevista de Dvořák de 21 de maio de 1893,

publicada na edição de domingo do *New York Herald*, Matthews modificou uma ou duas palavras, mas o significado foi conservado.

Matthews usa as declarações de Dvořák sobre a originalidade da música negra estadunidense para endossar sua reivindicação de uma nova literatura racial, criada por pessoas africano-americanas a partir da mesma fonte das experiências que influenciaram os spirituals Negros. "A literatura racial", ela escreveu, é "uma necessidade de dissipar o ódio evocado pelo termo pessoas 'de cor'." As experiências das pessoas pretas e a luta contra o racismo são "a fonte de uma escola original da literatura racial, da psicologia racial, de fortes possibilidades" para o progresso da raça e, portanto, pelo fim do racismo.[8]

Prenunciando um argumento que James Weldon Johnson apresentaria em 1922, quando reivindicaria o que se tornou o Renascimento do Harlem, Matthews citou os exemplos de dois grandes escritores negros estrangeiros para mostrar que, por meio da literatura, as pessoas pretas poderiam superar o preconceito racial: Aleksandr Púchkin, universalmente aclamado como o pai da literatura russa (ele foi morto em um duelo em 1837), cujo pai da avó materna era um africano negro; e Alexandre Dumas, autor dos romances extraordinariamente populares *O conde de Monte Cristo* e *Os três mosqueteiros*, ambos publicados em 1844, o mesmo ano em que Emerson apresentou seu discurso. A mãe do pai de Dumas era haitiana, de ascendência africana e francesa. Púchkin e Dumas, birraciais mas negros, como Frederick Douglass, haviam mostrado que grandes realizações — e o sucesso entre o público branco — eram possíveis.

Matthews argumenta que essa nova e elevada literatura racial ("um escape para as vidas íntimas extraordinariamente suprimidas que o nosso povo tem sido compelido a levar") seria capaz de "afastar o tradicional Negro dialetal — o subordinado, o criado — da posição de representante de uma 'raça' que ora se encontra na casa dos milhões", o típico estereótipo do "escurinho", tão frequentemente retratado em espetáculos de menestréis, nos palcos de vaudeville e em imagens de Sambo — uma figura, como diz Matthews, que transmite "covardia, uma negação de si e falta de responsabilidade". Em outras palavras, aqui Matthews parece concordar que há alguma verdade nos estereótipos do Velho Negro. As representações de um Novo Negro, na visão dela, poderiam ser usadas para promover a causa das classes negras média e alta em seus esforços de proteger pelo menos seus próprios direitos como cidadãos, ainda que não pudessem proteger os direitos das massas negras.[9]

Aqui vemos mais uma vez a grande importância política da literatura. Desde o Iluminismo, temos visto o poder de persuasão da escrita em debates sobre o lugar do africano na natureza; alguns desses argumentos eram, é claro, extremamente racistas, como no caso de Kant e Jefferson. Esses argumentos continuaram a influenciar a agitação em torno da abolição da escravidão até a descoberta do movimento abolicionista do poder do testemunho de pessoas ex-escravizadas como Frederick Douglass no gênero das narrativas da escravidão, o que se confirma no poderoso discurso de Emerson citado por Victoria Earle Matthews. Por acaso, Emerson havia apresentado esse discurso em um comício antiescravista em Concord, Massachusetts, no ano de 1844, com Frederick Douglass sentado atrás dele no palco.

Daniel A. P. Murray, o primeiro bibliotecário assistente negro do Congresso, disse: "A verdadeira prova do progresso de um povo pode ser encontrada em sua literatura".[10] O primeiro Renascimento Literário do Novo Negro começou por volta da mesma época em que Du Bois havia utilizado a fotografia como arma na guerra de redefinição da imagem do Novo Negro em sua exposição na Feira de Paris em 1900. No mesmo ano, o Novo Negro original, Booker

T. Washington, publicou *A New Negro for a New Century* [Um Novo Negro para um novo século], livro de ensaios sobre o fenômeno assinado por várias autorias negras, incluindo seu futuro inimigo, Du Bois. Um ano depois, em 1901, o crítico literário negro de Boston, William Stanley Braithwaite, declarou: "Estamos no início de um renascimento 'negroide' [...] que, a seu tempo, terá tanta importância na história da literatura como as tão faladas e louvadas renascenças céltica e canadense".[11]

Três anos depois, em um ensaio intitulado "The New Negro Literary Movement" [Movimento literário do Novo Negro], publicado em *The African Methodist Episcopal Church Review*, William H. A. Moore disse que o trabalho de três grandes escritores negros — os poemas de Paul Laurence Dunbar, *As almas do povo negro* de W. E. B. Du Bois e os romances e contos de Charles W. Chesnutt — tinham uma qualidade tão superior que já constituíam o renascimento que Braithwaite havia antecipado. Afirmações sobre esse Movimento Literário do Novo Negro surgiram acompanhadas de novos artigos sobre a natureza do "Novo Negro" e da "Nova Negra", ambos publicados no mesmo ano, em 1904, na revista *The Voice of the Negro*.

A metáfora do Novo Negro era um poderoso construto, uma tábula rasa ou um significante que ideologias diferentes — e até contraditórias —, como o nacionalismo e o socialismo negro, poderiam preencher conforme seus propósitos políticos ou propagandísticos (e de fato foi o que fizeram). É importante notar que esses vários movimentos do Novo Negro entre 1900 e 1925 aconteceram no contexto da Grande Migração, quando milhões de meeiros negros e pobres da região rural migraram para as cidades do Sul e para os centros industriais do Norte, criando duas classes distintas de pessoas pretas nas áreas urbanas. De fato, a população de pessoas pretas no Norte quase triplicou entre 1910 e 1930, subindo de 484 176 em 1910 para 1 146 985 em 1930.[12]

O Harlem, na cidade de Nova York, nem sempre foi a meca Negra que James Weldon Johnson consagraria mais tarde. Em 1910, o Harlem ainda era uma comunidade majoritariamente branca: de sua população total de 181 949, 90,1% era composta de pessoas brancas, e 9,89% de pessoas pretas. Uma década depois, em 1920, o Harlem ainda era predominantemente branco, mas os números estavam mudando. Com uma população total de 216 026 pessoas, o bairro era apenas 67,47% branco. Mas nos anos 1930, durante o Renascimento do Harlem, sua população de 209 663 sofreu uma transformação (e uma queda), tornando-se 70,18% negra e apenas 29,43% branca. A população negra cresceu como resultado da migração de pessoas pretas pobres do Sul, ao lado de, em menor grau, migrantes oriundos do Caribe.[13]

Como os escritos de Chesnutt e Du Bois mostraram, as pessoas pretas cujas famílias viviam no Norte por gerações nem sempre recebiam bem os migrantes sulistas. Os autodefinidos Novos Negros se viam como uma elite cosmopolita nortista que poderia se integrar na sociedade estadunidense, enquanto "as massas negras lentas" (como o diretor de pesquisas da Liga Urbana Nacional, Charles S. Johnson, a primeira pessoa preta a obter um doutorado em sociologia na Universidade de Chicago, ao lado de Alain Locke, uma das "parteiras" proverbiais do Renascimento do Novo Negro, chamariam os migrantes) não podiam.[14] Em outras palavras, o Movimento do Novo Negro era todo sobre classe, sobre diferenças de classe dentro da comunidade negra.

Mas o movimento também tratava de política. A metáfora do Novo Negro ressurgiu como um conceito mais explicitamente político no fim do período 1910-9. No fim da Primeira Guerra Mundial, o movimento negro socialista aproveitou a metáfora para declarar um novo dia na história do país, em que as pessoas pretas combateriam seus opressores com armas, inspiradas pelo fato de que os homens pretos tinham servido na guerra e foram tratados de igual para igual pelas pessoas brancas na Europa. Por que deveriam retornar depois de arriscar a vida e aceitar passivamente o racismo da segregação Jim Crow? Para os socialistas, conduzidos por A. Philip Randolph, o Novo Negro era um guerreiro: "a legítima defesa devia ser aceita como algo natural".[15] Todo o resto eram Velhos Negros, inclusive Du Bois, Washington e Marcus Garvey.

Mas Garvey, o pai do movimento de retorno à África, também se apresentou como um Novo Negro. Garvey disse, em um discurso em outubro de 1919, na sequência do sangrento "Verão Vermelho":*

> O Novo Negro, apoiado pela Associação Universal para o Aprimoramento do Negro, está determinado a devolver a África para o mundo, e vocês, crianças africanas em Newport News, vocês, crianças da Etiópia, eu quero que vocês saibam que o chamado, agora, é feito a vocês. O que vocês vão fazer? Vocês unirão suas forças, moral e financeiramente, com outros Negros do mundo para que possamos travar uma única batalha rumo à vitória?

Na visão de Garvey, era uma questão de liberdade ou morte:

> A guerra deve continuar; mas a guerra não será na França ou em Flandres, a guerra terá lugar nas planícies africanas, e então decidiremos de uma vez por todas em um futuro muito próximo se os homens negros nasceram para ser criados e escravos ou se os homens negros nasceram para ser livres.[16]

Os líderes da raça, incluindo James Weldon Johnson, temiam a militância dos socialistas negros e dos nacionalistas negros culturais e políticos de Marcus Garvey. De qualquer forma, eles adotaram

---

* Referência a um período de revoltas raciais e conflitos violentos entre comunidades estadunidenses brancas e negras em 1919. (N. T.)

o conceito do Novo Negro, destituindo-o de seu conteúdo explicitamente político e transformando-o em um movimento artístico que, pensaram eles, poderia surtir um efeito político implícito.

Charles S. Johnson, líder da Liga Urbana Nacional; Alain Locke, que ganhou três diplomas de Harvard, incluindo o primeiro doutorado em filosofia concedido a uma pessoa preta, e que foi a primeira pessoa preta agraciada com a bolsa de estudos Rhodes; e o grande Du Bois, representando a NAACP, decidiram trabalhar juntos para declarar guerra contra o racismo antinegro em um front totalmente diferente daqueles defendidos pelos Novos Negros socialistas e pelos Novos Negros garveystas. A arte atestaria a igualdade intelectual do Negro e a reivindicação do Negro aos direitos naturais do homem.

Esses líderes, no início dos anos 1920, reivindicaram um "Renascimento do Novo Negro", um renascimento que seria baseado no Harlem, que se tornou, em 1925, a capital do mundo negro, pelo menos em um sentido cultural. James Weldon Johnson consagrou a imagem da meca negra em seu livro *Black Manhattan* [Manhattan negra] (1930). No tópico sobre a literatura racial, Johnson, no prefácio de seu *The Book of American Negro Poetry* [O livro da poesia Negra estadunidense] (1922), Jonhson endossou Victoria Earle Matthews:

> Um povo pode se tornar grande por vários meios, mas existe apenas uma medida pela qual sua grandeza é admitida e reconhecida. A medida definitiva da grandeza de todos os povos é a quantidade e a qualidade de sua produção literária e artística. O mundo não sabe que tal povo é grande até que esse povo produza uma grande literatura e uma grande arte. Nenhum povo que tenha produzido uma grande literatura e uma grande arte jamais foi considerado distintamente inferior pelo mundo.
>
> A posição do Negro nos Estados Unidos é mais uma questão de atitude mental em direção à raça do que uma condição real. E nada

fará mais para mudar essa atitude mental e elevar sua posição do que uma demonstração de paridade intelectual por parte do Negro por meio da produção literária e artística.[17]

As palavras de Johnson se transformaram em um grito de guerra.

O Renascimento do Harlem despontou oficialmente na forma de uma enorme antologia amplamente anunciada e resenhada chamada *The New Negro* [O Novo Negro], organizada por Alain Locke e publicada com ilustrações em cores em 1925. A Liga Urbana Nacional e a NAACP, por meio de suas revistas, *Opportunity* e *The Crisis*, começaram a organizar competições com prêmios em dinheiro entregues em jantares formais deslumbrantes nos quais os escritores e editores brancos mais famosos do país se reuniam para homenagear seus mais famosos escritores e artistas negros, como Langston Hughes, Jean Toomer, Countee Cullen e Zora Neale Hurston.

Foi uma época inebriante. Hughes disse que os Negros criavam arte e literatura como se sua vida dependesse disso. Mas ele também escreveria mais tarde que, se houve um renascimento, o cidadão negro médio do Harlem nunca ouviu falar disso.

Aí está o problema. O Renascimento do Harlem produziu alguns dos maiores escritores e artistas negros da história literária africano-americana, como Claude McKay, que migrou das Índias Ocidentais para o Harlem e que mais tarde inspiraria uma nova geração de escritores nos anos 1960, no Movimento das Artes Negras. O Renascimento também encorajou os artistas negros a olharem para a África como uma fonte de inspiração artística, quando muitas pessoas pretas associavam os mesmos estereótipos à África nos quais as pessoas brancas acreditavam. Ainda assim, para os escritores do Renascimento do Harlem, a arte africana nunca se tornou um princípio estruturador, mantendo-se na superfície, um tema, como pôr palmeiras e búzios no plano de fundo de uma paisagem. A África, para essas mulheres e homens pretos, era uma fonte imagética, o lar dos tambores. Vejamos, por exemplo, o poema "Heritage" [Herança], de Countee Cullen:

> *What is Africa to me:*
> *Copper sun or scarlet sea,*
> *Jungle star or jungle track,*
> *Strong bronzed men, or regal Black*
> *Women from whose loins I sprang*
> *When the birds of Eden sang?*
> *One three centuries removed*
> *From the scenes his fathers loved,*
> *Spicy grove and cinnamon tree,*
> *What is Africa to me?*[18]*

Esse modo de representação é chamado de "primitivismo". Duke Ellington batizou sua banda de jazz original de Jungle Band, e havia a famosa Jungle Alley no Harlem, com seus clubes noturnos, como era conhecida a rua 133. Na turnê parisiense de *La Revue Nègre*, Josephine Baker interpretou uma princesa africana que morava na selva, vestida somente com uma saia de bananas muito fálicas. A África foi um modismo, e até mesmo uma questão de moda, para os artistas do Renascimento do Harlem, um lugar que identificavam como uma origem, mas no qual nunca se situavam. Muito poucos artistas negros da época chegaram a visitar a África. (Mas Marcus Garvey também nunca esteve lá.)

---

* Em inglês no original: "O que é a África para mim:/ Sol de cobre ou rubro mar,/ Estrela ou estrada da selva,/ Homens fortes bronzeados, ou régias mulheres/ Negras de cujos ventres nasci/ Quando cantavam os pássaros do Éden?/ Três séculos afastado/ Das amadas cenas paternas,/ Arvoredo temperado, de canela,/ O que é a África para mim?". (N. T.)

No entanto, os objetivos elevados do Renascimento não tinham chance. A arte nunca foi capaz de libertar um povo. Shakespeare foi produzido pelo poder político e econômico da Inglaterra elizabetana, que se seguiu à formidável vitória da Inglaterra sobre a Armada Espanhola em 1588. *Hamlet* não libertou a Inglaterra; a Inglaterra, podemos dizer, libertou Shakespeare e *Hamlet*. Púchkin emergiu da estabilidade e da prosperidade produzidas por Pedro, o Grande, o mesmo imperador que comprou e escravizou seu bisavô africano para mais tarde libertá-lo e condecorá-lo general.

O Renascimento do Harlem, composto de cerca de cinquenta escritores e artistas, buscava criar uma vanguarda de escritores e intelectuais da elite. O próprio Du Bois reproduziu esse julgamento em relação ao significado e às limitações do Renascimento na conferência anual da NAACP em junho de 1926, um ano depois da afirmação ridícula do jornalista branco Heywood Broun, responsável pelo discurso de abertura de um jantar literário da Liga Urbana de Nova York em 1925, de que apenas a chegada de um Shakespeare negro ou de um Dante negro de fato libertaria a raça. Du Bois falou francamente para esses mesmos escritores que, em sua maioria, se encontravam na plateia quando Broun havia falado um ano antes: "Nós temos, é verdade, alguns artistas Negros reconhecidos e bem-sucedidos; mas nem todos são capazes de sobreviver, nem uma boa minoria deles".[19]

Du Bois não nomeou esses artistas ou seus trabalhos. Eu diria que *Cane* [Bengala], publicado por Jean Toomer em 1923, é uma obra-prima, e que "The Weary Blues" [O blues cansado] e "Fine Clothes to the Jew" [Roupas finas para o judeu], escritos por um jovem Langston Hughes, e *God's Trombones* [Os trombones de Deus], por James Weldon Johnson, também são exemplos incomparáveis da bem-sucedida transformação das formas vernaculares em uma dicção literária formal, como James Weldon Johnson havia previsto em seu manifesto de 1922. Outras obras inovadoras, como "Southern Road" [Estrada do Sul], de Sterling Brown, publicado em 1931, e *Seus olhos viam Deus*, de Zora Neale Hurston, publicado em 1937, foram criadas muito depois do fim do Renascimento, mas há extensões, variações intertextuais, das técnicas que Hughes e Johnson desenvolveram. Outros críticos, é claro, terão suas listas de obras produzidas na década de 1920 e que foram realizações estéticas sofisticadas.

Du Bois citou três motivos para as limitações artísticas do Renascimento do Harlem. Primeiro, muitos artistas negros não tinham superado seus sentimentos ambíguos em relação à história negra: "aquele passado, do qual nos envergonhamos por tantos anos, pelo qual nos desculpamos. Pensamos que não haveria nada desse passado de que gostaríamos de lembrar, que desejaríamos transmitir aos nossos filhos". Mas ele admitiu: "com algum acanhamento, nós estamos começando a ter orgulho dele".

Segundo, Du Bois criticou a própria premissa do Renascimento, afirmando que seu principal impacto político não poderia ser realizado se os escritores criassem uma arte apolítica; que os direitos civis enquanto arte seriam mais efetivos que os direitos civis enquanto política.

> Eles sussurram: "Aqui há uma saída. Aqui está a verdadeira solução para o problema da cor. O reconhecimento concedido a Cullen, Hughes, Fauset, White e outros mostra que não há de fato uma linha de cor. Fiquem quietos! Não reclamem! Trabalhem! Tudo ficará bem!". Não direi que esse coro forma uma conspiração. Talvez eu seja naturalmente desconfiado. Mas direi que, hoje, um número surpreendente de pessoas brancas encontra grande satisfação nesses jovens escritores Negros porque eles pensam que tudo isso vai cessar a agitação em torno da questão do Negro.

Essas pessoas, Du Bois continua, só querem a arte negra criada, nas palavras dele, por "um Pai Tomás, uma Topsie, pelos bons 'escurinhos', por palhaços".

E terceiro, disse Du Bois: "Nós temos vergonha" — vergonha de ser negros, vergonha de nós mesmos, vergonha de revelar nossa plena humanidade como a cultura negra vernacular faz. A classe média negra, ele continuou, tem vergonha "do sexo e baixamos os olhos quando as pessoas falam disso. Nossa religião nos prende a superstições. Nossa pior faceta foi tão vergonhosamente enfatizada que negamos possuir uma faceta ruim. Somos limitados", Du Bois conclui, "de muitas formas", pela escolha do tema e da linguagem, e assim "nossos jovens artistas precisam lutar para encontrar o caminho da liberdade",[20] o que, para ele, escrevendo no auge do Renascimento do Harlem, esses escritores ainda não haviam feito.

JAZZ: "NEGRO — E BELO"

Na minha visão, os grandes artistas negros dos anos 1920 não foram os escritores ou pintores, mas os músicos de jazz. Sua arte incorporava tanto o folclore negro como as tradições vernaculares negras, emergindo da clandestinidade, o mesmo lugar de onde emergiram "Shine e o *Titanic*" e o "Macaco Significador", nas ruas das comunidades de classe baixa, nos cabarés, adegas clandestinas e bodegas. Essa arte nasceu diante dos olhos ou debaixo do nariz, pés e ouvidos dos intelectuais e escritores do Renascimento do Harlem, em grande parte tão determinados a agradar patronos e leitores brancos de classe média, reais ou imaginários, que eram surdos aos sons dessa espantosa revolução artística que ocorria ao seu redor.

Langston Hughes foi um dos poucos escritores do Renascimento a compreender o potencial do jazz de servir como fundação para uma nova estética das formas literárias negras, especialmente na criação de uma nova dicção poética, como ele buscou demonstrar — com sucesso, creio eu — em seus dois primeiros livros de poesia. Ele expressou esse ponto de forma eloquente — e controversa — em seu ensaio "The Negro Artist and the Racial Mountain" [O artista Negro e a montanha racial], sua réplica ao ensaio do então jornalista radical George Schuyler, "The Negro-Art Hokum" [A falácia da arte Negra], ambos publicados em *The Nation* em 1926.

Observando a criação do jazz (e também outras formas vernaculares, como os spirituals, o blues e o charleston),* Schuyler argumenta que "essas são contribuições de uma casta em determinada região do país. São estrangeiras", ele afirma, "aos Negros nortistas, aos Negros das Índias Ocidentais e aos Negros africanos". Em outras palavras, ele continua, são produtos artísticos do "campesinato do Sul" e de forma alguma "representam ou caracterizam a raça Negra". São expressões artísticas regionais e fundamentadas em uma classe, não são étnicas ou o são apenas de modo incidental. Ele conclui que "o aframericano é tão só um anglo-saxão escurecido", fundamentalmente igual, em todos os aspectos significativos, ao seu vizinho branco. Para Schuyler, o "ambiente", a "nacionalidade" e a "educação" sempre superam a raça, pois, como ele afirma, "o seu Negro americano é apenas americano". E sobre o chamado "grande renascimento da arte Negra então prestes a acontecer, apenas aguardando para entrar em cena", no qual "novas formas artísticas expressa[riam] a 'peculiar' psicologia do Negro", ele diz de maneira devastadora: "Os céticos esperaram com resignação. E ainda esperam".[21]

Hughes defendeu ferozmente o jazz:

O jazz é, para mim, uma das expressões inerentes da vida Negra na América: o eterno bater dos tambores na alma Negra [...] o som da revolta contra o cansaço em um mundo branco, um mundo de trens subterrâneos e trabalho, trabalho, trabalho; o som da alegria e das

---

* Dança surgida nos Estados Unidos por volta da década de 1920, dançada pelas coristas nos cabarés. (N. T.)

risadas, da dor deglutida em um sorriso. Ainda assim, uma clubista da Filadélfia [talvez uma alfinetada na mãe de Alain Locke, uma mulher com fama de conservadora] tem vergonha de dizer que sua raça o criou e não gosta que eu escreva sobre o assunto. O velho subconsciente de que "o branco é melhor" domina sua mente. Anos de estudos com professores brancos, uma vida inteira de livros, imagens e jornais brancos, modos, morais e padrões puritanos brancos fizeram-na desgostar dos spirituals. E agora ela torce o nariz para o jazz e para todas as suas manifestações — como para quase tudo o mais que seja distintamente racial [...]. Ela quer [...] que o mundo branco acredite que todos os Negros são arrogantes e quase tão brancos de alma como ela deseja ser. Mas, para mim, é dever do jovem artista Negro [...] transformar, por meio da força de sua arte, aquelas velhas palavras sussurradas, "Eu quero ser branco", ocultas nas aspirações de seu povo, em "Por que eu desejaria ser branco? Eu sou Negro — e belo".[22]

Mas, no melhor dos casos, Hughes era uma voz minoritária, que os líderes e influenciadores do gosto e da clientela na época do Renascimento não podiam nem iriam ouvir. "Que o retumbar das bandas Negras de jazz e a poderosa voz de Bessie Smith cantando blues", Hughes conclui, "penetrem nos ouvidos cerrados dos pretensos intelectuais de cor até que ouçam e talvez compreendam." Que esses artistas sublimes, ele diz, "façam a presunçosa classe média negra tirar os olhos de seus livros e jornais brancos, respeitáveis e banais para ter um vislumbre de sua própria beleza".[23]

A antologia *The New Negro* continha apenas um ensaio sobre jazz, "Jazz at Home" [Jazz em casa], escrito pelo autodidata Joel A. Rogers, que basicamente dizia que o jazz "vulgarizava" e, portanto, precisava do que ele chamou de "um crescimento mais saudável" para atingir seu máximo potencial. Assim, ele conclui, nós temos que "tentar elevá-lo e conduzi-lo em trajetórias mais nobres".[24]

FOLCLORE: CONTANDO E RECONTANDO

Essa atitude é similar àquela encontrada em debates da época sobre a coleta e preservação do folclore Negro.[25] Afinal, o Compadre Coelho e o Compadre Urso seriam resquícios da ignorância e do primitivismo de pessoas escravizadas analfabetas ou seriam dignos de coleta, estudo e admiração? Esse debate coincidiu com questionamentos sobre a relação do Negro estadunidense com a África. O negro estadunidense era um "africano" estadunidense ou a terrível, inclemente e mortal Passagem do Meio teria apagado a África da memória da pessoa escravizada?

O debate não era novo. No dia 25 de maio de 1894, como parte de um programa abrigado pela Sociedade Folclórica de Hampton, a acadêmica negra pioneira Anna Julia Cooper fez um discurso na Hampton Normal School (hoje Universidade Hampton) e certamente foi a primeira intelectual negra feminista a defender a importância do folclore Negro. Seus comentários se provariam prescientes, definindo os termos do debate sobre a natureza e a função desse corpo de tradição oral e sua relação com o progresso social e o status político de um povo emergente, então "saído da escravidão" havia apenas vinte anos. Em sua palestra, impressa na edição de julho da revista *Southern Workman*, Cooper fundamentou com habilidade o cerne de seu argumento a favor da preservação do folclore Negro em termos de "originalidade":

A emancipação do modelo é necessária. A cópia servil antevê a mediocridade: rompe o nervo da alma. O Negro americano é incapaz de produzir um discurso original quando não reconhece o caráter sagrado de sua herança doméstica. [...] O instinto criativo deve ser despertado por um respeito benéfico diante dos pensamentos mais próximos. E, para mim, é de vital importância para o Negro americano o estudo de seu próprio folclore. Suas canções, superstições, tradições, histórias, são o legado deixado pela imagética do passado. Esse legado deve ser capturado, cultivado e trabalhado em suas pinturas. [...] O Negro também é um pintor.[26]

Dificilmente poderia ter sido elaborado um argumento mais corajoso em favor da natureza e da função do folclore estadunidense, e Cooper apresentava esse argumento pouco menos de um ano depois do surgimento daquilo que se tornaria, após seu lançamento na edição de dezembro de 1893, uma coluna regular sobre folclore e etnologia nas páginas da revista. Naquele novembro, a primeira sociedade Negra folclórica havia sido fundada em Hampton, sob a direção de uma administradora branca visionária, Alice M. Bacon, como um braço da Sociedade Folclórica Americana, que havia sido fundada em 1888. Alunos e ex-alunos foram convidados a contribuir com o jornal com exemplos do tradicional folclore Negro, o que os encorajou a transcrever histórias que coletavam ou das quais se lembravam. Em consequência, *The Southern Workman*, na virada do século e em boa parte do século XX, foi um arquivo ou laboratório vivo do folclore Negro, e seus leitores se tornaram seus informantes e documentaristas.

A defesa de Cooper da importância crucial da coleta do folclore Negro pode soar em desacordo com o movimento da "política da respeitabilidade", com sua ardente reivindicação pela renúncia (nos modos, hábitos, condutas, comportamentos e especialmente no inglês falado) de um passado escravista, mesmo diante das tentativas de preservar a herança cultural das pessoas ex-escravizadas. Mas, como o antropólogo Lee D. Baker explica, Alice M. Bacon e outras figuras-chave na ascensão da Sociedade Folclórica de Hampton acreditavam que, por meio da coleta do folclore Negro, seria possível medir o progresso dos africano-americanos, com a ajuda de instituições como Hampton, desde a Emancipação, ao mesmo tempo preservando os traços únicos de um legado cultural que remontava à época da escravidão e à África. Baker escreve em *Anthropology and the Racial Politics of Culture* [Antropologia e a política racial da cultura] (2010):

> Os professores e alunos do Instituto Normal e Agrícola de Hampton formaram a sociedade para recuperar e registrar as práticas culturais dos negros rurais a fim de demonstrar que a educação industrial conseguiu promover a chamada civilização cristã de seus alunos — em parte usando o folclore para avaliar a parcela de herança africana que ainda precisava ser erradicada.[27]

De um lado, então, determinado segmento da comunidade africano-americana considerava o folclore Negro, como o dialeto, um remanescente discursivo da escravidão, um constrangimento cultural e social, que era melhor ser deixado para trás, no Sul pré--Guerra Civil. De outro, Baker explica, os comentários de Cooper revelaram que,

> ainda na formação da primeira sociedade folclórica negra, alguns africano-americanos compreendiam que o folclore poderia fornecer uma interpretação positiva de sua herança africana ou uma base científica para identificar e preservar sua cultura distintiva.[28]

Nos anos 1920, três décadas depois de Cooper ter apresentado seus comentários incisivos, a coleta do folclore Negro se tornou lugar-comum, embora não livre de controvérsias. Várias coletâneas importantes foram publicadas na época, incluindo *Negro Folk Rhymes* (*Wise and Otherwise*) [Rimas folclóricas negras (sábias ou não)], de Thomas W. Talley, em 1922, e *Folk-Lore of the Sea Islands* [Folclore das Ilhas do Mar], de Elsie Clews Parsons, em 1923.[29] Parsons, uma defensora da coleta do folclore Negro, encomendou e organizou catorze edições do *Journal of American Folklore*, dedicadas ao folclore africano e africano-americano, em sua função como editora associada do jornal. Em 1925, o antropólogo negro pioneiro Arthur Huff Fauset publicou "Negro Folk Tales from the South (Alabama, Mississippi, Louisiana)" [Contos folclóricos negros do Sul (Alabama, Mississippi, Louisiana)] na coletânea *The New Negro*,[30] seguido, em 1931, pelo livro *Black Gods of the Metropolis* [Os deuses negros da metrópole].[31]

Em seu ensaio publicado na coletânea, Fauset enfatizou a necessidade de preservação, por parte da comunidade africano-americana, de uma diversidade mais ampla e mais autêntica do folclore Negro, para além dos contos popularizados — e em parte, ele afirmou, distorcidos por — Joel Chandler Harris. Ele também compilou uma bibliografia essencial de materiais sobre folclore para o livro. Fauset sabia que o status do folclore negro era um assunto bem controverso entre críticos e escritores negros. Primeiro, ele argumentou que o folclore Negro era "baseado nos contos folclóricos originais dos escravos africanos",[32] uma declaração polêmica, uma posição perigosa para os que duvidavam do status das culturas criadas pelas pessoas pretas na África e que argumentavam com veemência que a posição subjugada do Negro estadunidense na sociedade era resultado dos efeitos nocivos da escravidão, que não tinha nada a ver com o lugar da África e dos africanos na escala da civilização mundial. E elas também acreditavam que as associações com a África de fato rebaixavam a posição do Negro estadunidense.[33]

Fauset foi adiante, defendendo os efeitos evidentes da valorização do folclore Negro, bem naquele momento crucial em que os escritores negros usavam a cultura, em especial as artes verbais, escritas e orais, como evidência prima facie de que as pessoas pretas eram intelectualmente equivalentes às pessoas brancas e, portanto, dignas de todos os direitos e privilégios concedidos pela cidadania estadunidense:

O grande armazém do qual foram colhidos, o tesouro da tradição folclórica que o Negro americano herdou de seus antepassados africanos, é pouco conhecido. Essa tradição rivaliza em número e qualidade com a tradição de qualquer povo na face da terra, e não se resume às histórias da estirpe de Tio Remus, mas inclui uma ampla diversidade de formas narrativas, lendas, sagas, canções, provérbios e materiais fantásticos, quase míticos. [...] Não é necessário lançar mão do sentimento para dar-se conta da magistral qualidade de alguns contos Negros: é tão só necessário lê-los [...]. A antiguidade e a autêntica ancestralidade da tradição folclórica Negra fazem dela um assunto apropriado para o folclorista científico, e não para o literato amador [como Joel Chandler Harris, que ele cita anteriormente]. O etnólogo, o filólogo e o estudante da psicologia primitiva é que se fazem mais necessários para sua atual investigação.[34]

Em ensaio publicado em 1965, intitulado "Why I Returned" [Por que retornei], Arna Bontemps aponta para a posição do folclore africano-americano como um tropo e como símbolo em uma batalha maior que havia ocorrido no interior da classe média negra sobre "raízes", origens, cultura vernacular, modernismo, identidade cultural e mobilidade social desde os debates sobre a política da respeitabilidade que, como vimos, surgiram nos anos 1890, perduraram durante o Renascimento do Harlem nos anos 1920 e foram muito além.

Bontemps é muito eloquente quando fala de como opiniões diametralmente opostas sobre a vida ou a morte da cultura negra vernacular podem se manifestar na mesa do jantar e dividir as famílias em dois campos distintos.

Em suas atitudes opostas em relação às raízes, meu pai e meu tio-avô me fizeram tomar consciência de um conflito no qual todos os estadunidenses Negros instruídos, e alguns não instruídos, deviam tomar partido de alguma forma. Ao menos por implicação, um grupo defende a adoção das riquezas da herança folclórica; seus oponentes demandam um rompimento total com o passado e tudo o que o passado representa. Se eu não tivesse voltado para casa nas férias de verão e me enturmado com pessoas pretas adeptas do folclore, eu teria concluído o colégio sem saber que outra pessoa Negra além de Paul Laurence Dunbar já havia escrito um poema. Eu teria me formado imaginando que a história do Negro podia ser contada em dois parágrafos curtos: uma declaração sobre os selvagens na África e um relato igualmente breve sobre a questão da escravidão na história estadunidense.[35]

O conflito em torno da estética, da "autenticidade" cultural, da relação das pessoas pretas estadunidenses com seus antepassados culturais africanos cozinharia em fogo baixo durante o Renascimento do Harlem e talvez tenha alcançado seu ponto alto no fim dos anos 1930 e início dos anos 1940, durante o famoso e aquecido debate entre o sociólogo E. Franklin Frazier e o antropólogo Melville J. Herskovits.

Em seu ensaio, "The Negro's Americanism" [O americanismo Negro], publicado na coletânea *The New Negro*,[36] Herskovits afirmou que o Negro estadunidense era culturalmente sui generis; que não havia vestígios da "África" nas instituições culturais e sociais africano-americanas, pois a Passagem do Meio e a escravidão haviam na realidade apagado qualquer resquício da África até mesmo da cultura africano-americana vernacular. Mas, em 1930, ele começou a abordar a questão com mais nuances, postulando o que podemos considerar quase como uma escala variável de africanismo entre os povos negros do Novo Mundo, variando desde "os Negros da mata do Suriname que ostentavam uma civilização deveras africana" até "um grupo no qual, para todos os efeitos, nada resta da tradição africana [...] que se diferenciam de seus vizinhos brancos apenas pelo fato de possuírem pigmentação na pele". Ele argumenta que a evidência da relação entre as culturas africana e africano-americana reside "no folclore, na religião e na música".[37]

Em 1941, Herskovits inverteria totalmente sua posição inicial, e de forma muito impactante adotou a postura antes articulada pelo orientador de seu doutorado na Universidade Columbia, Franz Boas, cujo desentendimento com o influente sociólogo Robert E. Park, da Universidade de Chicago, sobre a presença de reminiscências africanas na cultura africano-americana foi um importante precursor do debate Herskovits-Frazier. (Frazier havia estudado com Park em Chicago antes de conduzir o departamento de sociologia na Universidade Howard, em Washington, DC) Em *The Myth of the Negro Past* [O mito do passado Negro] (1941), Herskovits demonstrou de forma convincente que o Negro estadunidense era uma extensão do Negro africano, um povo africano do Novo Mundo,[38] sempre criticando as conclusões contrárias de Frazier publicadas em *The Negro Family in the United States* [A família Negra nos Estados Unidos] (1939),[39] muito similares àquelas expressas no ensaio de Herskovits de 1925. Os dois trocariam críticas em 1942 e1943 e o debate continuaria por décadas.

Essa disputa sobre as origens tinha implicações políticas e culturais. Como o antropólogo Lee Baker explica, para Park e Frazier, a crença de que os Negros estadunidenses não tinham nenhuma cultura autêntica correspondia à visão de que os problemas das comunidades africano-americanas contemporâneas eram, nas palavras de Frazier, um caso de "assimilação incompleta da cultura ocidental".[40] Privados de qualquer herança cultural própria e impedidos, pela discriminação, de adentrar plenamente a América branca, os Negros foram deixados, na visão de Frazier, com aquilo que Baker chama de uma "cultura patológica".[41] A solução, para Frazier e seus seguidores, era promover o bem-estar social e as políticas antidiscriminatórias que poriam um fim ao "isolamento social" do Negro e estimulariam a assimilação, por parte da raça, das práticas e valores normativos (brancos) da sociedade estadunidense.

Por contraste, aqueles que abraçavam a abordagem de Boas viam nas raízes africanas da cultura folclórica Negra mais provas da igualdade inerente entre as raças: para eles, uma precondição essencial para o fim da discriminação era o reconhecimento social do Negro como autor e herdeiro de uma cultura válida e autêntica. Embora ambos os grupos apoiassem esforços antidiscriminatórios, a antropologia boasiana promovia o relativismo cultural, enquanto a ênfase de Park e Frazier recaía em patologias culturais. Ainda que os desentendimentos sobre a melhor abordagem para resolver as desigualdades permaneçam entre nós, o debate intelectual sobre a força e a resistência das origens africanas dos estadunidenses negros foi afinal resolvido a favor das continuidades culturais no campo da música, no vocabulário, nas estruturas linguísticas, nos padrões discursivos e no folclore.

Esse debate surgiu, em parte, a partir do curioso mito de que os capitães dos navios negreiros e/ou os donos das plantações separavam os cativos conforme seu idioma em uma tentativa de impedir que se rebelassem. Essa ideia apimenta a teoria sociolinguística e as histórias da escravidão, e hoje não passa de uma lenda urbana.[42] O historiador Herbert Aptheker, em seu clássico *American Negro Slave Revolts* [Revoltas escravas estadunidenses] (1943), observou que "as diferenças linguísticas também foram, dessa forma, introduzidas com o fim de dificultar levantes e conspirações".[43] Aptheker faz uma nota de rodapé para um ensaio de Robert E. Park[44] e para a mesma afirmação de E. Franklin Frazier em *The Negro Family in the United States*: "Em contraste com o caso das Índias Ocidentais, as tradições e práticas africanas não se enraizaram nem sobreviveram nos Estados Unidos".[45] Frazier também elabora uma nota de rodapé para o ensaio de Park, afirmando:

tão logo aportavam nesta terra, os escravos eram sem demora divididos e embarcados em pequenos números, com frequência não mais que um ou dois por vez, rumo a diferentes plantações. Esse era o procedimento realizado com os primeiros Negros trazidos para este país. Pensava-se que era mais fácil lidar com os escravos apartando-os de seus conterrâneos.[46]

Park segue adiante dizendo que as gerações subsequentes de pessoas escravizadas nascidas nos Estados Unidos: "esqueciam-se ou apenas se recordavam vagamente de sua vida na África. [...] Tudo o que marcava [as pessoas escravizadas recém-chegadas da África] era considerado ridículo ou bárbaro". Além disso, "as memórias da África que traziam consigo eram logo esquecidas".[47] A fonte de Park era um livro antiabolicionista publicado em 1833 pela sra. A. C. Carmichael,[48] que afirmava:

os africanos nativos não apreciam que, por suposição, se afirme que eles mantêm costumes de seu próprio país; e consideram-se admiravelmente civilizados por terem sido transportados da África para as Índias Ocidentais. Os negros crioulos [nascidos nas Índias Ocidentais, e não na África] consideram-se sempre um povo superior e impõem-se aos africanos nativos.

Park cita o período na íntegra como prova de suas afirmações.[49]

E aqui está: a gênese de uma falsa alegação, autorizada pela repetição em notas de rodapé, migrando da sociologia para a antropologia e adentrando a história, e então introduzida nos debates sobre origens no incipiente discurso dos estudos folclóricos. O argumento, baseado não em fatos, mas nas alegações de uma defensora da escravidão, seria usado como prova de que os folclores africano e africano-americano não poderiam ter nenhum tipo de ligação. O único problema com essas alegações é que elas são falsas.

Historicamente, esse tipo de separação étnica ou linguística não aconteceu, nem no navio negreiro nem na plantação.[50]

Os africanos capturados trouxeram sua língua, seus deuses e sua cultura com eles. Eles rapidamente aprenderam a se comunicar não apenas em suas plantações e em outros espaços de cativeiro, mas também através de longas distâncias. E o contar e recontar das lendas folclóricas da África, além daquelas recontadas a partir de fontes europeias e outras inventadas ali mesmo, fizeram parte do processo de formação de uma cultura africano-americana.

Como Jean Toomer expressa em um ensaio publicado em 1922, "a respeitabilidade [da classe média negra] [...] nunca é tão vigorosa como quando denuncia e rejeita a verdadeira arte do passado da raça. Essas pessoas têm vergonha do passado estabelecido pelos spirituals".[51] E diante da atitude da classe média em relação à "respeitabilidade", e por opiniões como aquelas de Rogers e de Schuyler, o Renascimento do Harlem deve ser visto como uma estrada no caminho para a criação de um renascimento posterior da escrita negra que se iniciaria no fim dos anos 1960, fundamentado em formas negras vernaculares como o blues e o jazz, o significador e outros rituais linguísticos vernaculares negros, alcançando sua maturidade nas obras de escritoras como Toni Morrison e Alice Walker, as pioneiras do Movimento Literário das Mulheres Negras dos anos 1970.

6. O modernismo e seus dissabores: Zora Neale Hurston e Richard Wright trocam farpas

Um apaixonado jovem negro, Chris Washington, vai para o norte do estado conhecer e passar o fim de semana com os pais do amor da sua vida, Rose Armitage. O que aos poucos se desdobra é um retrato vívido do pesadelo negro pós-moderno, que o diretor Jordan Peele chamou de "o lugar afundado" em seu notável filme *Corra!*.

O que assistimos, aterrorizados, é o cérebro branco sendo literalmente implantado no corpo africano-americano. Por meio da feitiçaria dos poderes diabólicos de Missy Armitage, hipnose e uma neurocirurgia caseira, o corpo negro é forçado a abrigar a consciência branca, com certeza um longo pesadelo que percorre como um leitmotiv os textos mencionados neste livro. Mas qual foi a fonte de Peele?

Em 1903, um acadêmico e ativista político em ascensão de 35 anos chamado William Edward Burghardt Du Bois publicou *As almas do povo negro*. Com o subtítulo *Ensaios e esboços*, o livro de 265 páginas consistia em treze ensaios e um conto, abordando uma ampla variedade de tópicos, incluindo a história das pessoas libertas na época da Reconstrução; a ascendência política de

Booker T. Washington; a qualidade sublime dos spirituals; a morte de Burghardt, único filho de Du Bois; e um conto sobre linchamento. Aclamado como um clássico mesmo por seus contemporâneos, o livro já passou de sua centésima edição desde 1903.

Apesar de sua estrutura fragmentada, as partes díspares do livro contribuem para uma ideia de conjunto, como os movimentos em uma sinfonia. Cada capítulo é claramente "bicultural", prefaciado por um excerto de algum poeta branco e por um compasso daquilo que Du Bois chama de "canções de pesar", os spirituals, "ecos de uma melodia persistente da única música americana que brotou das almas negras em seu passado escuro".[1]

Os temas de Du Bois eram, sobretudo, as crenças e práticas dos Negros estadunidenses, em grande parte não expressas, impacientes para deixar as plantações de algodão e ocupar sua posição de direito como cidadãos. Na visão dele, a cultura africano-americana em 1903 era ao mesmo tempo vibrante e desarticulada, enraizada em um passado agrário quase medieval, mas ainda assim furiosamente insubmissa. Nascida no caos da escravidão, a cultura havia começado a criar um corpo muito variado de enredos, histórias, melodias e ritmos. Em *As almas do povo negro*, Du Bois analisou de perto a cultura de seu povo e viu o rosto da América negra. Ou, melhor, viu dois rostos.

"O indivíduo sente-se em constante dualidade — um americano, um Negro", Du Bois escreveu, "duas Almas, dois pensamentos, duas batalhas irreconciliáveis, dois ideais beligerantes em um só corpo escuro, cuja força obstinada, tão só, o impede de dilacerar-se."[2] Ele descreve essa condição como uma "dupla consciência", e sua ênfase em uma psique fraturada fez de *As almas do povo negro* uma obra precursora do movimento modernista que começaria a florescer cerca de uma década depois na Europa e nos Estados Unidos. Essa é a metáfora no cerne da cena do "lugar afundado" em *Corra!*, um refrão pós-moderno espantosamente brilhante sobre o poderoso tropo de Du Bois a respeito da alienação negra em uma América branca, racista e antinegra.

Acadêmicos como Werner Sollors, Dickson Bruce e David Levering Lewis debateram as origens do uso do conceito de "dupla consciência" por parte de Du Bois, mas fica claro que suas raízes são múltiplas. Du Bois havia estudado em Berlim durante o renascimento hegeliano, e Hegel, como se sabe, escreveu sobre a relação entre o mestre e o escravizado, em que cada um se definia através do reconhecimento do outro. Mas o conceito também aparece em Emerson, que em 1842 escreveu sobre a separação entre nosso eu reflexivo, que vaga pelo reino das ideias, e o eu ativo, que vive no aqui e no agora. Como Emerson escreveu: "O pior aspecto dessa dupla consciência é que as duas vidas que vivemos, do entendimento e da alma, de fato mostram pouca relação entre si".[3] Ainda mais evidentes foram as ocorrências do termo na psicologia do fim do século XIX. O psicólogo francês Alfred Binet, em seu livro de 1896 *On Double Consciousness* [Sobre a dupla consciência], discute a "bipartição" ou "a duplicação da consciência": "cada uma das duas consciências ocupa um campo mais estreito e limitado do que ocuparia caso existisse uma única consciência contendo todas as ideias do sujeito".[4] William James, que foi mentor de Du Bois em Harvard, falou sobre uma "segunda personalidade" que caracterizava "o transe hipnótico".[5]

Quando transpôs esse conceito do reino da psique para o dilema social do Negro estadunidense, Du Bois compartilhava com os psicólogos a noção de que a dupla consciência era, em essência, uma aflição. "Este mundo americano", ele se queixou, não concede ao Negro

nenhuma verdadeira consciência, só permite que ele se veja por meio da revelação do outro mundo. É uma sensação peculiar, essa dupla consciência, a noção de sempre olhar o eu de alguém através dos olhos dos outros, de medir a alma de alguém com a fita de um mundo que olha com um divertido desprezo e pena.

Infelizmente, "a vida dupla que todo Negro americano deve viver, como Negro e como americano", conduz inevitavelmente a "uma dolorosa consciência, uma noção quase mórbida de personalidade e uma hesitação moral fatais para a autoconfiança". O resultado é "uma vida dupla, com pensamentos duplos, deveres duplos e classes sociais duplas", e pior, "palavras duplas e ideias duplas", que "tentam a mente para a pretensão ou para a revolta, para a hipocrisia ou para o radicalismo". Portanto, Du Bois queria tornar o Negro americano inteiro; e ele acreditava que apenas a dessegregação e a plena igualdade poderiam possibilitar essa integração psíquica.[6]

Ainda assim, para as gerações subsequentes de escritores, o que Du Bois aponta como um problema acabou se assumindo como a condição característica da própria modernidade. O diagnóstico, poderíamos dizer, sobreviveu à doença. Du Bois publicaria 22 livros e milhares de ensaios e críticas, mas nenhum trabalho dele fez mais para a formação de uma tradição literária africano-americana do que *As almas do povo negro*, e nenhuma metáfora em seu livro tão intricado se provou mais duradoura que a dupla consciência.

Du Bois ansiava por tornar o Negro americano um só e lamentou que ele fosse dois. Hoje, o ideal da totalidade já se aposentou amplamente, e a multiplicidade cultural não é mais vista como problema, mas como solução para o confinamento da própria identidade. A dupla consciência, antes um distúrbio, agora é a cura. De fato, a única reclamação que nós, modernos, temos é que Du Bois foi muito cauteloso em seu relato. Ele conjurou "duas almas, dois pensamentos, duas batalhas irreconciliáveis". E dois não é o bastante.

A "dupla consciência" de Du Bois tem sido a metáfora orientadora na literatura africano-americana do século XX, como a metáfora das dualidades ou das oposições binárias dominaram as narrativas da escravidão. Essas metáforas são chamadas de "tropos dominantes", "narrativas mestres" ou "cenas de formação".

Vemos sua primeira manifestação no controverso romance experimental de James Weldon Johnson, *Autobiografia de um ex-negro* (1912), no qual Johnson literatizou a metáfora de Du Bois em um personagem que é ao mesmo tempo "negro" e "branco" ou nenhum dos dois. A metáfora foi de novo ampliada e redefinida em 1923, quando o romancista Jean Toomer publicou *Cane*, para muitos críticos a obra mais sofisticada de todo o Renascimento do Harlem, um livro cujo tema e a forma eram a alienação e a fragmentação da própria modernidade, não apenas — ou fundamentalmente — da modernidade negra. Aqui, nesse romance experimental e fragmentado, talvez pela primeira vez, a condição que afeta as pessoas pretas serve como um tropo, uma metáfora, para a condição humana. O particular é usado para expressar o universal, a marca de qualquer grande obra de arte.

A representação ou revisão mais radical da metáfora de Du Bois veio no romance de Zora Neale Hurston publicado em 1937, *Seus olhos viam Deus*. Foi a definição de Hurston da dupla consciência, em termos da busca de uma mulher africano-americana por identidade e realização, que iniciou um dos debates mais implacáveis da história das letras africano-americanas, entre Zora Neale Hurston e Richard Wright. Embora tenha se tornado muito pessoal, o debate girava em torno dos modos de representação, do modernismo e do próprio naturalismo. Nas críticas que os escritores trocaram sobre seus livros, as políticas sexuais confrontaram as políticas literárias de forma tão pública pela primeira vez na história literária africano-americana.

Em uma crítica furiosa e muito sugestiva publicada em *New Masses*, Wright, três anos antes de lançar seu clássico romance naturalista *Filho nativo*, critica Hurston e o romance dela:

A srta. Hurston sabe escrever, mas sua prosa disfarça-se naquela sensualidade ligeira que tem permeado a expressão Negra desde os dias de Phillis Wheatley. Seus diálogos logram captar os movimentos psicológicos da mente do povo Negro em sua pura simplicidade, mas não vão além.

A srta. Hurston conserva *voluntariamente* em seu romance a tradição *imposta* ao Negro no teatro, a saber, a técnica dos menestréis que faz a "gente branca" rir. Seus personagens comem, riem, choram, trabalham e matam; balançam-se para todo o sempre como um pêndulo naquela órbita segura e estreita na qual a América gosta de ver o Negro: entre risos e lágrimas. [...] O alcance sensorial de seu romance não carrega nenhum tema, nenhuma mensagem, nenhum pensamento.

"No geral", Wright conclui, "seu romance não se destina ao Negro, mas a um público branco cujos gostos chauvinistas ela sabe satisfazer", com a palavra "satisfazer" servindo como uma referência velada à representação da sexualidade da protagonista de Hurston. Então, sem rodeios, ele a acusa de excitar os leitores brancos dela: "A romântica Janie, na intensa linguagem da srta. Hurston, desejava ser uma pereira florida e ver uma 'abelha portadora de pólen mergulhar no santuário de uma flor; os milhares de irmãs-cálice curvando-se para receber o abraço do amor'". Wright não ficou satisfeito.[7]

Menos de um ano depois, Wright publicou *Uncle Tom's Children* [As crianças do pai Tomás], uma coletânea de quatro novelas inter-relacionadas. Agora era a vez de Hurston. "Esse é um livro sobre ódio", ela inicia sua crítica.

O sr. Wright indica, pelo título, que fala de um povo em revolta, e suas histórias são tão nefastas que o grande pântano Dismal* do ódio racial deve ser o seu lar. Nem um único ato de compreensão e solidariedade se passa em toda obra [...]. Perguntamo-nos o que ele teria

---

* Nome de um pântano localizado na região costeira entre o sudeste da Virgínia e a região nordeste da Carolina do Norte, historicamente conhecido como um refúgio para pessoas escravizadas fugitivas. (N. T.)

feito se tivesse lidado com enredos que tocassem em fases mais amplas e fundamentais da vida Negra em vez de confinar-se ao espetacular.

O herói de Wright, Big Boy, ela continua, da forma mais zombeteira,

é um personagem estúpido e desastrado, mas repleto de páthos. [...] Na terceira história, o herói enfrenta o homem branco que revolta a maioria dos homens Negros — o homem branco que possui uma mulher Negra. Ele enfrenta vários desses homens enquanto se ocupa com a escolha de morrer em um furacão de balas e fogo porque sua mulher se envolveu com um homem branco. Há um terrível massacre aqui, suficiente, talvez, para satisfazer qualquer homem Negro.

Mas não a srta. Hurston nem ninguém que ame a cultura negra a partir de *dentro*, como ela sugere:

o leitor vê um retrato do Sul que os comunistas têm divulgado ultimamente. Um lugar terrível e lamentável governado pelo ódio bestial e nada mais. A solução autoral do sr. Wright é a solução do PARTIDO — responsabilidade estatal por tudo e responsabilidade individual por nada, nem por si mesmo. E marchem!

E enquanto Wright havia criticado o uso que Hurston fez do dialeto, ou do discurso vernacular negro, em seu romance como uma nova forma de espetáculo de menestréis, Hurston vira o jogo, observando: "Uma vez que o autor, ele mesmo, é Negro, seu dialeto é intrigante. Perguntamo-nos como teria chegado a isso. Certamente ele não escreve de ouvido, a menos que seja insensível às tonalidades". Seu dialeto é próprio de uma "fala truncada", de forma alguma musical, artístico ou expressivo da profundidade da cultura negra.[8]

Hurston conclui sua crítica dizendo que em vez de agradar o político ou, em suas palavras, "o espetacular", ela espera que Wright um dia seja capaz de encontrar um tema digno de um grande romance, um tema firme e francamente enraizado na própria "vida Negra", e não em representações sensacionalistas da violência do branco contra o negro, de estupros e linchamentos no Sul. Em sua nota biográfica, Hurston se considera uma escritora que produziu um romance sobre "a vida entre sua própria gente", enquanto, ela insinua, Wright está obcecado com a força à primeira vista irresistível das pessoas brancas, ou do racismo branco, sobre a vida das pessoas pretas.

Nessas duas críticas, nós vemos um diálogo codificado, um debate entre as formas literárias modernistas e o naturalismo: Hurston lançou mão do modernismo lírico para escrever seus romances; Wright usou o naturalismo. E a diferença é como se pensa o papel da vontade individual e da escolha individual, ou "atuação", versus fatores ambientais, ou "estrutura", na formação do destino de uma pessoa.

Vemos isso claramente quando refletimos sobre a estrutura da ficção de Wright. O autor publicou *Filho nativo* em 1940, três anos depois de Hurston ter publicado *Seus olhos viam Deus*. O livro dele foi o primeiro de autoria negra a ser selecionado no Clube do Livro do Mês* e se tornou um grande best-seller. No romance, Bigger Thomas (cujo apelido é um óbvio trocadilho de *nigger*) vive uma vida miserável em um gueto em Chicago, uma vida determinada pelas forças superiores da raça e da classe. A vida de Bigger desmorona quando ele mata por acidente uma menina branca rica, filha do homem para o qual ele trabalha de chofer. Então ele mata sua própria namorada, uma mulher preta chamada Bessie. Após uma perseguição intensa, ele é capturado, obviamente culpado e sentenciado à morte. Ele morre na cadeira elétrica.

Filho nativo é um romance naturalista. A obra é contada na terceira pessoa por um narrador onisciente que nos diz o que Bigger

---

* Fundado em 1926, o Book-of-the-Month Club foi uma das primeiras empresas a oferecer uma seleção de livros por assinatura nos Estados Unidos. (N. T.)

está pensando, o que Bigger diria se tivesse as palavras e o conhecimento para se expressar de forma tão eloquente quanto o narrador. Bigger não *age*, como Janie Crawford no romance de Hurston; ele *reage*. Bigger é como uma bolinha em uma máquina de pinball.

A vida e as escolhas de vida de Bigger são determinadas pelas forças gêmeas do racismo e da exploração econômica. Ele não tem escolha a não ser viver a vida dos mortos-vivos, e por fim cometer um assassinato para se afirmar e se autodefinir. Ele é um objeto, não um sujeito. Alguém tem que contar sua história por ele; Bigger não pode contar por si mesmo. E a única forma de mudar sua trajetória de vida — ou seja, conceder alguma subjetividade, transformá-lo de objeto em sujeito — seria destruir completamente o sistema racista e capitalista no qual está confinado.

Wright faz uso do naturalismo para lançar o arriscado argumento de que as pessoas pretas confinadas no terrível ciclo das cidades do interior não são responsáveis por suas vidas trágicas, por seu comportamento autodestrutivo e pela destruição que um assassino como Bigger causa na sociedade. Não, elas são as verdadeiras vítimas. O naturalismo, em outras palavras, é uma forma de narrativa literária que abraça a estrutura como a principal causa de todas as calamidades sociais e de todos os comportamentos patológicos.

Como diz Wright:

> Para Bigger e sua gente, as pessoas brancas não são pessoas de fato; são um tipo de força natural, como um céu tempestuoso, ou como um rio bravo e profundo se abrindo de repente aos pés de uma pessoa no escuro. Desde que ele e seus companheiros negros não ultrapassem certos limites, não há necessidade de temer essa força branca. Mas se a temem ou não, eles convivem com ela todos os dias de suas vidas; mesmo quando as palavras não pronunciam seu nome, eles reconhecem sua realidade. Enquanto vivessem nesse canto prescrito da cidade, eles pagariam um tributo silencioso a ela.[9]

Mais adiante, o autor continua:

Ele fora tão condicionado a viver em ambientes apertados que apenas palavras duras ou pontapés o faziam levantar-se e agir — uma ação inútil, pois o mundo era demais para ele. Foi então que ele fechou os olhos e atacou às cegas, atingindo quem ou o que podia, sem ver nem se importar com quem ou o que revidava.[10]

As diferenças entre Richard Wright e Zora Neale Hurston nos ajudam a entender como as formas literárias implicam ou refletem a ideologia política. A lista é longa:

- Wright se concentra no confronto negro/branco, acreditando que o confronto negro com o racismo antinegro é tudo. A obra de Hurston se detém mais nas interações entre as pessoas pretas em um mundo totalmente negro, onde as pessoas brancas estão fora de cena.
- Wright escreve na terceira pessoa. Hurston escreve na primeira pessoa.
- O protagonista de Wright, Bigger Thomas, é estático. Janie Crawford, de Hurston, é dinâmica.
- Para Wright, as ações de um personagem são determinadas pelo sistema, por forças superiores como o racismo, o capitalismo ou a economia. As ações dos personagens de Hurston são determinadas pela vontade individual e por escolhas individuais. Seus personagens traçam o próprio destino.
- Por fim, na visão de Wright, a "dupla consciência" de Du Bois é uma *aflição*. É o estado de uma falsa consciência, de uma consciência que reflete uma alienação que só pode ser superada por meio de uma revolução fundamentada na classe. Para Hurston, a dupla consciência de Du Bois é *saudável*. É a condição da própria modernidade. E só quando Janie compreende que possui uma dupla consciência — um interior e um exterior entre os quais ela deve aprender a navegar — é que ela encontra a verdadeira liberdade, refletida em sua libertação

sexual, em sua decisão de ter como amante um homem muito mais jovem, um homem que pela primeira vez ela ama de verdade.

No capítulo anterior, citei o ensaio de W. E. B. Du Bois "Criteria of Negro Art", inicialmente um discurso proferido na conferência anual da NAACP de 1926, no qual ele repreende os escritores do Renascimento do Harlem:

> Temos vergonha do sexo e baixamos os olhos quando as pessoas falam disso. Nossa religião nos prende a superstições. Nossa pior faceta foi tão vergonhosamente enfatizada que negamos possuir uma faceta ruim. Somos limitados de muitas formas e nossos jovens artistas precisam lutar para encontrar o caminho da liberdade.

Zora Neale Hurston era uma leitora de Du Bois e, ao menos implicitamente, aceitou o desafio lançado por Du Bois quando publicou *Seus olhos viam Deus* cerca de onze anos depois, uma obra que se vale da música da linguagem negra vernacular, incluindo rituais linguísticos como o significador e jogos verbais de provocação, e a transforma na linguagem da ficção — em arte.

Em sua crítica, Wright repreendeu Hurston por representar Janie experimentando o seu primeiro orgasmo embaixo de uma pereira, empregando uma linguagem que ele sentiu ter sido usada para excitar os leitores brancos, em especial os homens brancos. Ao contrário, Hurston sentiu que Wright é que bajulava os leitores brancos, em especial os homens brancos, ao escrever sobre a violência negra contra os racistas brancos. Mas fica claro que Wright se incomodou profundamente com o fato de Hurston ter criado uma personagem negra que não só tem fantasias sexuais saudáveis, como também passou por dois casamentos com homens pretos a quem ela não amava, que abusaram dela de uma ou outra forma, antes de encontrar plena satisfação sexual ao lado de um jovem muito mais escuro que ela, um homem preto de classe baixa e sem estudos, que a ensinou a jogar damas, atirar, trabalhar e fazer amor por puro prazer.

Para Hurston, então, a dupla consciência — ou o reconhecimento de que as pessoas são feitas de muitas consciências, não apenas duas (Negro e americano, como diz Du Bois) — é o estopim da liberdade, de um verdadeiro autoconhecimento, da verdadeira libertação, que será inevitavelmente individual, não fundamentada em filiações grupais, identidades étnicas ou na chamada raça. Quando percebe que tem uma dupla consciência e pode navegar entre esses dois mundos, Janie ganha voz. Janie se declara livre quando lança mão do significador ou "troca farpas" diante da masculinidade de seu segundo marido, Joe, sugerindo a impotência dele na frente de todos os seus amigos, um momento muito desagradável na história do Negro.

Reduzir uma nação dentro de uma nação (que em 2021 era composta de cerca de 47 milhões de pessoas), mais da metade mulheres, a uma identidade, "negro", Hurston argumenta, é obscurecer a absoluta complexidade da experiência negra e, de fato, da própria experiência humana. Hurston está pedindo para as pessoas pretas decidirem se suas identidades são mais complexas que a sua cor. Ralph Ellison, endossando Hurston em seu grande romance *Homem invisível*, faz seu protagonista perguntar:

> Até um grupo ser capaz de pôr o mundo em uma camisa de força, sua definição é uma possibilidade [...]. De onde vem toda essa paixão pela conformidade, afinal? — diversidade é a palavra. Deixe o homem conservar suas muitas partes e não teremos Estados tirânicos. [...] Nosso destino é nos tornamos um e muitos — essa não é uma profecia, apenas uma observação.[11]

Hurston fez os africano-americanos se perguntarem: todo o meu ser, o indivíduo complexo e maravilhoso que eu sou, poderia ser reduzido a apenas uma entre todas as minhas identidades, ao fato da raça? Ela fez todos os africano-americanos sé perguntarem se essa única identidade, entre todas as outras identidades, seria aquela que eles queriam ver gravada em sua lápide — AQUI JAZ UM AFRICANO-AMERICANO.

A voz de Hurston é a voz da multiplicidade, a voz do direito de abraçar a diversidade no interior da diversidade; a voz que permite que todo indivíduo no interior de um grupo minoritário, seja baseado na etnicidade, na religião ou no gênero, expresse sua individualidade, suas personalidades, da forma como quiser. Hurston também foi a romancista que enfim compreendeu — como Langston Hughes e Sterling A. Brown fizeram na poesia — que a fonte de uma grande tradição da ficção africano-americana podia ser forjada a partir da linguagem do povo, da linguagem das massas negras; que não havia necessidade de "refinar", "higienizar" ou "silenciar" essa linguagem, transformando-a em formas clássicas europeias com o fim de torná-la "apresentável" para a sociedade estadunidense mais ampla; que as formas de arte criadas pelos filhos e filhas de pessoas ex-escravizadas não eram "uma vergonha para a raça"; e, o mais importante, que a expressão artística é, em primeira e última instância, o domínio do artista.

Talvez esse contraste entre a visão da negritude de Wright elaborada em *Filho nativo* e a visão de Hurston em *Seus olhos viam Deus* nos ajude a entender por que o estilo modernista lírico de Hurston floresceu de forma tão esplendorosa e profunda na obra de escritoras como Toni Morrison, Alice Walker, Gayl Jones e Jamaica Kincaid, ao passo que o naturalismo de Wright parece ter encontrado sua voz não na ficção negra contemporânea, mas na estratégia retórica de Ta-Nehisi Coates, em seu ensaio expandido de 2015 *Entre o mundo e eu* (que é o título de um poema de Wright), e nessa corrente do hip-hop conhecida como *gangster rap*, que tem uma linguagem direta e polêmica, bem "na sua cara", em vez de uma linguagem multicamadas e polifônica característica da grande arte literária, uma linguagem literária que atribui significados em vários níveis, não apenas um.

Hurston também bebeu bastante do folclore. Sterling Brown exaltou o papel de Hurston na retomada do folclore negro das mãos daqueles que tentaram despojar, desvalorizar e subestimar esse folclore: "A srta. Hurston é uma exímia antropóloga, que evoca um grande entusiasmo na coleta e na interpretação dos 'causos' de seu Sul nativo".[12] De certa forma, Brown faz a conexão entre Zora Neale Hurston e toda uma "escola" de escritores modernistas e pós-modernistas cujo trabalho se constrói, de várias formas, sobre o alicerce do folclore negro e de outras formas vernaculares, em especial a forma como as pessoas pretas falaram e continuam a falar versões africano--americanas do inglês estadunidense. Penso especialmente em Ralph Ellison e Albert Murray, Alice Walker e Toni Morrison, embora a lista de esplêndidos escritores nesse ramo da tradição africano-americana seja longa e distinta, e tenha de incluir Ishmael Reed, Toni Cade Bambara, Leon Forrest e uma série de outras autorias brilhantes. Em outras palavras, todo um ramo, ou escola, da literatura africano-americana oriundo da ficção de Zora Neale Hurston e da poesia de Langston Hughes e Sterling A. Brown, eles mesmos em dívida com a experimentação literária com tradições negras vernaculares no trabalho de James Weldon Johnson, em especial *God's Trombones* (1927), e seu predecessor, *Cane* (1923), de Jean Toomer.

Em parte pelos esforços de Hurston de reunir o folclore negro, em parte por suas experimentações com o folclore em seu romance, tanto Richard Wright quanto Ralph Ellison articularam a importância fundamental do folclore negro e da cultura vernacular para definir — e *explorar* — uma genuína "estética negra", uma posição teórica que Toni Morrison também abraçaria e incorporaria em sua ficção.

Escrevendo em 1937 segundo uma estética marxista, mas lutando para conciliá-la com um nacionalismo cultural emergente, Wright tinha o seguinte a dizer:

O folclore Negro contém, em uma medida que constrange formas mais deliberadas de expressão Negra, uma noção coletiva da vida Negra na América. Que aqueles que se retraem diante das implicações nacionalistas da vida Negra olhem para esse corpo folclórico, vivo e poderoso, que surgiu de uma noção unificada da vida comum e do destino compartilhado. Nele estão os princípios do reconhecimento do valor da vida *vivida*, um reconhecimento que aponta para a emergência de uma nova cultura nos moldes da antiga. E no momento em que esse processo tiver início, no momento em que as pessoas começarem a encontrar um *significado* em seu sofrimento, a civilização que engendra esse sofrimento estará condenada.[13]

Embora Wright não tenha conseguido se aproveitar da vitalidade da tradição folclórica em suas ficções, Ellison foi bem-sucedido. Ele reiteradamente se refere ao poder e à importância do folclore negro em seus escritos críticos, e com mais vigor em uma declaração de 1967:

> Temos sido exilados em nossa própria terra e, quanto aos nossos esforços literários, temos sido quase mudos porque nos falta astúcia. Algo que considero surpreendente, pois sinto que o folclore Negro americano é deveras poderoso, maravilhoso e universal. E assim é por expressar um povo assertivo, eclético e irreverente diante de toda a literatura oral e escrita ao seu alcance. O folclore Negro aproveitou o que era necessário para expressar essa noção da vida e rejeitou o que não podia usar [...]. O que realizamos no folclore quase nunca se realiza no romance, no conto ou na poesia. No folclore, nós relatamos a verdadeira experiência Negra. Afastamo-nos do caos da experiência e de nós mesmos, e retratamos o humor e o horror da vida. Projetamos a vida Negra em uma perspectiva metafísica e vemos essa vida com uma complexidade de visão raramente refletida em nossa escrita.[14]

E embora tenha sido em grande parte relutante em admitir, a dívida de Ellison com os usos do folclore de Hurston é uma dívida considerável.

Hurston reuniu o folclore, usando "o telescópio da antropologia", teorizou sobre o folclore e retratou o folclore em seus romances, sobretudo em *Seus olhos viam Deus*. Em seu perspicaz ensaio "Characteristics of Negro Expression" [Características da expressão Negra], Hurston escreve:

O folclore Negro não é coisa do passado. Ainda está sendo criado. Sua grande variedade ilustra a adaptabilidade do homem Negro: nada é muito velho ou muito novo, doméstico ou estrangeiro, alto ou baixo, para o seu uso. Deus e o Diabo são igualados e tratados com não menos reverência que Rockefeller e Ford. [...] O automóvel é igualado ao carro de boi. Os anjos e apóstolos falam e caminham como os trabalhadores. E nisso tudo caminha Jack, o grande herói cultural do Sul; Jack não é páreo para ninguém — nem mesmo para o Diabo, que costuma ser mais esperto que Deus.[15]

Hurston profetizou que o folclore inventado pelos africano--americanos ainda "está sendo criado". Ninguém expressou essa ideia de forma mais potente, em ensaios e ficções, do que Toni Morrison:

Não vivemos mais em lugares onde podemos ouvir essas histórias; os pais não se sentam e contam para suas crianças aquelas histórias clássicas, mitológicas e arquetípicas que ouvíamos anos atrás. Mas novas informações precisam ser espalhadas e há várias formas de fazer isso. Uma delas é o romance, que eu considero um caminho para a realização de funções muito poderosas.[16]

O trabalho de Ishmael Reed é um exemplo de estética similar, diferente da estética de Morrison em sua preferência pela sátira e a paródia, mas ainda assim análoga. Morrison e Reed, entre várias outras autorias negras, constituem o polo pós-moderno ou — para usar um termo cunhado pelo Nobel de literatura, Wole Soyinka — "mitopoético" na história das estratégias negras de representação que descendem de Toomer, Hughes, Brown e Hurston, entre outras autorias, em oposição à prática do realismo ou naturalismo literário bem exemplificado pelo clássico *Filho nativo*, de Wright, e seus herdeiros literários. Diante da enorme influência dos romances de Morrison em outras autorias negras, da magnitude de seu público leitor, da profusão de críticas que suas obras renderam, de suas diversas e ampliadas reflexões sobre seu método de composição que formam, de fato, sua "figura no tapete", como diz Henry James,[17] sua própria teoria sobre a natureza e a função do romance africano-americano, não há dúvidas de que o folclore africano-americano está vivo e bem, influenciando a tradição literária negra dos Estados Unidos.

Aqueles entre nós preocupados com o destino político do povo africano-americano, que amam o brilho e a beleza da tradição africano-americana, deveriam, é claro, se preocupar com as imagens de pessoas pretas circuladas na literatura, na arte e na música. Mas primeiro e acima de tudo temos que lutar pela liberdade do artista de criar seus mundos literários desimpedido daqueles que censurariam a arte por "razões políticas", mesmo quando discordamos em grande parte dos contornos ou políticas do mundo artístico que esse artista criou e representou. Essas lições, por fim, compreendem o grande significado moral e estético de *Seus olhos viam Deus*.

7. Vendidos versus homens da raça: Sobre o conceito de *passing**

Para a minha geração e para a geração dos meus pais, o filme *Imitação da vida*, lançado em 1934, constituiu um dos momentos cardeais na formação da cultura africano-americana, primeiro por ter sido tão belamente filmado e segundo porque serviu como um conto moral contra os atos de "se passar por branco" e "trair a raça". O filme também é um dramalhão dos melhores e eu amava assistir a ele tarde da noite com os meus pais quando era criança.

Nós podemos pensar em *Imitação da vida* como um texto original da consciência cultural negra, um filme tão popular e intenso visto por tantas pessoas que fundamentalmente moldou as atitudes dos estadunidenses por duas ou três gerações em relação àquilo que constitui um "vendido" da raça — alguém que "se passa por branco" e, portanto, "trai" sua negritude, abandonando a raça por completo. A passabilidade é prima em primeiro grau dessa condição de vendido, embora você não tenha que se passar por

---

* Literalmente, "passar-se", conceito estadunidense utilizado em referência ao ato de uma pessoa negra se passar por branca. (N. T.)

branco, literalmente, para ser um vendido. Nós podemos pensar nessa condição, digamos, como um *passing* metafórico: vender sua alma e a alma da raça por lucro. O total oposto do "vendido" que se passa por branco é um "homem da raça" ou uma "mulher da raça", uma pessoa leal ao povo preto, que defende as pessoas pretas, tem orgulho de ser preto ou preta e tem orgulho de outras pessoas pretas; alguém que celebra as realizações do povo preto, a história negra e a cultura negra com orgulho. O juiz Leon Higginbotham costumava dizer que Thurgood Marshall era um homem da raça e que seu sucessor na Suprema Corte, Clarence Thomas, era um vendido. Como sempre, julgamentos desse tipo são arbitrários.

Imitação da vida é estrelado por Claudette Colbert e Louise Beavers. Beavers é a cozinheira negra (Delilah) que inventa uma fórmula de panqueca que enriquece Claudette Colbert (Bea). Delilah foi inspirada na figura da Tia Jemima. As duas moram na mesma casa com suas filhas por anos, resultado de um arranjo no qual Delilah concordou em trabalhar de doméstica para Bea em troca de teto e comida para ela e para a filha, Peola, que parece branca e tem um pai branco há muito desaparecido. Peola decide abandonar a raça e se passar por branca, deixando a mãe e partindo seu coração.

O filme, lançado em 1934 e indicado a três Academy Awards (melhor filme, melhor assistência de direção e melhor gravação de som), foi baseado no romance popular homônimo, publicado em 1933 por Fannie Hurst, uma amiga branca de Langston Hughes e de Zora Neale Hurston. (Uma refilmagem de 1959 com Lana Turner e Juanita Moore modificou alguns detalhes e os nomes das personagens, assim como outro filme, *Meu sangue me condena*, lançado em 1960, mas o foco na raça se manteve, e outra geração de espectadores foi introduzida ao filme.)

Imitação da vida é sobretudo uma reprodução ampliada de *Autobiografia de um ex-negro* de James Weldon Johnson, publicado 22 anos antes. A obra não deu crédito a nenhum autor, como se o livro fosse uma genuína autobiografia publicada anonimamente. Mas era um romance, uma história ficcional inventada na íntegra por Johnson, um romance que "se passou", por assim dizer, por um livro de não ficção sobre um homem que se passava por branco. A obra enganou a todos; as pessoas escreviam para os jornais dizendo que conheciam pessoalmente aquele homem.

O romance de Johnson também foi reproduzido em um quadro intitulado *The Drop Sinister: What Shall We Do with It?* [A gota sinistra: O que faremos com ela?], pintado por Harry Watrous por volta de 1913. Nele, uma família de três pessoas está sentada em uma mesa, embaixo de um retrato do Grande Emancipador, Abraham Lincoln. O homem, presumivelmente o pai, talvez um pastor, lê um jornal chamado *The Christian*, e na cornija da lareira atrás dele há duas cruzes e os dizeres: E DEUS DISSE: FAÇAMOS O HOMEM À NOSSA IMAGEM E SEMELHANÇA. A mãe, retratada de perfil, de cabelos escuros, pele branca como leite e nariz fino, talvez arrebitado, se afasta um pouco da mesa, e ao lado dela uma menina angelical, de cabelos loiros e cacheados, olha para a mulher com expressão de súplica. Nenhuma figura nesse quadro é fenotipicamente negra. Que pergunta devemos fazer e qual seria a resposta? Quem é "negro" e quem é "branco" nesse quadro? Quem possui a temida gota?

W. E. B. Du Bois sabia. Na ocasião de seu lançamento, a pintura despertou curiosidade, e, em *The Crisis*, Du Bois deu uma resposta definitiva à confusão com a qual o quadro foi recebido na Academia de Design de Nova York em 1914. "Havia sempre uma multidão ao redor da pintura", ele escreveu. "Uma parte da multidão não compreendia a obra. 'O que significa?', as pessoas perguntavam. Outra parte fingia compreender. 'É sobre miscigenação', diziam." Em uma edição que também incluía uma matéria chamada "Selected Pictures of Seventy-Nine of Our Baby Friends" [Setenta e nove fotografias selecionadas de nossos amiguinhos bebês], com uma série de fotografias de crianças negras com uma diversidade de tons de pele, de cores e texturas de cabelo, Du Bois foi inequívoco em sua avaliação da linha de cor, afirmando de qual lado a família do quadro se encontrava.

As pessoas retratadas na obra são todas "de cor"; ou seja, entre seus antepassados de duas ou três gerações atrás, havia Negros de ascendência única. Essas pessoas "de cor" se casaram e trouxeram ao mundo uma criancinha de cabelos dourados; hoje, os dois se detêm por um momento e pensam, perplexos, no futuro dessa criança.

O que ela é? Uma Negra?

Não, ela é "branca".

Mas ela *é* branca?

O censo dos Estados Unidos diz que ela é "Negra".

Que diferença faz o que ela é, desde que a criança cresça e se torne uma mulher boa, honesta e capaz? Suas chances, no entanto, são pequenas!

Por quê?

Pois 90 milhões entre seus vizinhos bondosos, cristãos e civilizados vão insultá-la, vão tentar arruiná-la e bater a porta da oportunidade na cara dela no momento em que descobrirem *a gota sinistra*.[1]

Conceitos como o *passing* dependem da ficção da existência de raças como essências ou entidades descontínuas, e também da lei da hipodescendência, ou a regra da única gota, estabelecida durante a escravidão para garantir que a prole do escravizador permanecesse em sua posse, por mais misturados ou claros que seus filhos fossem. Curiosamente, no Brasil, se você puder demonstrar que tem uma gota de ancestralidade branca, pode se reivindicar como uma pessoa branca, enquanto nos Estados Unidos, por tradição, uma gota de ancestralidade negra faz de você uma pessoa preta. Por isso "a gota sinistra".

É aqui que o jovem protagonista de James Weldon Johnson descobre com muita dor que é negro, como Peola descobriu na escola. É uma passagem longa, digna de citação completa.

Um dia, próximo ao fim do segundo período escolar, o diretor veio até nossa sala e, após ter com a professora, por alguma razão disse: "Peço que todos os alunos brancos se levantem por um momento". Levantei-me com os demais. A professora olhou-me e, chamando o meu nome, disse: "Fique sentado agora e levante-se com os outros". Não a compreendi bem e perguntei: "Senhora?". Minha professora repetiu em um tom mais suave: "Fique sentado agora e levante-se com os outros". Sentei-me atordoado. Não via nem ouvia nada. Quando aos outros foi pedido que se levantassem, eu não estava em mim. Fomos dispensados, e saí em uma espécie de estupor. Alguns meninos brancos zombaram de mim, dizendo: "Ah, você também é um preto". Ouvi algumas crianças negras dizendo: "Sabíamos que ele era negro". "Shiny" disse para eles: "Vamos, deixem o menino em paz", e com isso obteve minha gratidão eterna.

Apressei-me o quanto pude e havia ganhado alguma distância antes de perceber que "Cabeça Vermelha" caminhava ao meu lado. Após um tempo, ele me disse: "Deixe eu levar isso". Entreguei-lhe os livros, incapaz de responder. Quando chegamos ao meu portão, ele disse, devolvendo-me os livros: "Sabe minha ágata vermelha grande? Não posso mais jogar com ela. Vou levar para você amanhã na escola". Peguei meus livros e corri para dentro da casa. Ao passar pelo corredor, vi que minha mãe estava ocupada com uma de suas clientes; subi às pressas para o meu pequeno quarto, fechei a porta e apressei-me até o espelho pendurado na parede. Por um instante tive medo de olhar, mas, quando o fiz, olhei-me demorada e seriamente. Ouvia sempre as pessoas dizendo a minha mãe: "Que belo rapaz você tem". Estava acostumado a ouvir comentários sobre a minha beleza; mas então, pela primeira vez, me tornava consciente dela e a reconhecia.

Apercebi-me da brancura de marfim da minha pele, a beleza da minha boca, o tamanho e a escuridão líquida dos meus olhos, a forma como meus cílios negros que os contornavam e sombreavam produziam um efeito fascinante mesmo para mim. Apercebi-me da suavidade e do brilho dos meus cabelos escuros que caíam em ondas por cima das têmporas, fazendo minha testa parecer mais branca do que de fato era. Quanto tempo passei ali admirando a minha imagem, eu não sei. Quando saí e cheguei ao topo da escada, ouvi a senhora que estava na companhia de minha mãe saindo. Desci as escadas às pressas e fui ter com a minha mãe sentada com uma costura nas mãos. Enterrei a cabeça em seu colo, exclamando de supetão: "Mãezinha, mãezinha, diga-me, eu sou um preto?". Não pude ver seu rosto, mas sei que a costura foi ao chão e senti suas mãos na minha cabeça. Mirei o rosto dela e repeti: "Diga-me, mãezinha, eu sou um preto?". Seus olhos estavam lacrimosos e pude ver que ela sofria por mim. Foi então que a olhei com mais atenção pela primeira vez. Pensava nela ao modo infantil, como a mulher mais bela do mundo; agora olhava para a minha mãe perscrutando defeitos. Vi que sua pele era quase amarronzada, que seus cabelos não eram tão macios quanto os meus, e que ela destoava de alguma forma das outras senhoras que vinham à casa; ainda assim, pude ver que era muito bonita, mais bonita que qualquer uma delas. Minha mãe deve ter sentido que eu a examinava, pois escondeu o rosto em meus cabelos e disse com dificuldade: "Não, querido, você não é um preto". E prosseguiu: "Você é tão bom quanto qualquer um; se alguém chamar você de preto, não faça caso". Mas quanto mais ela falava, mais aflito eu ficava, e interrompi minha mãe, perguntando: "Mãe, eu sou branco então? A senhora é branca?". Ela respondeu, trêmula: "Não, eu não sou branca, mas seu pai é um dos homens mais importantes do país. O melhor sangue do Sul corre nas suas veias…". Isso subitamente abriu em meu coração um novo abismo de dúvida e medo, e à beira da fúria perguntei: "Quem é o meu pai? Quem é ele?". Minha mãe afagou-me os cabelos e respondeu: "Um dia falarei dele". Solucei: "Quero saber agora". Ela disse: "Não, agora não".

Talvez isso fosse necessário, mas nunca perdoei a mulher que o fez com tanta crueldade. Ela pode nunca ter se dado conta do golpe que desferiu em mim naquele dia na escola, que me levou anos para curar.[2]

O protagonista do romance se torna um dos primeiros mestres do ragtime. E por sentir vergonha de sua raça — escolhendo se passar por branco quando vê um linchamento —, ele decide ser um compositor medíocre de música clássica europeia em vez de um compositor genial de ragtime. Incorporando a política da respeitabilidade, ele se casa com uma mulher branca, vai viver em um subúrbio de classe média alta e cria duas crianças como brancas. O livro termina com uma das condenações mais sofisticadas da tradição negra diante do *passing* ou da condição de vendido:

Por vezes me parece que nunca fui deveras um Negro, que fui tão só um espectador privilegiado da vida negra íntima; em outras, sinto que tenho sido um covarde, um desertor, e sou tomado por uma estranha nostalgia pelo povo de minha mãe. [...] [Há um] pequeno mas valente grupo de homens de cor lutando publicamente pela causa de sua raça. [...] Ao lado deles, sinto-me apequenado e mesquinho. Sou um homem branco medianamente bem-sucedido, que fez pouco dinheiro. Eles são homens que estão fazendo história e formando uma raça. Também eu poderia ter tomado parte de uma obra tão gloriosa [...].

O amor que guardo pelas minhas crianças torna-me feliz por quem sou, e assim me furto a desejar ser outra coisa; mas quando por vezes abro uma pequena caixa na qual ainda conservo meus manuscritos amarelados, os únicos resquícios tangíveis de um sonho desaparecido [...] não sou capaz de reprimir o pensamento de que, afinal, escolhi a menor parte, que vendi meu direito inato por ouro de tolo.[3]

Johnson, como Zora Neale Hurston fez em *Seus olhos viam Deus*, literaliza a metáfora de Du Bois da dualidade ou da dupla consciência. O personagem *vive* uma vida dupla, primeiro como homem preto e então como homem branco. Ele é ao mesmo tempo negro e branco — não é nenhum, mas é ambos.

Em *Autobiografia de um ex-negro*, podemos ver a metáfora da dupla consciência se tornando um personagem no romance, o protagonista que decide viver a vida como um homem branco, que decide se passar por branco. O *passing* é um extremo em um continuum da "traição da raça", que Du Bois definiu como "alvejar a alma Negra no dilúvio do americanismo branco", conservando um eu duplo, um eu público "branco" e um eu cultural "negro" particular que provoca constrangimento:

> A história do Negro americano é a história desse conflito. [...] Esse desperdício em esforços duplos, essa busca por satisfazer dois ideais irreconciliáveis, devastou lamentavelmente a coragem, a fé e os feitos de milhares de pessoas — fez com que clamassem por falsos deuses e invocassem falsos meios de salvação, e por vezes até pareceu despertar nelas uma vergonha de si mesmas.

Era uma vergonha muito grande, de fato, que, "passando por", elas pudessem negar suas conexões ou afinidades com a cultura negra, ou rejeitar suas responsabilidades com a comunidade negra mais ampla.[4] O *passing* podia tomar pelo menos três formas. Na primeira, uma pessoa negra podia literalmente se passar por branca e, portanto, escapar da raça. Na segunda, essa pessoa poderia se passar ostentando "coisas de classe", como diz um personagem de *Seus olhos viam Deus* —, agindo como se a classe alta negra, ou a classe média alta, fossem uma raça à parte das pessoas pretas da classe baixa. Du Bois descreve isso em *O negro da Filadélfia* (1899), e muitas pessoas do Movimento do Novo Negro na época do Renascimento do Harlem encenaram muito bem essa prática. Na terceira, as pessoas pretas podiam se vender tornando-se porta-vozes de políticas ou opiniões que pudessem trabalhar contra o bem maior da raça. Historicamente, por exemplo, uma pessoa preta que escravizava outras pessoas pretas ou facilitava sua escravização. Em tempos mais recentes, temos o caso de uma pessoa preta, ela mesma beneficiária das ações afirmativas de acesso ao ensino superior e contratações, e cuja nomeação e indicação para a Suprema Corte dos Estados Unidos foram claramente frutos dessas políticas, e que votou com a maioria de juristas (brancos) pelo retrocesso das ações afirmativas. Ele tem o direito de fazer isso? Afinal, cada membro de um grupo étnico ou religioso não seria um indivíduo dotado do direito de ter suas próprias crenças em conformidade com sua consciência e suas convicções? Não, segundo a longa tradição do homem e da mulher da raça.

E como uma pessoa pode "trair" ou "vender" toda uma raça? Du Bois faz uma declaração importante a esse respeito no décimo capítulo de *As almas do povo negro*:

> Da vida dupla que todo Negro americano deve viver, como Negro e como americano [...]. Essa tal vida dupla, com pensamentos duplos, deveres duplos e classes sociais duplas, há de criar palavras duplas e ideais duplos, tentando a mente para a pretensão ou para a revolta, para a hipocrisia ou para o radicalismo.[5]

Pense nisto: pensamentos duplos, deveres duplos, palavras duplas, ideais duplos, classes sociais duplas. Essas palavras poderiam servir de epígrafe para o romance de James Weldon Johnson. *Autobiografia de um ex-negro* conta a história de um completo vendido, um aspirante a homem da raça que é fenotipicamente ilegível, que comete o que podemos chamar de suicídio racial, como

Peola faz em *Imitação da vida*. O suicídio racial é o apagamento da negritude, é a negação da ancestralidade negra. De fato, uma pessoa que se passa usa uma máscara — uma forma que compõe um aspecto complexo da cultura negra imortalizado por um poeta negro da virada do século, Paul Laurence Dunbar, no poema "We Wear the Mask" [Nós usamos a máscara]:

> *We wear the mask that grins and lies,*
> *It hides our cheeks and shades our eyes,—*
> *This debt we pay to human guile;*
> *With torn and bleeding hearts we smile,*
> *And mouth with myriad subtleties.*
>
> *Why should the world be over-wise,*
> *In counting all our tears and sighs?*
> *Nay, let them only see us, while*
> *We wear the mask.*
>
> *We smile, but, O great Christ, our cries*
> *To thee from tortured souls arise.*
> *We sing, but oh the clay is vile*
> *Beneath our feet, and long the mile;*
> *But let the world dream otherwise,*
> *We wear the mask!*[6]*

---

* Em inglês no original: "Nós usamos a máscara que sorri e mente/ Oculta o rosto e tolda nossos olhos/ Pagamos essa dívida para a malícia humana;/ Com o coração desfeito, sangrando, sorrimos,/ A boca uma infinidade de sutilezas.// Por que deveria o mundo ser tão versado/ Na soma de nossas lágrimas e suspiros?/ Não, deixe que nos vejam assim tão só/ Quando usamos a máscara.// Nós sorrimos, mas, ó Cristo, nossos clamores/ Para Ti se erguem de almas atormentadas./ Nós cantamos, mas, ah, é vil o barro/ Aos nossos pés e longa a jornada;/ Mas que o mundo sonhe de outra forma,/ Nós usamos a máscara!". (N. T.)

Essa ideia de usar uma "máscara" racial é a metáfora-chave na famosa crítica de E. Franklin Frazier sobre a classe média negra, *Black Bourgeoisie* [Burguesia negra], publicada em francês em 1956 e em inglês em 1957. Para Frazier, que escrevia em meados do século XX, o *passing* assumia outra forma, como um fenômeno mais sutil, embora tão pernicioso quanto o apagamento racial. E esse fenômeno consiste no apagamento dos vínculos de afiliação racial ou identificação fraterna com outras pessoas pretas. A máscara racial se torna a máscara social, a máscara da classe, como diz Frazier em seu capítulo "Behind the Masks" [Por trás das máscaras].

A avaliação de Frazier sobre a falta de alma da classe média negra foi prevista, mais uma vez, por Du Bois, em seu conceito de "mamonismo", ou a busca de dinheiro em detrimento dos valores, quando ele já se preocupava com a nova classe média negra, por pequena que fosse em 1903: "afundando-se em uma busca por dinheiro e em um anseio pelo ouro", em vez de uma busca pelos "[verdadeiros] ideais do povo — a luta por um outro e mais justo mundo, pelo vago sonho de equidade, pelo mistério do conhecimento", que, segundo o autor, uma vez estiveram incorporados "no mundo Negro [pelo] Pastor e pelo Professor".[7]

A avaliação incisiva de Frazier sobre a classe média negra foi uma crítica estendida — 54 anos depois — do ensaio de Du Bois "The Talented Tenth" [O Décimo Talentoso], publicado em 1903, no mesmo ano de publicação de *As almas do povo negro*. Du Bois não inventou o termo; em um ensaio homônimo de abril de 1896, Henry Morehouse, o homem branco que dá nome ao Morehouse College, escreveu: "No debate a respeito da educação do Negro, não devemos nos esquecer do décimo talentoso. Uma educação comum pode atender aos nove homens medíocres; mas se isso for tudo o que podemos oferecer ao décimo talentoso, estaremos cometendo um prodigioso erro". Morehouse continua: "O décimo homem, dotado de talentos naturais superiores, quando simetricamente treinado e altamente desenvolvido, poderá tornar-se uma poderosa influência, uma inspiração maior que os outros nove, ou nove vezes nove maior".[8]

Por "Décimo Talentoso", Du Bois se referia ao que ele chamou de "o Negro cultivado na academia". Dez por cento de todas as pessoas pretas seriam 890 mil pessoas graduadas em 1903, quando *As almas* foi publicado. Mas a porcentagem real de "Negros cultivados na academia" naquele ano era muito menor — apenas 0,034%! (Para uma referência, a porcentagem de africano-americanos na faixa dos 25 anos ou mais com um diploma de graduação em 1990 era 11,4%, e 26,1% em 2020.)[9]

Du Bois definiu o Décimo Talentoso como "um remanescente salvador", uma "aristocracia de talento e caráter". "A raça Negra", disse ele, "como todas as raças, será salva por esses homens excepcionais." Esse excepcionalismo, esse Décimo Talentoso, seria cultivado com uma educação fundamentada nas artes liberais e não com treinamentos vocacionais, uma crítica ao posicionamento de Booker T. Washington. A educação ergueria esses homens excepcionais que, então, ascenderiam e conduziriam "todas as pessoas dignas de salvação para o seu terreno vantajoso. Essa é a história do progresso humano".[10]

A função do Negro cultivado na academia, para Du Bois, envolve sua definição particular de "serviço". De fato, Du Bois diz:

> Ele é, e deve ser, o líder do grupo, o homem que define os ideais da comunidade em que vive, direciona seus pensamentos e lidera seus movimentos sociais. Não é necessário dizer que o povo Negro necessita mais de liderança social que a maioria dos outros grupos; que o povo Negro não possui tradições em que se apoiar, costumes antigos, laços familiares fortes ou classes sociais bem definidas. Tudo isso deve ser construído de forma lenta e penosa.[11]

Concluindo, Du Bois escreve:

O Décimo Talentoso da raça Negra deve ser apontado como líder do pensamento e como missionário da cultura entre o seu povo. Ninguém mais pode fazer esse trabalho e as universidades Negras devem educar os homens para tal. A raça Negra [ele repete], como quaisquer outras raças, será salva por seus homens excepcionais.[12]

Não havia dúvidas em relação ao elitismo na formulação de Du Bois do conceito do Décimo Talentoso. Sua identificação desse grupo augusto foi muito atacada, e ele mesmo reconheceu, 45 anos depois, que não havia previsto as formas pelas quais o interesse próprio, e não o sacrifício, poderia conduzir aqueles "preparados" para liderar por meio de sua educação e posição social. Em sua própria autocrítica de 1948, Du Bois escreveu:

Presumi que, ao conhecimento, automaticamente se seguiria o sacrifício. No auge da minha juventude e idealismo, não me apercebi de que a mesquinhez é ainda mais natural que o sacrifício [...]. Quando deixei a universidade e parti para o mundo do trabalho, percebi que muito possivelmente meu plano de treinar um décimo talentoso poderia conceder o controle e o poder a um grupo de homens mesquinhos, comodistas e abastados, cujo interesse primário de resolver o problema do Negro era algo pessoal; liberdade pessoal, o uso e o desfrute desimpedido do mundo, sem nenhuma preocupação real, ou por certo sem despertar preocupação alguma, diante do que foi feito da massa de Negros americanos, ou da massa de qualquer povo. Meu Décimo Talentoso, assim compreendi, poderia resultar em um tipo de liberdade inter-racial para todos, com o diabo agarrando os últimos e os primeiros agarrando tudo o que podiam. Esse, historicamente, sempre foi o perigo da aristocracia.[13]

O resultado dessa "salvação" da raça pelo Décimo Talentoso não foi motivo de "orgulho entre um grupo cultural", como ele havia desejado e previsto. Em vez disso, Du Bois escreve: "Eles queriam ser americanos e não se importavam tanto com o tipo de povo que os americanos eram, desde que tivessem o direito de ser um deles". Du Bois acreditava que muitos membros desse grupo queriam que "o Negro" desaparecesse, racial e culturalmente. Em seu extremo lógico, o fim da segregação significaria o fim do "Negro".[14]

Du Bois, é claro, não estava disposto a abrir mão da cultura negra, e durante a primeira metade do século passou a ver a cultura negra de uma forma mais ampla. Em 1948, ele encorajou a criação de um Novo Décimo Talentoso, uma classe de liderança socialmente responsável e socialmente consciente que se tornaria a "vanguarda" da reforma política, um estandarte da democracia e da igualdade social não apenas nos Estados Unidos, mas também em aliança com o Terceiro Mundo, em especial com movimentos africanos e anticoloniais em lugares que Du Bois chama de "mundos de cor".

Nos Estados Unidos, vemos então muitos esforços em direção ao desmantelamento da segregação, se não para fazer desaparecer por completo a vida Negra, com certeza para pôr um fim às limitações diante das escolhas de vida que a condição de ser "Negro" representava. O famoso caso Brown versus Conselho de Educação foi bem-sucedido em sua argumentação de que "separados" equivalia de forma inerente a "desiguais". Mas pensemos nas igrejas negras, nas escolas e universidades historicamente negras, nas sororidades e fraternidades negras, nas instituições negras sociais e culturais, nos feriados e festivais culturais negros. Sua separabilidade os torna desiguais ou, por implicação, inferiores? É nosso desejo perder essas instituições, mesmo quando desejamos o fim daquelas instituições medíocres criadas pela segregação? De forma alguma. Mas, na época, muitas pessoas pretas viam a segregação como um sinal de sucesso total: assimilar-se à cultura estadunidense significava se livrar da "mácula" de ser "Negro" — "um problema social", como disse Du Bois certa vez.

Foi esse ambiente que trouxe à luz a controversa crítica de E. Franklin Frazier diante de sua chamada "burguesia negra". Frazier, como mencionei, publicou inicialmente seu livro em francês, apenas quatro anos após Frantz Fanon publicar, em Paris, *Pele negra, máscaras brancas*, em que explora os efeitos psicológicos da colonização na classe média negra na África e no Caribe. O livro de Frazier reflete de muitas formas o poderoso estudo de Fanon.

O argumento de Frazier tem cinco pontos de destaque:

O primeiro afirma que a classe média negra se caracteriza por um auto-ódio, e esse auto-ódio faz essa classe desprezar as pessoas pretas de classes mais baixas:

> Uma vez que a burguesia negra vive, em grande parte, num mundo de fantasias, as máscaras que seus integrantes usam para desempenhar seus lamentáveis papéis ocultam os sentimentos de inferioridade, de insegurança, e as frustrações que assombram suas vidas íntimas. Apesar de suas tentativas de escapar a uma real identificação com as massas de Negros, essas pessoas, como os menos favorecidos entre seus irmãos, não podem escapar da marca da opressão. Nessa tentativa de escapar à identificação com as massas Negras, a burguesia negra desenvolveu um auto-ódio que se revela em sua depreciação das características físicas e sociais dos Negros.[15]

No segundo ponto, Frazier argumenta que, bem lá no fundo, muitos membros da classe média negra ocultam um desejo secreto de ser brancos, "uma vez que [expressar isso] seria uma admissão de seu sentimento de inferioridade". Assim,

> a burguesia Negra está sempre ostentando um orgulho em sua identificação como Negros. Mas quando analisamos as atitudes dessa

classe diante das características físicas ou sociais dos Negros, fica claro que a burguesia Negra não deseja realmente ser identificada como tal.[16]

No terceiro, Frazier relaciona o que vê como um "auto-ódio e uma culpa" (que ele chama de "hostilidades reprimidas") a três coisas: a surpreendente presença de um antissemitismo dentro da comunidade negra; a rejeição de uma identificação com a cultura africana; e as alegações insistentes de um ancestral mítico nativo-americano em tantas árvores genealógicas de famílias negras. Ele escreve:

> Uma vez que são incapazes de agredir diretamente os brancos, os Negros da classe média podem, por vezes, tornar outros grupos minoritários os alvos de suas hostilidades. [...] Eles culpam o judeu pela pobreza dos Negros e por seus próprios fracassos e ineficiência nos negócios. Ao expressar suas hostilidades em direção aos judeus, os Negros tentam, ao mesmo tempo, identificar-se com a maioria branca.
>
> As hostilidades reprimidas dos Negros de classe média em relação aos brancos não são apenas lançadas a outros grupos minoritários, mas também se direcionam internamente a eles próprios. Isso resulta em um auto-ódio [...]. Enquanto fingem sentir orgulho de ser Negras, essas pessoas ridicularizam as características físicas negroides e procuram modificá-las ou apagá-las tanto quanto possível. No interior de seus próprios grupos, constantemente declaram que os "pretos" as enojam. [...]Sentem-se ofendidas quando são identificadas com africanos. Recusam filiações com organizações cujos interesses estejam vinculados à África. E se possuem uma ancestralidade mestiça, podem se gabar de sua ancestralidade indígena.[17]

Em quarto lugar, diante de todas essas coisas, Frazier argumenta, a classe média negra procura fugir de seu dilema psicológico e de seus "sentimentos de inferioridade" por meio de ilusões que envolvem um consumismo ostensivo: "apoiados pela crença de que a riqueza lhes concederá aceitação na vida americana [...]. Os Negros de classe média fazem dos bens físicos ou materiais verdadeiros fetiches".[18]

Por fim, e talvez o aspecto mais relevante para nós, Frazier argumenta que "esse auto-ódio da classe média Negra" explica a famosa metáfora de Booker T. Washington, de que as pessoas pretas eram como "caranguejos em um barril", puxando-se para baixo sempre que alguém tentasse escapar:

> [O auto-ódio] costuma revelar-se na ávida competição, entre a burguesia Negra, por status e reconhecimento. Essa ávida competição é resultado das frustrações que a burguesia Negra experimenta em suas tentativas de obter a aceitação e o reconhecimento dos brancos. Os Negros de classe média criticam e desvalorizam constantemente os Negros que logram algum reconhecimento ou que adquirem um status superior. A burguesia Negra prefere submeter-se à autoridade dos brancos do que ver-se subordinada a outros Negros. [...] De fato, a classe média Negra encontra dificuldade na cooperação em qualquer campo de realização.[19]

A crítica de Frazier foi escrita em meados dos anos 1950, justamente quando o movimento pelos direitos civis estava começando, logo após o caso Brown versus Conselho de Educação. Recordemos o que Du Bois disse quando recebeu a notícia de que a Suprema Corte havia revertido, por unanimidade, o caso Plessy versus Ferguson.* "Vivi para ver o impossível!"[20] Bem, Frazier também viveria para ver o impossível, de certa forma por causa da força de sua crítica, que provocou seriamente a classe média negra — e em especial

---

* Caso de 1896 em que a Suprema Corte dos Estados Unidos declarou constitucional a segregação racial no país. (N. T.)

seus filhos, que foram educados no contexto político militante dos 1960 e 1970.

Brown versus Conselho de Educação, o ápice de diversos casos judiciais pensados para desmantelar a segregação de jure, apresentados por Charles Hamilton Houston e pelo Fundo de Defesa Legal da NAACP, refletiu e revigorou um emergente movimento pelos direitos civis, conduzindo-o dos tribunais para os ônibus, balcões de lanchonetes, restaurantes e hotéis do Sul segregado. Suas lideranças incluíram muitas pessoas da própria classe que Frazier trucidou em seu livro. Novamente, esse movimento mais amplo não parece se encaixar na crítica de Frazier.

Por um lado, podemos dizer que Frazier não podia enxergar a possibilidade de pessoas de classe média negra emergirem como guerreiras em prol dos direitos civis quando escrevia seu livro em meados dos anos 1950 — e não podemos repreendê-lo por esse enorme ponto cego. Por outro lado, temos de reconhecer que a crítica de Frazier — por mais estridente e exagerada que tenha sido — foi um chamado à luta, um desafio ousado e direto à lealdade racial e à noção de responsabilidade social do Décimo Talentoso no enfrentamento corajoso e franco do racismo branco, mas também no combate aos efeitos devastadores e opressivos que os séculos de escravidão e de racismo antinegro surtiram naquilo que podemos chamar de psique negra. Podemos dizer que a crítica de Frazier foi um dos catalisadores no desenvolvimento da revolução pelos direitos civis, que teve seu ápice no dia 28 de agosto de 1963, na Marcha sobre Washington.

Até Martin Luther King endossou a crítica de Frazier sobre a burguesia negra em seu discurso no funeral das quatro meninas mortas no atentado à bomba contra a Igreja Batista da rua 16, ocorrido no dia 15 de setembro de 1963, em Birmingham, Alabama. King aproveitou a ocasião para acusar as pessoas pretas complacentes que se recusavam a protestar de terem uma parcela de responsabilidade nas mortes daquelas crianças. As crianças martirizadas, ele disse, têm algo a dizer a cada ministro do evangelho que guardou silêncio por trás da segurança dos vitrais. [...] Têm algo a dizer a cada pessoa Negra que tem aceitado passivamente o funesto sistema de segregação e que tem se mantido à margem de uma poderosa luta por justiça.[21]

Além disso, a retórica do Movimento Black Power e do Partido dos Panteras Negras, personificada na política nacionalista negra antiburguesia de Malcolm X, Stokely Carmichael, Eldridge Cleaver e H. Rap Brown, se inspirou na linguagem e nas conclusões de Frazier para desafiar a classe média negra a se tornar mais militante — a se tornar "mais negra", por assim dizer. Vemos os frutos desse poderoso movimento negro na determinação da nova classe média negra — criada por meio das ações afirmativas — de ser bem-sucedida nesta sociedade sem abandonar a igreja negra, a música e a arte negras, e outras tradições criadas e estimadas por sua ancestralidade negra; de ser bem-sucedida nesta sociedade sem "abrir mão da raça", sem alvejar sua complexa herança cultural e ética.

Posso dizer que, quando eu era estudante no fim dos anos 1960, a leitura da obra de Frazier era obrigatória e fornecia o modelo daquelas pessoas pretas que definitivamente *NÃO* queríamos nos tornar. Mas na história é recorrente o fato de que poucas posições políticas permanecem, ao longo das mudanças no contexto histórico, no mesmo ponto na escala ideológica. É importante ter em mente que a posição radical de hoje pode ser a posição conservadora de amanhã. O próprio Du Bois — que jamais consideraríamos um vendido —, no curso de seus 95 anos, deixou a NAACP por duas vezes, primeiro renunciando sob fortes pressões em 1934 por defender a segregação voluntária entre os africano-americanos, e então sendo demitido em 1948 por suas convicções esquerdistas.[22] Em vários momentos ele também foi integracionista, separatista, pan-africanista, socialista e capitalista. Ironicamente Du Bois, então ex-patriota membro do Partido Comunista Americano, faleceu em Gana no dia 27 de agosto de 1963, na véspera da Marcha sobre Washington por Emprego e Liberdade, considerada, até a data, a maior manifestação pelos direitos civis da história dos Estados Unidos.

Podemos dizer que o tão esperado ápice dessa profunda mudança de atitude, que teve início na luta pelos direitos civis no fim da década de 1950 e durante os anos 1960, ocorreu no dia 4 de novembro de 2008, quando cerca de 95% de todos os eleitores negros puseram de lado suas diferenças de classe e votaram para fazer de Barack Obama o primeiro presidente negro dos Estados Unidos. Mas talvez a derradeira ironia — muito triste por sinal — do grande triunfo da solidariedade racial e da consciência racial representado pelo imenso apoio da comunidade negra na eleição de Barack Obama é que a vitória dele suscitou imediatamente declarações da direita de que os legados do racismo não mais existiam e que, do dia para a noite, havíamos adentrado um misterioso novo mundo "pós-negro" e "pós-racial", que alguns comentaristas definiram como novas formas do desejo, presente no interior da sociedade estadunidense, de que todos nós devíamos nos passar por brancos.

Que conclusões podemos tirar sobre o *passing* e sobre a ideia de que as ações ou as crenças de uma pessoa podem "trair a raça"? O que "raça" significa, afinal, quando agora sabemos, com as últimas confirmações dos testes de DNA, que praticamente todas as pessoas pretas estadunidenses têm uma porção substancial de ancestralidade branca?

O *passing* era um fenômeno complexo. Afinal, se ninguém podia dizer se uma pessoa, de fato, possuía aquela proverbial "gota sinistra", então o *passing* pode ser considerado algo como um ato revolucionário, uma crítica àquelas definições racistas de "raça" que Kant inventou em 1775. Nesse sentido, o *passing* era uma declaração de que a "raça", supostamente fixada por Deus ou pela natureza como uma essência imutável, na verdade era apenas um construto social, uma ficção inventada para controlar e explorar o trabalho de seres humanos racializados. Em outras palavras, a "raça" não era uma essência nem nada significava quando a presença da negritude não podia, de fato, ser detectada.

E quanto ao conceito de "traição da raça"? Também não seria uma espécie de ficção, usada para controlar a individualidade no interior de um grupo? Afinal, caberia a quem decidir quais seriam as formas "apropriadas" ou "autenticamente negras" de pensar ou se comportar? Devemos suprimir nossa individualidade em nome de um Conselho de Censura Negra imaginário? Devemos nos conformar com os ditames da opinião pública, ainda que seja a opinião pública negra, mesmo quando discordamos deles moral ou eticamente? Para citar o revolucionário crítico social Stuart Hall:

> Eu gostaria apenas de lembrar que o modelo aqui proposto se aproxima mais do funcionamento de uma linguagem que do funcionamento de nossa biologia ou de nossas fisiologias. Que a raça remete mais a uma linguagem do que à forma como somos biologicamente constituídos. Você pode pensar que isso é uma coisa ridícula e absurda; você pode até mesmo estar olhando de esguelha ao redor só para ter certeza de que suas percepções visuais estão em pleno funcionamento. Eu garanto que sim: as pessoas são peculiares, de fato, algumas são marrons, outras são muito pretas, algumas são mais marrons e outras são terrivelmente rosadas na luz. Não há nada errado com a sua percepção, mas eu gostaria de insistir que o argumento que eu quero fazer aqui é que *a raça funciona como uma linguagem*. E os significantes se referem aos sistemas e conceitos de classificação de uma cultura diante de suas práticas com o fim de *produzir sentido*. E essas coisas ganham significado não por aquilo que contêm em sua essência, mas nas relações variáveis da diferença que estabelecem com outros conceitos e ideias em um campo significador. Seu signi-

ficado, por ser relacional, e não essencial, não pode jamais ser fixado, mas é sujeito ao constante processo de redefinição e apropriação: à perda de significados antigos, e à apropriação, acumulação e aquisição de novos significados, ao infindável processo de sermos constantemente ressignificados, feitos para significar algo diferente em diferentes culturas, em diferentes formações históricas em épocas diferentes.[23]

Eu tenho algo a dizer sobre o conceito de "traição da raça". Você pode gostar de hóquei no gelo, de música country, de canto tirolês, de esquiar longas distâncias, de sanduíche de pepino, de usar saiote escocês e ainda ser uma pessoa tão culturalmente "negra" quanto o nacionalista negro mais militante. Se há 47 milhões de pessoas pretas nos Estados Unidos, significa que há 47 milhões de formas de ser uma pessoa "legitimamente" preta. Como tentei mostrar neste livro, minha lista das pessoas especialmente heroicas na história da raça é composta daqueles indivíduos que nunca, jamais, deixaram ninguém lhes dizer como ser negros. E meu desejo mais profundo é que minha neta, Ellie, seja acrescentada a essa lista.

Conclusão
Policiando a linha de cor

A liberdade de escrita tem uma ressonância especial para as autorias negras, porque para tantas delas essa liberdade foi conquistada a duras penas. A "libertação" e a "alfabetização" eram inextrincáveis. "Para os horrores da vida do Negro americano quase não houve linguagem", James Baldwin observou certa vez.[1] Lembremo-nos de que, em muitos estados, era ilegal que uma pessoa escravizada aprendesse a ler e a escrever. As barbaridades do tráfico de pessoas escravizadas, a Passagem do Meio e a escravização perpétua foram seguidos por outro século de linchamentos, pela segregação Jim Crow, pela privação do direito ao voto e por formas de violência oficialmente sancionadas. Teria a língua inglesa falhado conosco, Baldwin se perguntou, diante do terror racista? Não, ele concluiu; nós devemos abraçá-la, ocupá-la, remoldá-la à nossa própria imagem, falar essa língua em nossas próprias vozes. Nós devemos usá-la para reparar esse terror. "Aceitar o passado de alguém — a história de alguém", Baldwin insistiu, "não significa eliminar esse passado, mas aprender a usá-lo." Isso, sem dúvida, é fundamental para a liberdade de escrita — a liberdade de testemunhar toda a diversidade de nossa humanidade compartilhada e tudo o que ela envolve, por mais desconfortável que seja o processo.

E quanto à liberdade de aprender? Quem tem direito a estudar, direito a ensinar, a abordar assuntos delicados? Hoje, essas questões ganham uma nova urgência quando os partidários de vários estados estão aprovando leis e resoluções com o fim de controlar o que os professores podem dizer na sala de aula, visando a eliminar a teoria racial crítica, o Projeto 1619* do *New York Times* e até banir palavras como "multiculturalismo", "igualdade" e "branquitude". Considere Ron DeSantis, atual governador da Flórida e aspirante a cargos maiores, que se opôs à proposta de um curso de estudos africano--americanos no currículo do ensino médio. Por trás dessas preocupações, há uma longa e complexa série de debates sobre o papel da escravidão e da raça nas salas de aula do país.[2]

"Somos da opinião de que devemos ensinar fatos e formas de pensar às crianças, mas somos contra a imposição de qualquer pauta sobre elas", o governador DeSantis disse. Ele também condenou algo que chamou de "doutrinação".[3]

A escola é um dos primeiros lugares onde a sociedade começa a moldar nossa noção do que significa ser estadunidense. É na escola que aprendemos a ser cidadãos, onde aprendemos as primeiras lições cívicas que reforçam ou desconstroem os mitos e fábulas que ouvimos em casa. Na minha escola primária em Piedmont, West Virginia, em 1956, o dia começava com um juramento de fidelidade à bandeira, seguido por um coro de "America (My Country, 'Tis of

---

* Segundo o site do projeto: "O Projeto 1619 é uma iniciativa contínua da *New York Times Magazine* que teve início em agosto de 2019, no aniversário de quatrocentos anos do início da escravidão nos Estados Unidos. O objetivo do projeto é reenquadrar a história do país, posicionando as consequências da escravidão e as contribuições das pessoas pretas estadunidenses no centro de nossa narrativa nacional". Disponível em: <https://www.nytimes.com/interactive/2019/08/14/magazine/1619-america-slavery.html>. Acesso em: 2 dez. 2023. (N. T.)

Thee)". Até hoje não consigo evitar que minha mão pouse no coração quando ouço as palavras de qualquer um dos dois.

É por meio de rituais desse tipo, repetidos incessantemente, que certas "verdades" se tornam uma segunda natureza, ou verdades "óbvias", por assim dizer. É assim que os fundamentos do nosso entendimento da história de nossa grande nação são construídos.

Ainda que se conceda o benefício da dúvida ao governador em relação às motivações por trás de suas recentes declarações sobre o conteúdo da versão original do currículo de estudos avançados criado pelo College Board, que inclui os estudos africano-americanos, sua intervenção se alinha com uma longa tradição de disputas amargas e politicamente suspeitas sobre a interpretação de três períodos cruciais na história das relações sociais estadunidenses: a Guerra Civil; os doze anos que se seguiram à guerra, período conhecido como a época da Reconstrução; e o brutal retrocesso da Reconstrução. Este último período, caracterizado por seus adeptos como a "Redenção" da antiga Confederação, assistiu à imposição da segregação Jim Crow, à reimposição da supremacia branca e sua justificativa por meio de esforços de propaganda executados com maestria.

O chamado movimento da Causa Perdida foi, para todos os efeitos, uma implacável guerra de redes sociais, nas quais políticos e historiadores amadores uniram forças para policiar a profissão do historiador. E nenhum grupo ou pessoa foi mais crucial na "disseminação dos fatos da história da Confederação, de forma honesta, íntegra e oficial", do que a historiadora geral das Filhas Unidas da Confederação, Mildred Lewis Rutherford, de Athens, Geórgia.[4] Rutherford era descendente de uma longa linhagem de escravizadores; seu avô materno escravizava pessoas já em 1820, e seu tio por parte de mãe, Howell Cobb, secretário do Tesouro no mandato do presidente James Buchanan, escravizava cerca de duzentos homens, mulheres e crianças em 1840. Rutherford foi diretora do Instituto Lucy Cobb (uma escola para meninas em Athens) e vice-presidente do projeto Stone Mountain Memorial, a antiga versão confederada do Monte Rushmore.[5]

Como nos diz o historiador David Blight: "Rutherford atribuiu um novo significado ao termo 'ultraconservador'". De fato, "na análise da história, ela considerava a Confederação 'livre de qualquer culpa' e perseguia essa justificativa com tal fervor político que poderia rivalizar com o ministro da Propaganda de qualquer ditadura do século xx".[6] E ela sentia que os crimes da Reconstrução "fizeram da Ku Klux Klan uma necessidade".[7] Como apontei no documentário da PBS, *Reconstruction: America After the Civil War* [Reconstrução: A América depois da Guerra Civil], sobre a ascensão e a queda da Reconstrução, Rutherford compreendeu, por mera intuição, a ligação direta entre as aulas de história na escola e a ordem racial da Causa Perdida sendo imposta fora dela, e tentou cimentar essa relação com empenho e eficácia. Ela sabia que o que se escreve no quadro-negro se traduz diretamente em práticas sociais que se desenrolam nas ruas.

Ela escreveu em *A Measuring Rod to Test Text Books, and Reference Books in Schools, Colleges and Libraries* [Uma régua de avaliação de livros didáticos e de referência em escolas, faculdades e bibliotecas]:

> Apercebendo-me de que os livros escolares de história e literatura com os quais as crianças do Sul estudam no presente, e mesmo aqueles com os quais muitos de seus pais estudaram antes delas, são, em muitos aspectos, injustos com o Sul e suas instituições, e de que uma injustiça e um perigo muito maiores ameaçam o Sul hoje diante das últimas histórias que vêm sendo publicadas, imputadas não apenas de grandes distorções, mas de omissões grosseiras, recusando-se a conceder ao Sul o crédito por suas realizações [...] eu criei, por assim dizer, um teste ou uma régua de avaliação.[8]

Rutherford usou essa régua de avaliação para empreender uma campanha sistemática cujo fim era redefinir a Guerra Civil não como a guerra da nação em prol do fim dos horrores da escravidão, mas como uma "guerra entre os estados", uma vez que, como ela escreveu em outra ocasião, "os negros do Sul nunca foram chamados de escravos". E eles eram "bem alimentados, bem-vestidos e bem abrigados".[9]

Entre os mais de 25 livros e pequenos impressos que Rutherford publicou, nenhum foi mais importante que *A Measuring Rod*. Publicado em 1920, seu acessível impresso foi elaborado para ser um indicador, "pelo qual todos os livros escolares de história e literatura das escolas do Sul devem ser testados por aqueles que buscam a verdade". O impresso foi pensado para reivindicar a "todas as autoridades responsáveis pela seleção de livros escolares para faculdades, escolas e para todas as instituições de ensino que avaliem todos os livros oferecidos para adoção a partir desta 'régua de avaliação', e que não adotem nenhum que não faça jus ao Sul". Além disso, a campanha dela era retroativa. Como o historiador Donald Yacovone nos diz em sua recente publicação *Teaching White Supremacy* [Ensinando a supremacia branca], Rutherford insistiu que os bibliotecários "deviam rabiscar 'injusto com o Sul' nos frontispícios" de qualquer livro "inaceitável" que "já estivesse presente em suas coleções".[10]

Em uma página encabeçada por um ameaçador "Alerta", Rutherford forneceu uma lista prática daquilo que um professor ou bibliotecário deveria "rejeitar" ou "não rejeitar".

> Rejeite um livro que não aborde a Constituição como um Pacto entre estados soberanos.
>
> Rejeite um livro escolar que não forneça os princípios pelos quais o Sul lutou em 1861, e que não detalhe com clareza as interferências infligidas aos direitos sulistas pela Constituição e que levaram à secessão.

Rejeite um livro que chame o soldado confederado de traidor ou rebelde, que chame a guerra de rebelião.

Rejeite um livro que afirme que o Sul lutou para conservar a posse de seus escravos.

Rejeite um livro que fale do senhor de escravos do Sul como um homem cruel e injusto com os seus escravos.

E meu preferido de todos: "Rejeite um livro que glorifique Abraham Lincoln e difame Jefferson Davis,* a menos que uma causa justa possa ser encontrada para essa glorificação ou difamação antes de 1865".

E como esses livros didáticos deveriam tratar a escravidão? "Foi uma educação que ensinou ao negro o autocontrole, a obediência e a perseverança — sim, ensinou-lhe a perceber sua fraqueza e a fortalecer-se para a batalha da vida", Rutherford escreveu em 1923 em *The South Must Have Her Rightful Place in History* [O Sul deve ter seu lugar legítimo na história]. "A instituição da escravidão no Sul, longe de degradar o negro, elevou-o prontamente acima de sua natureza e de sua raça."[11] Para Rutherford, que discursava usando vestidos da época anterior à Guerra Civil, a guerra sobre como interpretar o passado recente tinha a ver com estabelecer a ordem racial do presente: "A verdade deve ser dita, e você deve lê-la e estar pronto para respondê-la". Do contrário, "em poucos anos, não haverá Sul sobre o qual escrever uma história".[12]

Em outras palavras, a base nacional curricular de Rutherford era a Causa Perdida. E não surpreende que esses vigorosos esforços de propaganda tenham vindo acompanhados da construção de muitos dos monumentos confederados que têm pontuado desde então a paisagem sulista.

---

* Presidente dos Estados Confederados da América durante a Guerra de Civil Americana. (N. T.)

É seguro afirmar que a maioria dos historiadores contemporâneos da Guerra Civil e da Reconstrução pensa a mesma coisa sobre Rutherford e a Causa Perdida, mas também é verdade que um dos aspectos mais fascinantes dos estudos africano-americanos é o profícuo histórico de debates sobre questões desse tipo, em especial sobre o que significava — e continua significando — ser uma pessoa "negra" em um país em que a escravidão humana ocupou o centro do sistema econômico por dois séculos e meio.

Os debates aquecidos no interior da comunidade negra, que tiveram início já nas primeiras décadas do século XIX, variaram desde a forma como "a raça" deveria se chamar publicamente (William Whipper versus James McCune Smith) até a possibilidade de uma resistência armada ou não por parte de homens e mulheres escravizadas contra seus escravizadores (Henry Highland Garnet versus Frederick Douglass). Deveríamos perseguir o desenvolvimento econômico ou os direitos políticos (Booker T. Washington versus W. E. B. Du Bois)? As pessoas pretas devem voltar para a África (Marcus Garvey versus W. E. B. Du Bois mais uma vez)? Devemos admitir publicamente o papel crucial das elites africanas na escravização dos nossos ancestrais (Ali Mazrui versus Wole Soyinka)?

Some essas questões às discussões atuais sobre sexismo, socialismo e capitalismo, reparações, antissemitismo, homofobia e transfobia. Os estudantes sempre se surpreendem ao aprender que nunca houve uma forma de "ser negro" entre os africano-americanos, e que nem os políticos, ativistas e acadêmicos negros jamais falaram a uma só voz ou abraçaram um único posicionamento ideológico ou teórico. A América negra, aquela "nação dentro da nação", como o abolicionista Martin R. Delany afirmou, sempre foi tão variada e diversa quanto as cores das peles das pessoas que se identificaram, ou foram identificadas, como seus membros.

Esse legado de debates, fundamentais para um entendimento mais completo da história negra, persiste até as controvérsias mais atuais sobre temas acadêmicos, como a original e perspicaz teoria interseccional de Kimberlé Crenshaw, reparações, antissemitismo negro, teoria racial crítica e o Projeto 1619 — muitos dos quais foram incluídos na lista de alvos do sr. DeSantis.

Por que os estudantes não deveriam ser introduzidos a esses debates? Qualquer boa disciplina de estudos negros procura explorar a maior gama de pensamentos promovidos por pensadores negros e brancos sobre a raça e o racismo ao longo dos períodos de luta dos nossos antepassados por direitos. De fato, na minha experiência, lecionar em nossa área por meio desses debates é uma estratégia pedagógica rica e complexa, que permite aos alunos criar empatia por variadas diferenças de opinião, compreender a diversidade no interior da diferença e refletir sobre tópicos complexos a partir de vários ângulos. Os alunos se veem forçados a criticar estereótipos e rumores sobre a nossa existência enquanto povo e sobre o que significa ser "autenticamente" negro. Eu não sei qual dessas ideias pôs um dos meus ensaios na lista de textos que o estado da Flórida considerou condenáveis, mas lá está.

Carter G. Woodson, historiador formado em Harvard que em 1926 inventou o que se tornaria o Mês da História Negra, era profundamente consciente do papel da política na sala de aula, em especial as intervenções da Causa Perdida. Woodson escreveu:

> Após a Guerra Civil, os inimigos da liberdade e da justiça social decidiram elaborar um programa que escravizaria a mente dos Negros na medida em que a liberdade do corpo tivesse de ser concedida. Era bem entendido que, se por meio do ensino da história o homem branco podia ser ainda mais assegurado de sua superioridade e o homem negro podia ser levado a sentir que sempre fora um fracasso e que a sujeição de sua vontade a alguma outra raça era necessária, o liberto, então, seria sempre um escravo. Quando se pode controlar o pensamento de um homem, não é necessário preocupar-se com suas ações.[13]

É justo interpretar as tentativas do governador DeSantis de policiar o currículo escolar como uma versão contemporânea da campanha didática da Causa Perdida de Mildred Rutherford? Não. Mas o governador faria bem em prestar atenção a suas companhias. Digamos apenas que DeSantis, que não é nenhum especialista em história africano-americana, se lançou a uma campanha de censurar os estudos sobre as complexidades do passado negro com uma determinação que remete ao empenho de Rutherford. Embora supostamente não apoie a mesma causa, DeSantis é um cúmplice na promoção da agenda de Mildred Rutherford.

Como o reverendo dr. Martin Luther King Jr. afirmou de forma tão perspicaz: "Nenhuma sociedade é capaz de reprimir um passado sombrio quando suas ruínas sobrevivem no presente".[14] Nós só podemos abordar e encontrar soluções para essas "ruínas" — um processo que pode e deve começar na sala de aula — com discussões e debates francos através de todo o espectro ideológico.

No decorrer da história negra, tem persistido uma longa, triste e revoltante tradição de censurar expressões artísticas populares, desde a caracterização do blues, do ragtime e do jazz como "música do diabo" pelos guardiões da "política da respeitabilidade" até esforços de censurar o hip-hop liderados por C. Delores Tucker, que organizou uma campanha para proibir o *gangster rap* nos anos 1990. O hip-hop também tem sido um potencial alvo de censura criminal: Mark Wichner, vice-xerife de Broward County, na Flórida, apresentou acusações de obscenidade contra o 2 Live Crew em 1990. Mas há uma diferença crucial entre Tucker, conhecida como uma ativista pelos direitos civis, e Wichner, um encarregado da justiça a serviço do estado, uma diferença parecida com aquela entre Rutherford e DeSantis.

Embora o desejo de censurar a arte — uma forma simbólica de vigilância policial — seja cego para a cor da pele, não existe uma equivalência entre a censura governamental e a suposta censura por parte dos defensores da moral. Muitos estados estão seguindo a liderança da Flórida na busca por barrar discussões sobre raça e história nas salas de aula. Qual seria, então, a diferença entre Mildred Lewis Rutherford e o governador DeSantis? O poder institucional.

Rutherford desejava o poder de convocar o aparato do estado para impor suas restrições à narrativa nacional sobre a história da raça e do racismo. DeSantis tem esse poder e vem demonstrando sua disposição de usá-lo. É contra essa demonstração equivocada de poder estatal que aqueles entre nós que valorizam a liberdade de investigação no centro dos princípios educacionais do país devemos nos posicionar.

Mas não devemos isentar a nós mesmos de um olhar atento. Sempre que tratamos uma identidade como algo a ser isolado de outra identidade, nós menosprezamos a imaginação humana. A ideia de que você precisa ter determinada aparência para dominar determinado assunto foi um preconceito que nossos antepassados — mulheres que escreviam sobre homens, pessoas pretas que escreviam sobre pessoas brancas — foram obrigados a desafiar. No mesmo ano em que Rosa Parks se recusou a sair do compartimento branco daquele ônibus, Toni Morrison apresentou sua dissertação de mestrado sobre Virginia Woolf e William Faulkner na Universidade Cornell, ocupando um assento no compartimento branco do cânone modernista. Qualquer professor, aluno, leitor e escritor atentos e motivados devem ser capazes de se envolver livremente com os assuntos de sua escolha. Essa não é apenas a essência da educação. É a essência do ser humano.

O grande Wole Soyinka me ajudou a entender isso quando fui estudar com ele na Universidade de Cambridge quase cinco décadas atrás. Apesar do fato de eu não ser africano, muito menos iorubá, Wole me acolheu em seu mundo mítico e metafísico, repleto de metáforas, forças e presságios de um conjunto de divindades estranho para mim. Eu fiquei extasiado enquanto explorava esses novos reinos. De minha juventude devota na Virgínia Ocidental, me veio à mente uma passagem do Livro de Jeremias: "Invoca-me e eu te responderei e te anunciarei coisas grandes e inacessíveis, que tu não conheces".

Mas o próprio Soyinka, o primeiro africano negro a ser laureado com o prêmio Nobel de literatura, estudou Shakespeare com o grande crítico inglês G. Wilson Knight, que mais tarde o incluiria entre seus alunos mais notáveis. A imaginação literária nos convoca a habitar acima do que W. E. B. Du Bois chamou de "o véu" da linha de cor. Como Du Bois escreveu, ansiosamente: "Convoco Aristóteles, Aurélio e qualquer alma que deseje, e elas vêm até mim sem desprezo ou superioridade. Assim, unido com a Verdade, eu habito sobre o véu".[15] Du Bois nunca deixou que lhe dissessem para se manter em seu lugar. Quando necessário, Du Bois criava um lugar próprio. Dissidente por toda a vida, ele também sabia que a libertação não seria assegurada pela filtragem das vozes dissidentes; a coragem, e não o conforto, era o seu ideal.

O essencialismo em relação às identidades humanas, incluindo a identidade racial, é muito limitador, seja qual for o contexto. Esse dogma nos nega a capacidade de crescer e de nos surpreender — e a sabedoria é precisamente a capacidade de sermos surpreendidos. Quando declaramos que o próprio processo de formação da nossa identidade está fora dos limites da contestação e do debate, estamos fundamentalmente minando o ideal do discurso público no qual se baseia a vida estadunidense. A grande ativista e acadêmica feminista Catharine MacKinnon certa vez insistiu na "mais que óbvia realidade de que os grupos são feitos de indivíduos", cada qual com sua realidade única.[16]

Devemos ser particularmente cautelosos com indivíduos que se apontam como vigilantes daquilo que não pode ser dito. O discurso de ódio tem uma história longa e dolorosa nos Estados Unidos, mas devemos cuidar para que a cura não seja pior que a doença.

Desde os primeiros anos da nossa república, os pensadores negros vêm combatendo o racismo por meio da linguagem, e não lutando contra ela. A teoria racial crítica, por exemplo, é um campo que vem fazendo um valioso trabalho em nosso sistema legal, servindo para combater os fracassos tão óbvios das chamadas políticas sem distinção de cor em relação aos estadunidenses negros. Mas a ideia da epistemologia do ponto de vista, a ideia de que apenas o membro de um grupo pode verdadeiramente compreender esse grupo, não apenas se configura como uma tentativa de traçar uma linha clara em um aspecto da vida que é necessariamente ambíguo e complicado, mas também alimenta as forças de divisão. Quando se trata da liberdade de expressão, sugerir, como há muito fazem os teóricos críticos da raça, que a igualdade deve preceder a liberdade significa apenas abandonar a última sem assegurar a primeira.

A influência dessa forma de pensar pode fechar as portas para os modelos mais sofisticados e múltiplos de política econômica dos quais tanto necessitamos. Não podemos assegurar nossas liberdades nem corrigir as igualdades persistentes no país punindo comentários rudes. Uma análise do racismo não demanda a adesão a doutrinas totalizantes, mas que sigamos o exemplo de pesquisadores acadêmicos como Douglas Massey, William Julius Wilson ou Gary Orfield, que, apesar de seus desentendimentos, ao menos tentam entender como as coisas funcionam no mundo real, jamais confundindo o empírico com o meramente circunstancial.

Não posso expressar isso melhor que o acadêmico Charles Lawrence, quando escreve: "Temo que, limitando o debate como limitamos — como um debate em que a liberdade de expressão entre em conflito com o fim do racismo —, tenhamos promovido a causa da opressão racial, posicionando o intolerante em um patamar moral elevado e alimentando as chamas incandescentes do racismo".[17] Embora Lawrence não tenha pretendido isso, eu leio esse trecho como uma crítica severa às forças que se opõem à liberdade de expressão, de ambos os lados. A inclinação de policiar a linguagem por seu potencial ofensivo, ou ditar quais áreas de pesquisa intelectual ou expressão criativa estão disponíveis e para quem, prejudica a própria causa que essa inclinação pretende fortalecer: de fato, a capacidade de se interessar pela diversidade de experiências, de imaginar formas diferentes de viver no mundo, é a base da empatia humana.

O que devemos uns aos outros e a nós mesmos é uma noção compartilhada de deslumbramento e reverência quando contemplamos as obras da imaginação humana ao longo do tempo e do espaço, obras criadas por pessoas que não se parecem conosco e que, em muitos casos, ficariam chocadas por conhecermos seu trabalho e seu nome. As identidades sociais podem nos conectar de formas múltiplas e entremeadas, e não são protegidas, mas traídas, quando as transformamos em silos com sentinelas. A liberdade de escrita só pode prosperar se protegermos a liberdade de leitura — e de aprendizado. E talvez a primeira coisa a aprender, nestes tempos tempestuosos, é que todos nós podemos nos beneficiar de mais humildade e humanidade.

Agradecimentos

Os sete capítulos deste livro são ensaios que revisei a partir das aulas apresentadas na disciplina Introdução aos Estudos Africano--Americanos em Harvard, que eu tive o prazer de lecionar ao lado de colegas do Departamento de Estudos Africanos e Africano--Americanos por muitos anos. Após cada aula, eu revisava o texto em resposta aos comentários de nossos alunos e a partir da minha própria avaliação de aspectos de meus argumentos que poderiam ser mais claros e fortes. Todo professor compreende que as aulas são dinâmicas, não estáticas, e parte do vigor de uma aula depende de quem está ouvindo. Agradeço aos meus alunos por me questiona-rem e me desafiarem a cada ano, e espero que as lições que eu tentei compartilhar os acompanhem por muito tempo depois de deixarem os veneráveis corredores de Harvard. Um grande agradecimento aos meus colegas professores: Evelyn Brooks Higginbotham, com quem concebi o curso do qual essas aulas fizeram parte; Lawrence Douglas Bobo e Evelynn Hammonds. O último ensaio do livro foi uma resposta que publiquei em *The New York Times* às tentativas do governador Ron DeSantis de censurar os estudos africano-americanos no currículo escolar do estado da Flórida.

Por sua pesquisa brilhante e capacidade editorial, eu gostaria de agradecer a Kevin Burke, Rob Heinrich e Julie Wolf. Também gostaria de agradecer aos meus editores na Penguin, Scott Moyers e Helen Rouner; meus agentes literários, David Kuhn, Nate Muscato e Helen Hicks; meus antigos agentes literários, Lynn Nesbit, Tina Bennett e Paul Lucas; ao meu advogado, Bennett Ashley; Ari Emanuel, Bradley Singer e Vanessa Hulley na WME; meu editor em *The New York Times*, Aaron Retica; Casper Grathwohl e Damon Zucca da Oxford University Press; Marian Johnson, Julia Reidhead e Carol Bemis da W. W. Norton; e Robert Weil da Liveright. Do Hutchins Center, agradeço ao diretor executivo Abby Wolf, ao diretor associado Shawn Lee, Velma DuPont e Sandra Mancebo. Meus agradecimentos especiais vão para Amy Gosdanian, uma âncora na tempestade e uma fonte inesgotável do mais generoso apoio moral, de uma alegria inabalável e de uma capacidade de organização extraordinária. Também gostaria de agradecer a vários colegas e amigos, cada um dos quais inspirou ou encorajou o meu trabalho de variadas formas: Elizabeth Alexander, Kwame Anthony Appiah, Larry e Adele Bacow, Bev Beatty, Patti Bellinger, David Bindman, Juliet Blake, David Blight, Phoebe Braithwaite, Leslie Brown, Olivia Carpenter, Glenda Carpio, Panashe Chigumadzi, Richard Cohen, Andrew Curran, Persis Drell, Geralyn Dreyfous, Driss Elghannaz, Cynthia Erivo, Ellen Essenfeld, Drew Faust, Henry Finder, Laura Fisher, Eric Foner, Alan Garber, Claudine Gay, Adam Gopnik, Stephen Greenblatt, Emily Greenhouse, Kevin Guiney, Catherine Hall, Sophie Hanson, Patricia Harrison, Bernard Hicks, Lauren Hom, Glenn e Debbie Hutchins, Lucy Jakub, Barbara Johnson, Robin Kelsey, Paula Kerger, Jamaica Kincaid, Jeff Matrician, Dyllan McGee, Giovanna Micconi, W. J. T. Mitchell, Marcyliena Morgan, dr. Thomas Nash, Terri Oliver, Dawna Phaneuf, David Remnick, dr. Daniel Richman, Hollis Robbins, Sharon Rockefeller, Jose Sanabria, Sharmila Sen, Sara Serlen, Tommie Shelby, Ruth Simmons, Michael D. Smith, Robert F. Smith, Georgia Soares, John Stauffer, Claude Steele, Sabin Streeter, Jim e Susan Swartz, Maria Tatar, Helen Vendler, Darren Walker, Natalia Warchol e Mark Weigel.

Por fim, sou grato pelo presente que é a minha família: minha enteada Cristina Suarez e seu marido, Reinier Bao; meu enteado Jose Suarez e sua noiva, Jessica Cruz; meu enteado Jesus Suarez e sua noiva, Rocio Rives; minha filha Liza Gates; minha filha Maggie Gates e seu marido; meu genro, Aaron Hatley, e sua linda filha; minha neta, Eleanor Margaret Gates-Hatley; e, claro, minha brilhante esposa, dra. Marial Iglesias Utset, minha crítica mais perspicaz e minha mais firme apoiadora.

Notas

PREFÁCIO: A CAIXA-PRETA [pp. 11-30]

1. Martin Robison Delany, *The Condition, Elevation, Emigration, and Destiny of the Colored People of the United States*. Filadélfia: publicação do autor, 1852, pp. 9, 221; W. E. B. Du Bois apud David Levering Lewis; Deborah Willis, *A Small Nation of People: W. E. B. Du Bois and African American Portraits of Progress*. Washington, DC: Library of Congress, 2003, p. 18.

2. Stephen L. Carter, *Reflections of an Affirmative Action Baby*. Nova York: Basic Books, 1991, p. 1.

3. Barbara Johnson, "The Critical Difference". *Diacritics*, v. 8, n. 2, p. 2, verão 1978; Id., *A World of Difference*. Baltimore, MD: The Johns Hopkins University Press, 1987.

4. John Milton, *Paraíso perdido*. 2. ed. Trad. de Daniel Jonas. São Paulo: Ed. 34, 2016.

5. Henry Box Brown, *Narrative of the Life of Henry Box Brown, Written by Himself*. Manchester: Lee and Glynn, 1851, p. 53. Disponível em: <https://docsouth.unc.edu/neh/brownbox/brownbox.html>. Acesso em: 19 out. 2023.

6. Frederick Douglass, *Narrative of the Life of Frederick Douglass, an American Slave. Written by Himself*. Boston: Anti-Slavery Office, 1845, p. 13. Disponível em: <https://docsouth.unc.edu/neh/douglass/douglass.html>. Acesso em: 19 out. 2023.

7. Ibid.

8. Thomas Wentworth Higginson, "Negro Spirituals". *The Atlantic Monthly*, v. 19, n. 116, p. 685, jun. 1867.

9. Frederick Douglass, *Narrative*, p. 14.

10. Bill Egan, "Europe, James Reese". *Oxford African American Studies Center*. Disponível em: <doi.org/10.1093/acref/9780195301731.013.45530>. Acesso em: 19 out. 2023.

11. Marcus Garvey, "The Negro's Greatest Enemy". *Current History*, set. 1923. In: Bob Blaisdell (Org.), *Selected Writings and Speeches of Marcus Garvey*. Minoela, NY: Dover, 2004, p. 9. Um exemplo do uso da metáfora do caranguejo por Washington foi publicado no jornal *Commercial Advertiser* (Território do Havaí) em 30 de maio de 1904. Aqui Washington conta a fábula de um "velho homem de cor" que não se importava que seus caranguejos escapassem da caixa: "Eu sou um caranguejista, eu sou, e sei tudo sobre a natureza do caranguejo. Não preciso ficar vigiando eles. Quando o caranguejo grande luta pra subir e está quase saindo, o caranguejo pequeno pega ele pela perna e puxa de volta. Não tem como ele sair". Então, Washington revela a moral irônica: "Meus amigos, descobri que há algo da natureza do caranguejo na natureza humana, mas esse algo deve situar-se entre os brancos, e não na nossa raça". Escritores negros seguiram empregando a metáfora do caranguejo depois de Washington. Por exemplo, Hubert Harrison publicou uma "história da carochinha" sobre o caranguejo no barril para criticar os planos de "rebaixamento" por parte dos socialistas negros do Harlem. Ver Hubert Harrison, "Just Crabs". *Negro World*, 27 mar. 1920, reimp. in *When Africa Awakes*. Nova York: Porro, 1920, pp. 73-5. Ver também Jeffrey B. Perry (Org.), *A Hubert Harrison Reader*. Middletown, CT: Wesleyan University Press, 2021, pp. 109-11.

12. W. E. B. Du Bois, *The Souls of Black Folk*. Chicago: A. C. McClurg, 1903, p. 1.

13. Ibid., p. 3.

14. Ver W. E. B. Du Bois, "A Negro Nation within a Nation", 26 jun. 1934. Disponível em: <https://www.blackpast.org/african-american-history/speeches-african-american-history/1934-w-e-b-du-bois-negro-nation-within-nation>. Acesso em: 19 out. 2023; Id., "Segregation". *The Crisis*, p. 147, maio 1934; Michael Beschloss, "How an Experiment with Dolls Helped Lead to School Integration". *The New York Times*, 6 maio 2014.

15. Alain Locke, "Enter the New Negro". *Survey Graphic*, mar. 1925; Alain Locke (Org.), *The New Negro: Voices of the Harlem Renaissance* (1925). Nova York: Touchstone, 1997, p. 3.

16. W. E. B. Du Bois, *Black Folk Then and Now: An Essay on the History and Sociology of the Negro Race* (1939). Nova York: Oxford University Press, 2007, p. xxxii.

17. Terrance Hayes, "The Blue Seuss". In: *Wind in a Box*. Nova York: Penguin, 2006, pp. 43-4.

18. Stephen Menn; Justin E. H. Smith (Org. e trad.), *Anton Wilhelm Amo's Philosophical Dissertations of Mind and Body*. Nova York: Oxford University Press, 2020, pp. 21-2.

19. Susan J. Hubert, "Capitein, Jacobus". *Oxford African American Studies Center*. Disponível em: <https://oxfordaasc.com/display/10.1093/acref/9780195301731.001.0001/acref-9780195301731-e-44610>. Acesso em: 18 jan. 2024.

20. Jos Damen, "Dutch Letters from Ghana". *History Today*, v. 62, n. 8, pp. 47-52, ago. 2012.

21. Iris Wigger; Spencer Hadley, "Angelo Soliman: Desecrated Bodies and the Spectre of Enlightenment Racism". *Race and Class*, v. 62, n. 2, p. 83, 3 ago. 2020. Disponível em: <https://doi.org/10.1177/0306396820942470>. Acesso em: 18 jan. 2024.

22. Ibid., p. 83.

23. Ibid., pp. 81-2.

1. RAÇA, RAZÃO E ESCRITA [pp. 31-61]

1. Statistics from "Trans-Atlantic Slave Trade — Estimates". *SlaveVoyages*. Disponível em: <https://www.slavevoyages.org/ assessment/estimates>. Acesso em: 23 out. 2023.

2. Vincent Carretta, *Phillis Wheatley: Biography of a Genius in Bondage*. Athens: University of Georgia Press, 2001, p. 1.

3. Ibid., pp. 37, 46, 65-6, 79-81.

4. Ibid., pp. 80-4.

5. Joanna Brooks, "Our Phillis, Ourselves". *American Literature*, v. 82, n. 1, pp. 1-28, 2010; Hollis Robbins, "Examining Phillis Wheatley". *Los Angeles Review of Books*, 19 dez. 2022.

6. Carretta, *Phillis Wheatley*, pp. 85, 91-100.

7. Lurana Donnels O'Malley, "'Why I Wrote the Phyllis Wheatley Pageant-Play': Mary Church Terrell's Bicentennial Activism". *Theatre History Studies*, v. 37, pp. 225-55, 2018.

8. David Waldstreicher, "The Wheatleyan Moment". *Early American Studies: An Interdisciplinary Journal*, v. 9, n. 3, pp. 522-51, outono 2011.

9. Vincent Carretta, *Phillis Wheatley Peters: Biography of a Genius in Bondage*. Athens: University of Georgia Press, 2023, p. 86.

10. Ibid., p. 226, n. 49.

11. Vincent Carretta, *The Writings of Phillis Wheatley*. Oxford: Oxford University Press, 2019, p. 161; James Albert Ukawsaw Gronniosaw, *A Narrative of the Most Remarkable Particulars in the Life of James Albert Ukawsaw Gronniosaw, an African Prince, as Related by Himself*. Bath, Inglaterra: W. GYE, 1772. Disponível em: <docsouth.unc.edu/neh/gronniosaw/gronnios.html>. Acesso em: 18 jan. 2024.

12. Robbins, "Examining Phillis Wheatley".

13. M. Fontenelle, *Conversations with a Lady on the Plurality of Worlds, to Which Is Also Added a Discourse Concerning the Antients and Moderns*. Trad. de Andrew S. Curran. Londres: J. Darby, 1719, pp. 94, 183-4.

14. Sobre os ensaios de Bordeaux, ver Henry Louis Gates Jr.; Andrew S. Curran (Orgs.), *Who's Black and Why?: A Hidden Chapter from the Eighteenth- -Century Invention of Race*. Cambridge, MA: Harvard University Press, 2022.

15. Nota de rodapé citada em Emmanuel C. Eze, "Hume, Race, and Nature". *Journal of the History of Ideas*, v. 61, n. 4, pp. 691-8, out. 2000.

16. Immanuel Kant, Observations on the Feeling of the Beautiful and *Sublime*. Trad. de John T. Goldthwait. Berkeley: University of California Press, 1960, pp. 110-1.

17. Montesquieu, *De l'esprit des lois*. Paris: Garnier frères, 1973, v. 1, p. 248; Id., *Pensées et fragments inédits de Montesquieu*. Bordeaux, França: G. Gounouilhou, 1889, p. 167. Ambas as fontes traduzidas do francês por Andrew S. Curran.

18. Apud Andrew S. Curran, *The Anatomy of Blackness: Science and Slavery in an Age of Enlightenment*. Baltimore: Johns Hopkins University Press, 2011, p. 14.

19. Edward D. Seeber, "Phillis Wheatley". *The Journal of Negro History*, v. 24, n. 3, p. 260, jul. 1939.

20. Todas as citações de Jefferson foram retiradas de "Jefferson's *Notes on the State of Virginia*". *Africans in America*. Disponível em: <https://www.pbs.org/wgbh/aia/part3/3h49ot.html>. Acesso em: 19 jan. 2024.

21. Henry Louis Gates Jr.; Andrew S. Curran, "We Need a New Language for Talking about Race". *The New York Times*, 3 mar. 2022. Disponível em: <https://www.nytimes.com/2022/03/03/opinion/sunday/talking-about-race.html>. Acesso em: 23 out. 2023.

22. Nina Jablonski, "What Is It about Skin Color?". *The Root*, 16 fev. 2013. Disponível em: <https://www.theroot.com/what-is-it-about-skin-color-1790895168>. Acesso em: 23 out. 2023.

23. Ver minha réplica a Sean Wilentz, "Who Lincoln Was". *The New Republic*, 25 jul. 2009. Disponível em: <https://newrepublic.com/article/63777/disputations-the-lost-lincoln-0>. Acesso em: 23 out. 2023.

24. Georg Wilhelm Friedrich Hegel, *The Philosophy of History*. Ed. rev. Trad. de John Sibree. Nova York: Willey Book, 1900, p. 99.

25. Morgan Godwyn, *The Negro's and Indians Advocate, Suing for Their Admission into the Church*. Londres, 1680, p. 13.

26. Stephen Menn e Justin E. H. Smith explicam que há evidências significativas de que Amo não era escravizado. Eles escrevem: "Como os acadêmicos têm concordado, de forma geral, a partir do trabalho de Norbert Lochner nos anos 1950, se Amo não tivesse sido levado para a Europa sem o consentimento dos pais, é improvável que o sobrenome de sua família fosse conhecido na ocasião de sua chegada ('Amo' e suas variantes são comuns nas comunidades linguísticas akan), e também é improvável que ele soubesse para onde retornar, como Amo finalmente faz em momento posterior, após uma longa carreira na Alemanha [...]. Apesar das suposições razoáveis de que Amo passou seus anos na Alemanha ciente de suas origens familiares, há alguma dúvida sobre as circunstâncias de sua chegada à Europa". Ver introdução a Menn e Smith, *Anton Wilhelm Amo's Philosophical Dissertations on Mind and Body*, p. 4.

27. Grant Parker, "Capitein, Jacobus Elisa Johannes". *Oxford African American Studies Center*. Disponível em: <https://doi.org/10.1093/acref/978019 5301731.013.48495>; Susan J. Hubert, "Capitein, Jacobus". *Oxford African American Studies Center*. Disponível em: <https://doi.org/10.1093/acref/97801 95301731.013.44610>. Acesso em: 23 out. 2023.

28. Alexander Crummell, "The Attitude of the American Mind toward the Negro Intellect". Disponível em: <https://www.blackpast.org/african-american-history/1898-alexander-crummell-attitude-american-mind-toward-negro-intellect/>. Acesso em: 23 out. 2023.

29. David W. Blight, *Frederick Douglass: Prophet of Freedom*. Nova York: Simon and Schuster, 2018, p. 487.

30. Henry Louis Gates Jr.; William L. Andrews, *Pioneers of the Black Atlantic: Five Slave Narratives from the Enlightenment, 1772-1815*. Washington, DC: Civitas, 1998, pp. 10-1.

31. James Albert Ukawsaw Gronniosaw, *A Narrative of the Remarkable Particulars in the Life of James Albert Ukawsaw Gronniosaw, an African Prince, As Related by Himself*.

32. Henry Louis Gates Jr., *100 Amazing Facts about the Negro*. Nova York: Pantheon, 2017.

33. "Banneker's Letter to Jefferson". *Africans in America*. Disponível em: <https://www.pbs.org/wgbh/aia/part2/2h71.html>. Acesso em: 23 out. 2023.

34. "Agriculture and Slavery in the South". In: Elizabeth Cobbs; Edward J. Blum (Orgs.), *Major Problems in American History*, v. 1. Boston: Cengage, 2017,

p. 335; Sven Beckert, *Empire of Cotton: A Global History*. Nova York: Vintage Books, 2014, p. 243.

35. David Walker, *Walker's Appeal, in Four Articles; Together with a Preamble, to the Coloured Citizens of the World, but in Particular, and Very Expressly, to Those of the United States of America, Written in Boston, State of Massachusetts, September 28, 1829*. 3. ed. Boston: David Walker, 1839, pp. 17-8. Disponível em: <https://docsouth.unc.edu/nc/walker/walker.html>. Acesso em: 23 out. 2023.

36. "Frederick Douglass Dead". *New York Tribune*, p. 1, 21 fev. 1895, apud Blight, *Frederick Douglass: Prophet of Freedom*, p. 756.

37. Frederick Douglass, "The Claims of the Negro Ethnologically Considered". In: John Stauffer; Henry Louis Gates Jr. (Orgs.), *The Portable Frederick Douglass*. Nova York: Penguin, 2016, pp. 223-47. Ver também Philip S. Foner; Yuval Taylor (Orgs.), *Frederick Douglass: Selected Speeches and Writings*. Chicago: Lawrence Hill, 1999, pp. 283-8.

2. O QUE HÁ EM UM NOME? [pp. 62-92]

1. Ben L. Martin, "From Negro to Black to African American: The Power of Names and Naming". *Political Science Quarterly*, v. 106, n. 1, p. 83, primavera 1991.

2. James McCune Smith, "On the Fourteenth Query of Thomas Jefferson's Notes on Virginia". *Anglo — African Magazine*, ago. 1859. In: Philip S. Foner, *The Voice of Black America: Major Speeches by Blacks in the United States 1797-1973*, v. 1. Nova York: Capricorn, 1975, pp. 237-48.

3. Ibid., p. 247.

4. *Freedom's Journal*, 4 abr. 1828.

5. Dorothy Sterling, *Speak Out in Thunder Tones: Letters and Other Writings by Black Northerners, 1787-1865*. Nova York: Doubleday, 1973, p. 58.

6. Chernoh M. Sesay, "Hall, Prince". *Oxford African American Studies Center*. Disponível em: <https://doi.org/10.1093/acref/9780195301731.013.34429>; Danielle Allen, "A Forgotten Black Founding Father: Why I've Made It My Mission to Teach Others about Prince Hall". *The Atlantic*, mar. 2021. Disponível em: <https://www.theatlantic.com/magazine/archive/2021/03/prince-hall-forgotten-founder/617791/>. Acesso em: 23 out. 2023; Chernoh M. Sesay Jr., "The Dialectic of Representation: Black Freemasonry, the Black Public, and Black Historiography". *Journal of African American Studies*, v. 17, pp. 380-98, set. 2013.

7. Chernoh M. Sesay, "Hall, Prince"; "Emigration and Colonization: The Debate Among African Americans, 1780s-1860s". *National Humanities Center Resource Toolbox, The Making of African Identity*, v. 1, 1500-1865. Disponível

em: <http://nationalhumanitiescenter.org/pds/maai/identity/text10/emigration colonization.pdf>; "Prince Hall Freemasonry: A Resource Guide". *Library of Congress Research Guides*. Disponível em: <https://guides.loc.gov/prince-hall-freemasonry>. Acesso em: 23 out. 2023.

8. Donald R. Wright, "Cuffe, Paul". *Oxford African American Studies Center*. Disponível em: <https://doi.org/10.1093/acref/9780195301731.013.44658>; Lamont D. Thomas, "Cuffe, Paul". *American National Biography*. Disponível em: <https://www.anb.org/view/10.1093/anb/9780198606697.001.0001/anb-9780 198606697-e-1500980>. Acesso em: 23 out. 2023.

9. Ibid.

10. "Blacks Petition against Taxation Without Representation", 14 mar. 1780. Disponível em: <http://www.sageamericanhistory.net/federalperiod/docs/ BlacksPet.htm>. Acesso em: 23 out. 2023.

11. Wright, "Cuffe, Paul"; Thomas, "Cuffe, Paul".

12. Ibid.

13. James T. Campbell, *Middle Passages: African American Journeys to Africa, 1775-2005*. Nova York: Penguin, 2007.

14. James Forten, "Letter to Paul Cuffee [1817]". In: Henry Louis Gates Jr.; Jennifer Burton (Orgs.), *Call and Response: Key Debates in African American Studies*. Nova York: W. W. Norton, 2011, p. 53.

15. James Forten; Russell Parrott, "Address to the Humane and Benevolent Inhabitants of the City and County of Philadelphia [1818]". In: Henry Louis Gates Jr.; Jennifer Burton (Orgs.), *Call and Response*, pp. 54-6.

16. *The Liberator*, 12 mar. 1831, apud William Lloyd Garrison, *Thoughts on African Colonization, Part II* (Boston: Garrison and Knapp, 1832, p. 69).

17. Eddie Glaude, *Exodus! Religion, Race, and Nation in Early Nineteenth--Century Black America*. Chicago: University of Chicago Press, 2000, p. 112.

18. Howard Holman Bell, *A Survey of the Negro Convention Movement, 1830-1861*. Nova York: Arno, 1969. A edição da Arno Press foi reproduzida na tese de doutorado de Bell, publicada em 1953, Northwestern.

19. Glaude, *Exodus!*, p. 113; Bell, *A Survey of the Negro Convention Movement, 1830-1861*, pp. 12-3; P. Gabrielle Foreman, "Black Organizing, Print Advocacy, and Collective Authorship: The Long History of the Colored Conventions Movement". In: P. Gabrielle Foreman; Jim Casey; Sarah Lynn Patterson (Orgs.), *The Colored Conventions Movement: Black Organizing in the Nineteenth Century*. Chapel Hill: University of North Carolina Press, 2021, pp. 21, 26; Woodson apud "Emergency in Cincinnati: The Origins of the 1830 Convention: The Meeting That Launched a Movement: The First National Convention". *Colored*

Conventions. Disponível em: <https://coloredconventions.org/first-convention/origins-1830-convention/>. Acesso em: 23 out. 2023.

20. "Other Precursors to the Convention Movement". *Colored Conventions*. Disponível em: <https://coloredconventions.org/first-convention/origins-1830-convention/other-precursors/>. Acesso em: 23 out. 2023.

21. Glaude, *Exodus!*, p. 113.

22. Jim Casey, "Social Networks of the Colored Conventions, 1830-1864". In: Foreman; Casey; Patterson (Orgs.), *The Colored Conventions Movement*, pp. 268-77; Jeffrey A. Mullins, "National Conventions of Colored Men". *Encyclopedia of African American History*. Disponível em: <https://doi.org/10.1093/acref/9780195301731.013.44911>. Acesso em: 23 out. 2023.

23. "Traditional Elements, The Conventions of Conventions: Political Rituals and Traditions". *Colored Conventions*. Disponível em: <https://coloredconventions.org/Black-political-practices/rituals-and-routines/traditional-elements/>. Acesso em: 23 out. 2023.

24. Foreman, "Black Organizing, Print Advocacy, and Collective Authorship", p. 29.

25. "Letter V by Long Island Scribe". *The Colored American*, Colored Conventions Project. Disponível em: <https://omeka.coloredconventions.org/items/show/750>. Acesso em: 23 out. 2023.

26. Jim Casey, "Social Networks of the Colored Conventions, 1830-1864", pp. 263-5; Bell, *A Survey of the Negro Convention Movement, 1830-1861*, p. 27.

27. Glaude, *Exodus!*, p. 113.

28. Martha S. Jones, *Birthright Citizens: A History of Race and Rights in Antebellum America*. Nova York: Cambridge University Press, 2018, pp. 37-40; "Traditional Origin Story, The Meeting That Launched a Movement: The First National Convention". Colored Conventions Project. Disponível em: <https://coloredconventions.org/first-convention/origins-1830-convention/traditional-origin-story/>. Acesso em: 23 out. 2023; Bell, *A Survey of the Negro Convention Movement, 1830-1861*, pp. 13-6; Richard S. Newman, *Freedom's Prophet: Bishop Richard Allen, the AME Church, and the Black Founding Fathers*. Nova York: New York University Press, 2008, pp. 6, 21.

29. "The Convention Event". Colored Conventions Project. Disponível em: <https://coloredconventions.org/first-convention/the-convention-event/>. Acesso em: 23 out. 2023.

30. Bell, *A Survey of the Negro Convention Movement, 1830-1861*, p. 16; Foreman, "Black Organizing, Print Advocacy, and Collective Authorship", p. 26.

31. "Constitution of the American Society of Free Persons of Colour, for Improving Their Condition in the United States; for Purchasing Lands; and for the Establishment of a Settlement in Upper Canada, Also, the Proceedings of the

Convention with Their Address to Free Persons of Colour in the United States". Colored Conventions Project. Disponível em: <omeka.coloredconventions.org/items/show/70>. Acesso em: 22 jan. 2024.

32. "Freedom's Journal". *PBS*. Disponível em: <pbs.org/blackpress/news_bios/newbios/nwsppr/freedom/freedom.html>. Acesso em: 29 jan. 2024.

33. Todas as citações da convenção de 1831 foram retiradas de "Minutes and Proceedings of the First Annual Convention of the People of Colour, Held by Adjournments in the City of Philadelphia, from the Sixth to the Eleventh of June, Inclusive, 1831". Colored Conventions Project. Disponível em: <https://omeka.coloredconventions.org/items/show/72>. Acesso em: 22 jan. 2024.

34. Glaude, *Exodus!*, p. 190, n. 27.

35. Sterling, *Speak Out in Thunder Tones*, p. 61.

36. Walker, *Walker's Appeal*, p. 61, apud Sterling, *Speak Out in Thunder Tones*, p. 61.

37. *The Liberator*, 4 jun. 1831, apud Sterling, *Speak Out in Thunder Tones*, p. 61.

38. *The Liberator*, 24 set. 1831, apud Sterling, *Speak Out in Thunder Tones*, pp. 61-2.

39. Ibid., p. 62.

40. *The Colored American*, 4 mar. 1837, apud Sterling, *Speak Out in Thunder Tones*, pp. 62-3.

41. Glaude, *Exodus!*, p. 127.

42. Joan L. Bryant, "Colored Conventions, Moral Reform, and the American Race Problem". In: Foreman; Casey; Patterson, *The Colored Conventions Movement*, p. 169.

43. Glaude, *Exodus!*, pp. 132-3.

44. Ibid., pp. 135-6.

45. Bryant, "Colored Conventions, Moral Reform, and the American Race Problem", p. 171.

46. Glaude, *Exodus!*, p. 139.

47. Sidney, "Letter to the Editor [1841]". In: Henry Louis Gates Jr.; Jennifer Burton (Orgs.), *Call and Response*, pp. 93-5; "The Colored American". *The Liberator*, 6 ou 13 mar. 1841, apud Sterling, *Speak Out in Thunder Tones*, p. 61; Glaude, *Exodus!*, pp. 140-2.

48. "The Colored American". *The Liberator*, 6 ou 13 mar. 1841, apud Sterling, *Speak Out in Thunder Tones*, p. 61.

49. Milton C. Sernett, "Garnet, Henry Highland". *American National Biography*. Disponível em: <https://doi.org/10.1093/anb/9780198606697.article.1500253>. Acesso em: 23 out. 2023.

50. Citações de Garnet, apud "Garnet's 'Call to Rebellion'". *PBS*. Dispo-

nível em: <pbs.org/wgbh/aia/part4/4h2937t.html>. Acesso em: 29 jan. 2024; David W. Blight, *Frederick Douglass: Prophet of Freedom*. Nova York: Simon and Schuster, 2018, p. 133.

51. Sernett, "Garnet, Henry Highland"; Frances Smith Foster, "Garnet, Henry Highland". *African American National Biography, Oxford African American Studies Center*. Disponível em: <doi.org.ezp-prod1.hul.harvard.edu/10.1093/acref/9780195301731.013.34403>.

52. Apud Cheryl Janifer LaRoche, *Free Black Communities and the Underground Railroad: The Geography of Resistance*. Urbana: University of Illinois Press, 2014, p. xiii.

3. QUEM É SEU PAI?: FREDERICK DOUGLASS E AS POLÍTICAS DE AUTORREPRESENTAÇÃO [pp. 93-108]

1. David W. Blight, *Frederick Douglass: Prophet of Freedom*. Nova York: Simon and Schuster, 2018, p. 87.

2. Frederick Douglass, *Narrative of the Life of Frederick Douglass, an American Slave. Written by Himself*. Boston: Published at the Anti-Slavery Office, 1845, p. 112. *Documenting the American South*. Disponível em: <docsouth.unc.edu/neh/douglass/douglass.html>. Acesso em: 23 jan. 2024.

3. Booker T. Washington, *Memórias de um negro americano: Uma autobiografia*. Rio de Janeiro: Nova Fronteira, 2020.

4. John Jea, *The Life, History, and Unparalleled Sufferings of John Jea, the African Preacher, Written by Himself*, pp. 34-6. Disponível em: <https://docsouth.unc.edu/neh/jeajohn/jeajohn.html>. Acesso em: 23 out. 2023.

5. Douglass, *Narrative*, p. 33.

6. Ishmael Reed, *Flight to Canada*. Nova York: Random House, 1976.

7. Amanda B. Page, "Summary". In: *Narrative of James Williams. Documenting the American South*. Disponível em: <https://docsouth.unc.edu/fpn/williams/summary.html>. Acesso em: 23 out. 2023; Carrie Spell, *Encyclopedia of Alabama*.

8. Hank Trent (Org.), *Narrative of James Williams, An American Slave, Annotated Edition*. Baton Rouge: Louisiana State University Press, 2013, pp. xv-xviii.

9. Ibid., pp. ix-xxix.

10. Alguns trechos deste capítulo sobre Douglass já apareceram em meus ensaios: "Binary Oppositions in Chapter One of Narrative of the Life of Frederick Douglass". In: Dexter Fisher; Robert B. Stepto (Orgs.), *Afro-American Literature: The Reconstruction of Instruction*. Nova York: Modern Language Asso-

ciation of America, 1978, pp. 212-32; e "Frederick Douglass's Camera Obscura: Representing the Antislave 'Clothed and in Their Own Form'". *Critical Inquiry*, v. 42, n. 1, pp. 31-60, outono 2015.

11. James McCune Smith, "Introduction". In: Frederick Douglass, *My Bondage and My Freedom*. Nova York: Miller, Orton & Mulligan, 1855, p. 25. Disponível em: <docsouth.unc.edu/neh/douglass55/douglass55.html>.

12. John Stauffer; Zoe Trodd; Celeste-Marie Bernier, *Picturing Frederick Douglass: An Illustrated Biography of the Nineteenth Century's Most Photographed American*. Nova York: Liveright, 2015.

13. Peter F. Walker, *Moral Choices: Memory, Desire, and Imagination in Nineteenth-Century American Abolition*. Baton Rouge: Louisiana State University Press, 1978, pp. 209-11, 229-36.

14. Ibid.

15. *The New York Times*, 21 fev. 1895.

16. Douglass, *Narrative*, pp. 1-2.

17. Ibid., pp. 65-6.

18. Ibid., pp. 1-5.

19. Douglass, *My Bondage and My Freedom*, p. 52.

20. Id., *Life and Times of Frederick Douglass*. Hartford, CT: Park, 1881, p. 15. *Documenting the American South*. Disponível em: <docsouth.unc.edu/neh/douglasslife/douglass.html>.

21. Douglass, *My Bondage and My Freedom*, pp. 55-6.

22. Ibid., pp. 57-8.

23. Walker, *Moral Choices*, p. 252.

24. Frederick Douglass, "The Claims of the Negro, Ethnologically Considered". In: John Stauffer; Henry Louis Gates Jr. (Orgs.), *The Portable Frederick Douglass*. Nova York: Penguin, 2016, p. 235.

25. A partir de pesquisas genéticas, sabemos hoje que 35% de todos os homens africano-americanos podem remontar seu cromossomo Y, sua ancestralidade masculina, a um homem branco, e que o africano-americano médio, homem ou mulher, pode remontar uma porcentagem de 24% ou mais a uma ancestralidade europeia.

4. QUEM É SUA MÃE?: A POLÍTICA DA DESRESPEITABILIDADE [pp. 109-31]

1. Evelyn Brooks Higginbotham, *Righteous Discontent: The Women's Movement in the Black Baptist Church, 1880-1920*. Cambridge, MA: Harvard University Press, 1994; ver também Rayford W. Logan, *The Betrayal of the Negro,*

from Rutherford B. Hayes to Woodrow Wilson. Nova York: Collier, 1954; 1965, p. 52.

2. Walter F. Willcox, "The Negro Population". In: Walter F. Willcox; W. E. B. Du Bois, *Negroes in the United States.* Washington, DC: Bureau of the Census, 1904, pp. 11-3. Disponível em: <https://www2.census.gov/prod2/decennial/documents/03322287no8ch1.pdf>. Acesso em: 23 out. 2023.

3. "Segregation and Disfranchisement". *Digital History* (Universidade de Houston). Disponível em: <https://www.digitalhistory.uh.edu/disp_textbook. cfm?smtid=2&psid=3182>; "Whites Only: Jim Crow in America". *Separate Is Not Equal: Brown v. Board of Education.* Smithsonian National Museum of American History. Disponível em: <https://americanhistory.si.edu/brown/ history/1-segregated/white-only-1.html>. Acesso em: 23 out. 2023; Sylviane A. Diouf, *Dreams of Africa in Alabama: The Slave Ship Clotilda and the Story of the Last Africans Brought to America.* Nova York: Oxford University Press, 2007, p. 209.

4. "Booker T. Washington Delivers the 1895 Atlanta Compromise Speech". *History Matters.* Disponível em: <historymatters.gmu.edu/d/39>.

5. Ibid.

6. Booker T. Washington, *Memórias de um negro americano: Uma autobiografia.* Rio de Janeiro: Nova Fronteira, 2020.

7. David Levering Lewis, *W. E. B. Du Bois: Biography of a Race, 1868-1919.* Nova York: Owl, 1993, p. 175.

8. Higginbotham, *Righteous Discontent*, pp. 145, 269, n. 71.

9. *Hartford Daily Courant*, 8 jan. 1887; *Washington Bee*, 19 fev. 1887.

10. *Chicago Inter-Ocean*, 2 out. 1895.

11. *Cleveland Gazette*, 28 jun. 1895.

12. David Levering Lewis, "A Small Nation of People: W. E. B. Du Bois and Black Americans at the Turn of the Twentieth Century". In: Library of Congress, *A Small Nation of People: W. E. B. Du Bois and African American Portraits of Progress.* Nova York: Amistad, 2003, posição 192-202 de 1298, Kindle.

13. Ibid., posição 113 de 1289, Kindle.

14. W. E. B. Du Bois, "The American Negro at Paris". *American Monthly Review of Reviews*, v. 22, n. 5, pp. 575-7, nov. 1900. Disponível em: <http://www. webdubois.org/dbANParis.html>. Acesso em: 23 out. 2023.

15. Lewis, "A Small Nation of People", posições 126 e 236 de 1289, Kindle.

16. Deborah Willis, "The Sociologist's Eye: W. E. B. Du Bois and the Paris Exposition". In: Library of Congress, *A Small Nation of People: W. E. B. Du Bois and African American Portraits of Progress.* Nova York: Amistad, 2003, posição 710 de 1289, Kindle.

17. "Advertisements for Madam C. J. Walker's Products". National Museum of African American History and Culture, Smithsonian Institution. Disponível em: <nmaahc.si.edu/object/nmaahc_2013.153.11.1>.

18. "Signifying Monkey". In: Bruce Jackson, *Get Your Ass in the Water and Swim Like Me: African American Narrative Poetry from Oral Tradition*, 1974. Londres: Routledge, 2017, p. 169.

19. "Titanic". In: Jackson, *Get Your Ass in the Water and Swim Like Me*, p. 190.

20. Jackson, prefácio a *Get Your Ass in the Water and Swim Like Me*, p. viii.

21. Ver Claudia Mitchell-Kernan, *Language Behavior in a Black Urban Community*. Berkeley: University of California Press, 1971; e "Signifying, Loud-Talking and Marking (1972)". In: Gena Dagel Caponi (Org.), *Signifyin(g), Sanctifyin', and Slam Dunking: A Reader in African American Expressive Culture*. Amherst: University of Massachusetts Press, 1999.

22. Zora Neale Hurston, *Their Eyes Were Watching God* (1937). reimp. Nova York: Harper & Row, 1990, p. 75.

23. Jean Toomer, "The *Cane* Years". In: Darwin T. Turner, *The Wayward and the Seeking: A Collection of Writings by Jean Toomer*. Washington, DC: Howard University Press, 1980, p. 123.

24. Daniel Alexander Payne, *Recollections of Seventy Years*. Nova York: Arno e *The New York Times*, 1969, pp. 253-4.

25. Alguns trechos das minhas considerações sobre o folclore negro constam no meu ensaio "The Politics of 'Negro Folklore'", publicado como introdução de Henry Louis Gates Jr.; Maria Tatar (Orgs.), *The Annotated African American Folktales*. Nova York: Liveright, 2017, pp. xxiii-lii.

26. Charles W. Chesnutt, "The Goophered Grapevine". *The Atlantic Monthly*, v. 60, pp. 259-60, ago. 1887.

27. Charles W. Chesnutt, *The Conjure Woman*. Durham, NC: Duke University Press, 1993.

28. Id., "Superstitions and Folk-lore of the South". *Modern Culture XIII*, maio 1901, p. 231.

29. Ibid.

30. Charles W. Chesnutt, "Post-Bellum Pre Harlem". *The Colophon*, v. 2, n. 5, fev. 1931.

31. Sterling A. Brown, "Folk Literature". In: *A Son's Return*. Boston: Northeastern University Press, 1996, p. 226.

32. Id., "Negro Folk Expression". *Phylon*, v. 11, n. 4, p. 318, 1950.

33. Id., "Folk Literature". In: Sterling A. Brown; Arthur Paul Davis; Ulysses Lee (Orgs.), *Negro Caravan*. Nova York: Dryden Press, 1941, p. 433.

34. Brown, "Negro Folk Expression", p. 322.

35. Id., "Folk Literature", p. 433.

36. Ibid., p. 431.

37. Charles W. Chesnutt, *The Marrow of Tradition*. Boston: Houghton, Mifflin, 1901, pp. 60-1. Disponível em: <http://docsouth.unc.edu/southlit/chesnuttmarrow/chesmarrow.html>. Acesso em: 23 out. 2023.

38. W. E. B. Du Bois, "The Talented Tenth". In: *The Negro Problem: A Series of Articles by Representative American Negroes of To-day*. Nova York: James Pott, 1903, p. 45.

39. Id., *The Souls of Black Folk*. Chicago: A. C. McClurg, 1903, p. 38.

40. Id., *The Philadelphia Negro: A Social Study* (1899). reimp. Nova York: Oxford University Press, 2007, p. 225.

41. Lewis, "A Small Nation of People", posição 168-78 de 1289, Kindle.

42. W. E. B. Du Bois, *The Philadephia Negro*, p. 225.

5. A "VERDADEIRA ARTE DO PASSADO DE UMA RAÇA": ARTE, PROPAGANDA E O NOVO NEGRO [pp. 132-57]

1. David Levering Lewis, "Dr. Johnson's Friends: Civil Rights by Copyright during Harlem's Mid-Twenties". *Massachusetts Review*, v. 20, n. 3, pp. 501-19, outono 1979.

2. Steve Kramer, "Matthews, Victoria Earle". *American National Biography*. Disponível em: <https://doi.org/10.1093/anb/9780198606697.article.1501315>; Floris Barnett Cash, "Matthews, Victoria Earle". *Oxford African American Studies Center*. Disponível em: <https://doi.org/10.1093/acref/9780195301731.013.44298>. Acesso em: 23 out. 2023.

3. Ibid.

4. Val Marie Johnson, "'The Half Has Never Been Told': Maritcha Lyons' Community, Black Women Educators, the Women's Loyal Union, and 'the Color Line' in Progressive Era Brooklyn and New York". *Journal of Urban History*, v. 44, n. 5, pp. 835, 838, 2018; Steve Kramer, "Matthews, Victoria Earle".

5. Victoria Earle Matthews, "The Value of Race Literature: An Address Delivered at the First Congress of Colored Women of the United States". In: Hollis Robbins; Henry Louis Gates Jr. (Orgs.), *The Portable Nineteenth-Century African American Women Writers*. Nova York: Penguin, 2017, p. 505.

6. Ibid., p. 507.

7. Ibid., pp. 507-8.

8. Ibid., p. 507.

9. Ibid., p. 510.

10. John Y. Cole, "Daniel Murray: A Collector's Legacy". Library of Con-

gress. Disponível em: <https://www.loc.gov/collections/african-american-perspectives-rare-books/articles-and-essays/daniel-murray-a-collectors-legacy/>. Acesso em: 23 out. 2023.

11. Apud Henry Louis Gates Jr.; Gene Andrew Jarrett, "Introduction". In: Henry Louis Gates Jr.; Gene Andrew Jarrett, *The New Negro: Readings on Race, Representation, and African American Culture, 1892-1938*. Princeton, NJ: Princeton University Press, 2007, p. 1.

12. US Census, "Historical Statistics of the United States, 1789-1945", "Population-Race by Regions: 1790 to 1940", Series B, 48-71. "Population Characteristics and Migration". Disponível em: <www2.census.gov/library/publications/1949/compendia/hist_stats_1789-1945/hist_stats_chB.pdf>.

13. Andrew A. Beveridge et al. "Residential Diversity and Division: Separation and Segregation among Whites, Blacks, Hispanics, Asians, Affluent, and Poor". In: David Halle; Andrew A. Beveridge, *New York and Los Angeles: The Uncertain Future*. Nova York: Oxford University Press, 2013, p. 320.

14. Charles S. Johnson, "The New Frontage on American Life". In: Alain Locke (Org.), *The New Negro* (1925). reimp. New York: Touchstone, 1997, p. 291.

15. A. Philip Randolph; Chandler Owen, "The New Negro — What Is He?". *Messenger*, ago. 1920. In: Jeffrey B. Ferguson (Org.), *The Harlem Renaissance: A Brief History with Documents*. Boston: Bedford/St. Martin's, 2008, pp. 39-42.

16. Marcus Garvey, "The New Negro and the U.N.I.A. (1919)". In: Henry Louis Gates Jr.; Gene A. Jarrett, *The New Negro*, p. 94.

17. James Weldon Johnson, prefácio a *The Book of American Negro Poetry* (1922). In: Henry Louis Gates Jr.; Gene A. Jarrett, *The New Negro*, p. 427.

18. Apud Wallace Thurman, "Negro Poets and Their Poetry (1928)". In: Henry Louis Gates Jr.; Gene A. Jarrett, *The New Negro*, p. 420.

19. W. E. B. Du Bois, "Criteria of Negro Art". *The Crisis*, v. 32, out. 1926. Disponível em: <http://www.webdubois.org/dbCriteriaNArt.html>. Acesso em: 23 out. 2023.

20. Ibid.

21. "The Harlem Renaissance: George Schuyler Argues against 'Black Art'". *History Matters*. Disponível em: <http://historymatters.gmu.edu/d/5129/>. Acesso em: 23 out. 2023.

22. Langston Hughes, "The Negro Artist and the Racial Mountain" (1926). *The Nation*, 11 mar. 2002. Disponível em: <https://www.thenation.com/article/archive/negro-artist-and-racial-mountain/>. Acesso em: 23 out. 2023.

23. Ibid.

24. J. A. Rogers, "Jazz at Home". In: Alain Locke, *The New Negro*, p. 224.

25. Ver meu ensaio "The Politics of 'Negro Folklore'", publicado como introdução de Henry Louis Gates Jr. e Maria Tatar (Orgs.), *The Annotated African American Folktales* (Nova York: Liveright, 2017).

26. Anna Julia Cooper, "Paper by Miss Anna Julia Cooper". *Southern Workman*, v. 22, n. 7, p. 133, jul. 1894.

27. Lee D. Baker, *Anthropology and the Racial Politics of Culture*. Durham, NC: Duke University Press, 2010, pp. 33-4.

28. Ibid., p. 50.

29. Thomas W. Talley, *Negro Folk Rhymes* (*Wise and Otherwise*) (1922). reimp. Knoxville: University of Tennessee Press, 1991; Elsie Clews Parsons, *Folk-Lore of the Sea Islands, South Carolina*. Cambridge, MA: American Folk — Lore Society, 1923.

30. Arthur Huff Fauset, "Negro Folk Tales from the South (Alabama, Mississippi, Louisiana)". In: Alain Locke, *The New Negro*, pp. 238-44.

31. Id., *Black Gods of the Metropolis* (1931). reimp. Filadélfia: University of Pennsylvania Press, 2002.

32. Id., "Negro Folk Tales", p. 238-41.

33. Tanika JoAnn Beamon, *A History of African American Folklore Scholarship*. Berkeley: University of California, 2001, p. 46. Tese (Doutorado).

34. Fauset, "Negro Folk Tales", pp. 238-41.

35. Arna Bontemps, "Why I Returned". In: Abraham Chapman (Org.), *Black Voices: An Anthology of Afro-American Literature*. Nova York: Signet, 2001, pp. 309-10.

36. Melville J. Herskovits, "The Negro's Americanism". In: Alain Locke (Org.), *The New Negro*, pp. 353-60.

37. Melville J. Herskovits. "The Negro in the New World: The Statement of a Problem". *American Anthropologist*, v. 32, n. 1, pp. 149-50, jan./mar. 1930. Disponível em: <http://www.jstor.org/stable/661054>. Acesso em: 23 out. 2023

38. Id., *The Myth of the Negro Past* (1941). reimp. Boston: Beacon Press, 1990.

39. E. Franklin Frazier, *The Negro Family in the United States*. Notre Dame: University of Notre Dame Press, 1939.

40. Id., "Is the Negro Family a Unique Sociological Unit?". *Opportunity*, v. 5, p. 166, jun. 1927.

41. Baker, *Anthropology and the Racial Politics of Culture*, p. 13.

42. Ronald Wardhaugh, *An Introduction to Sociolinguistics*. Malden, MA: Blackwell, 2010, p. 79.

43. Herbert Aptheker, *American Negro Slave Revolts* (1943). reimp. Nova York: International Publishers, 1978, p. 64.

44. Robert E. Park, "The Conflict and Fusion of Cultures with Special

Reference to the Negro". *The Journal of Negro History*, v. 4, n. 2, p. 117, abr. 1919. Disponível em: <https://www.jstor.org/stable/2713533>. Acesso em: 4 mar. 2024.

45. Frazier, *The Negro Family in the United States*, pp. 7-8.

46. Park, "The Conflict and Fusion", p. 117, apud Frazier, *The Negro Family in the United States*, p. 8.

47. Ibid.

48. A. C. Carmichael, *Domestic Manners and Social Condition of the White, Coloured and Negro Population of the West Indies*, v. I. Londres: Whittaker, 1834, pp. 251-2.

49. Ibid.; Park, "The Conflict and Fusion", p. 117, apud Frazier, *The Negro Family in the United States*, p. 8.

50. David Eltis, e-mail para o autor, 10 ago. 2016.

51. Jean Toomer, "Natalie Mann". In: Darwin T. Turner (Org.), *The Wayward and the Seeking: A Collection of Writings by Jean Toomer*. Washington, DC: Howard University Press, 1980, p. 290.

6. O MODERNISMO E SEUS DISSABORES: ZORA NEALE HURSTON E RICHARD WRIGHT TROCAM FARPAS [pp. 158-74]

1. W. E. B. Du Bois, *The Souls of Black Folk*. Chicago: A. C. McClurg, 1903, p. viii.

2. Ibid., p. 3.

3. Ralph Waldo Emerson, "The Transcendentalist: A Lecture Read at the Masonic Temple, Boston, January 1842". In: *The Prose Works of Ralph Waldo Emerson*, v. 1. ed. rev. Boston: Fields, Osgood, 1870, p. 191.

4. Alfred Binet, *On Double Consciousness: Experimental Psychological Studies*. Chicago: The Open Court, 1890, p. 77

5. William James, *The Principles of Psychology*, v. II. Nova York: Henry Holt, 1918, pp. 598-602.

6. W. E. B. Du Bois, *The Souls of Black Folk*, pp. 3, 202.

7. Richard Wright, "Between Laughter and Tears". *New Masses*, p. 25, 5 out. 1937.

8. Zora Neale Hurston, "Stories of Conflict. Richard Wright's *Uncle Tom's Children*. In: Id., *Folklore, Memoirs, and Other Writings*. Washington, DC: Library of America, 1995, pp. 912-3.

9. Richard Wright, *Native Son*. Londres: Victor Gollancz, 1940, p. 133.

10. Ibid., p. 265.

11. Ralph Ellison, *Invisible Man* (1952). reimp. Nova York: Vintage Books, 1989, pp. 576-7.

12. "Folk Literature". In: Sterling A. Brown; Arthur Paul Davis; Ulysses Lee (Orgs.), *Negro Caravan*. Nova York: Dryden, 1941, p. 433.

13. Richard Wright, "Blueprint for Negro Writing". In: Winston Napier (Org.), *African American Literary Theory: A Reader*. Nova York: New York University Press, 2000, pp. 47-8.

14. Ralph Ellison, "A Very Stern Discipline". *Harper's*, v. 234, p. 80, mar. 1967.

15. Zora Neale Hurston, "Characteristics of Negro Expression". In: Napier, *African American Literary Theory: A Reader*, p. 36.

16. Toni Morrison, "Rootedness: The Ancestor as Foundation". In: Mari Evans (Org.), *Black Women Writers (1950-1980): A Critical Evaluation*. Nova York: Doubleday, 1984, pp. 340-1.

17. Henry James, "The Figure in the Carpet". In: *Embarrassments*. Nova York: Macmillan, 1896.

7. VENDIDOS VERSUS HOMENS DA RAÇA: SOBRE O CONCEITO DE *PASSING* [pp. 175-96]

1. W. E. B. Du Bois, "*The Drop Sinister*: After the Painting by Harry W. Watrous". *The Crisis*, v. 10, n. 6, p. 286, out. 1915.

2. James Weldon Johnson, *The Autobiography of An Ex-Colored Man*. Boston: Sherman, French, 1912, pp. 14-7.

3. Johnson, *The Autobiography of an Ex Colored Man*, pp. 206-7.

4. W. E. B. Du Bois, *The Souls of Black Folk*. Chicago: A. C. McClurg, 1903, pp. 4-6.

5. Ibid., p. 202.

6. Paul Lawrence [sic] Dunbar, "We Wear the Mask". In: *Majors and Minors: Poems*. Toledo, OH: Hadley & Hadley, 1895, p. 21.

7. W. E. B. Du Bois, *The Souls of Black Folk*, p. 80.

8. Henry Morehouse "The Talented Tenth". *The American Missionary*, v. 50, n. 6, jun. 1896. Disponível em: <https://www.gutenberg.org/files/19890/19890-0.txt>. Acesso em: 23 out. 2023; Evelyn Brooks Higginbotham, *Righteous Discontent: The Women's Movement in the Black Baptist Church, 1880-1920*. Cambridge, MA: Harvard University Press, 1994. Ver também Henry Louis Gates Jr., *100 Amazing Facts About the Negro*. Nova York: Pantheon, 2017, p. 54.

9. Robert Kominsky, "We the Americans: Our Education". United States Bureau of the Census, set. 1993. Disponível em: <https://www2.census.gov/

library/publications/decennial/1990/we-the-americans/we-11.pdf>; Jennifer Cheeseman Day, "88% of Blacks Have a High School Diploma, 26% a Bachelor's Degree". United States Census Bureau, 10 jun. 2020. Disponível em: <https://www.census.gov/library/stories/2020/06/black-high-school-attainment-nearly-on-par-with-national-average.html>. Acesso em: 23 out. 2023.

10. W. E. B. Du Bois, "The Talented Tenth". In: *The Negro Problem: A Series of Articles by Representative American Negroes of Today*. Nova York: James Pott, 1903, p. 45.

11. Ibid., p. 54.

12. Ibid., p. 75.

13. W. E. B. Du Bois, "The Talented Tenth Memorial Address". In: Henry Louis Gates Jr.; Cornel West, *The Future of the Race*. Nova York: Vintage Books, 1996, pp. 161-2.

14. Ibid., p. 174.

15. E. Franklin Frazier, *Black Bourgeoisie*. Nova York: Free Press Paperbacks, 1962, p. 213.

16. Ibid., pp. 215-6.

17. Ibid., pp. 226-7.

18. Ibid., p. 230.

19. Ibid., pp. 227-8.

20. David Levering Lewis, *W. E. B. Du Bois: The Fight for Equality and the American Century, 1919-1963*. Nova York: Henry Holt, 2000, p. 557.

21. Martin Luther King Jr., "Eulogy for the Young Victims of the 16th Street Baptist Church Bombing", 18 set. 1963. Disponível em: <https://mlkscholars.mit.edu/updates/2015/invoking-dr-king>. Acesso em: 23 out. 2023.

22. David Levering Lewis, *W. E. B. Du Bois: The Fight for Equality and the American Century, 1919-1963*, pp. 334-46, 534.

23. Stuart Hall, "Race, the Floating Signifier: What More Is There to Say about 'Race'?". In: Paul Gilroy; Ruth Wilson Gilmore (Orgs.), *Selected Writings on Race and Difference* (1997). Durham, NC: Duke University Press, 2021, p. 362.

CONCLUSÃO: POLICIANDO A LINHA DE COR [pp. 197-209]

1. James Baldwin, "Letter from a Region in My Mind". *The New Yorker*, 9 nov. 1962. Disponível em: <https://www.newyorker.com/magazine/1962/11/17/letter-from-a-region-in-my-mind>. Acesso em: 7 dez. 2023.

2. Trechos desta conclusão constam em um ensaio publicado na seção de opinião do *New York Times* em resposta às declarações de Ron DeSantis,

governador da Flórida, sobre o que ele chamou de "agenda" das propostas do Conselho de Educação em relação à disciplina de estudos africano-americanos. Henry Louis Gates Jr., "Who's Afraid of Black History?". *The New York Times*, 17 fev. 2023. Disponível em: <nytimes.com/2023/02/17/opinion/desantis-american-history.html>. Acesso em: 4 mar. 2024.

3. Danteé Ramos, "DeSantis Says Florida Rejected AP African American Studies Course because It Includes Study of 'Queer Theory'". *Yahoo!*, 24 jan. 2023. Disponível em: <https://www.yahoo.com/lifestyle/desantis-says-florida-rejected-ap-183001870.html>. Acesso em: 19 out. 2023.

4. C. Irvine Walker apud Mildred Lewis Rutherford, *A Measuring Rod to Test Text Books, and Reference Books in Schools, Colleges and Libraries*. United Confederate Veterans, 1920, p. 3. Disponível em: <https://dlg.galileo.usg.edu/georgiabooks/pdfs/gb5126.pdf>. Acesso em: 19 out. 2023.

5. Sarah H. Case, "The Historical Ideology of Mildred Lewis Rutherford: A Confederate Historian's New South Creed". *Journal of Southern History*, v. 68, n. 3, pp. 599-628, ago. 2002; Brooks D. Simpson, "Cobb, Howell". *American National Biography Online*. Disponível em: <doi.org/10.1093/anb/9780198606697.article.0300104>. Acesso em: 4 mar. 2024; Carolyn Terry Bradshaw. "Rutherford, Mildred Lewis". *American National Biography Online*. Disponível em: <doi.org/10.1093/anb/9780198606697.article.0900906>. Acesso em: 4 mar. 2024; Donald Yacovone, *Teaching White Supremacy: America's Democratic Ordeal and the Forging of Our National Identity*. Nova York: Pantheon, 2022, p. 346.

6. David W. Blight, *Race and Reunion: The Civil War in American Memory*. Cambridge, MA: The Belknap Press of Harvard University Press, 2002, p. 279.

7. Yacovone, *Teaching White Supremacy*, pp. 116-7; Mildred Lewis Rutherford, *Mrs. Rutherford's Scrap Book: Valuable Information about the South: The Causes That Led to the War Between the States*. Athens, GA: autopublicação, 1923, p. 10.

8. Rutherford, *A Measuring Rod*, p. 4.

9. Id., "The Civilization of the Old South: What Made It: What Destroyed It: What Has Replaced It". In: *Miss Rutherford's Scrap Book: Valuable Information about the South: The Assassination of Abraham Lincoln*, v. 2. Athens, GA: ed. da autora, 1924, p. 6.

10. Yacovone, *Teaching White Supremacy*, p. 269.

11. Mildred Lewis Rutherford, *The South Must Have Her Rightful Place in History*. Athens, GA: ed. da autora, 1923, pp. 18-9.

12. Id., *Miss Rutherford's Historical Notes: Contrasted Lives of Jefferson Davis and Abraham Lincoln*, v. 1. Athens, GA: ed. da autora, 1927, p. 1.

13. Carter Godwin Woodson, *The Mis-Education of the Negro* (1933). Chicago: Associated Publishers, 1969, p. 115.

14. Martin Luther King Jr., *Where Do We Go from Here: Chaos or Community?*. Nova York: Harper and Row, 1967.

15. W. E. B. Du Bois. *The Souls of Black Folk*. Chicago: A. C. McClurg, 1903, p. 109.

16. Catharine A. MacKinnon, *Only Words*. Cambridge, MA: Harvard University Press, 1996, p. 82.

17. Charles R. Lawrence III, "If He Hollers Let Him Go: Regulating Racist Speech on Campus". *Duke Law Journal*, n. 3, p. 436, jun. 1990.

Índice remissivo

1 Convenção Anual das Pessoas de Cor, 78-9

2 Live Crew, 205

v Convenção Anual para o Aprimoramento das Pessoas de Cor Livres dos Estados Unidos, 84

Academia Real de Ciências de Bordeaux, 38

ações afirmativas, 131, 183

ACS *ver* Sociedade da Colonização Americana (ACS)

"Address to the Free People of Colour of these United States" [Discurso para as pessoas de cor dos Estados Unidos] (Allen), 77

África, 67-70; como fonte de inspiração artística, 141-2; como o "Continente Escuro", 16; e a representação do Egito, 60-1; retorno dos africano-americanos para a, 69-70; retorno geral para a, 65

africano-americanos (termo), 62-3

"áfrico-americano" (termo), 83

alfabetização, 51, 81, 96-7, 101, 107, 197

Allen, Richard, 70, 76-8

almas do povo negro, As (Du Bois), 14, 20, 119, 130, 137, 158-61, 183

"Alto Canadá", 77, 80

"America (My Country, 'Tis of Thee)" (música), 198-9

American Negro Slave Revolts [Revoltas escravas estadunidenses] (Aptheker), 155

Amo, Anton Wilhelm, 26-7, 49, 63, 217n

AMRS *ver* Sociedade Americana para a Reforma Moral (AMRS)

ancestralidade masculina africano-americana, 223n

Anthony, Aaron, 103

Anthropology and the Racial Politics of

Culture [Antropologia e a política racial da cultura] (Baker, L.), 150

Appeal to the Coloured Citizens of the World [Apelo aos cidadãos de cor do mundo] (Walker), 56

Aptheker, Herbert, 155

Associação Nacional das Mulheres de Cor (NACW), 133

Associação Nacional para o Progresso de Pessoas de Cor (NAACP), 129, 140-1, 143, 168, 192-3

Associação Universal para o Aprimoramento do Negro, 139

"Atlanta Compromise" (Washington), 111-2; *ver também* Exposição Internacional dos Estados Algodoeiros

Auld, Lucretia, 102-3

Auld, Thomas, 102-3

Autobiografia de um ex-negro (Johnson, J. W.), 162, 176, 182-3

Bacon, Alice M., 149

Bailey, Harriet, 107

Baker, Josephine, 142

Baker, Lee D., 149-50, 154

Baldwin, James, 197

Bambara, Toni Cade, 171

Banneker, Benjamin, 53-5

Barlow, Joel, 54-5

Baskett, James, 127

Beavers, Louise, 176

Bell, Howard Holman, 76

Bell, Philip A., 83-4

Binet, Alfred, 160

Birney, James, 100

Black Manhattan (Johnson, J. W.), 140

Blight, David, 200

"Blue Seuss, The" [Seuss azul] (Hayes), 23

Boas, Franz, 154-5

Bontemps, Arna, 152-3

Book of American Negro Poetry, The [O livro da poesia Negra estadunidense] (Johnson, J. W.), 140-1

Bovier de Fontenelle, Bernard le, 38, 41

Bowdoin, James, 66

Braithwaite, William Stanley, 137

Brooks, Joanna, 33, 35

Broun, Heywood, 143

Brown versus Conselho de Educação, 21, 188, 191-2

Brown, H. Rap, 193

Brown, Henry Box [Caixa], 16-7

Brown, John, 63

Brown, Sterling A., 127-8, 143, 170-1, 174

Bryant, Joan L., 84-7

Burleigh, Harry, 134

Calhoun, John C., 50-1

"Call to Rebellion" [Chamado à rebelião] (Garnet), 89-90

Calloway, Thomas Junius, 116

Campbell, James T., 69

Canadá, emigração para o, 77-80

canção do Sul, A (filme), 127

canções de pesar, 17-8, 119, 134, 159

Cane [Bengala] (Toomer), 143, 162, 171

Capitein, Jacobus, 27, 49-50

Carmichael, A. C., 156

Carmichael, Stokely, 62, 193

Carretta, Vincent, 32, 36-7

Carter, Stephen L., 14

Casey, Jim, 76

Causa Perdida (mito) 199-200, 202-5

Censor, The (jornal), 32

censura, 205-6

"Characteristics of Negro Expression" [Características da expressão Negra] (Hurston), 173

Chesnutt, Charles W., 125-7, 129, 137-8

Christiano, Magdalena, 28

Cincinnati (Ohio), 73-4, 76

circuito abolicionista de palestras, 51, 95, 98, 101

"Claims of the Negro, Ethnologically Considered, The" [Considerações etnológicas sobre as reivindicações do Negro] (Douglass), 58, 108

Clansman: A Historical Romance of the Ku Klux Klan, The [O homem do clã: Um romance histórico da Ku Klux Klan] (Griffith), 22

Clark, Kenneth, 21

Clark, Mamie, 21

classe baixa negra, e a "política da desrespeitabilidade": contraste da classe alta negra com a, 182; contraste dos Novos Negros com a, 118; e o desprezo da classe média negra, 189-90

classe média alta negra, 112, 115, 122-3, 129, 136, 182

classe média negra, 112-3, 152; auto-ódio característico da, 189-91; classe baixa negra desprezada pela, 189-90; discurso cultural forjado pela, 112; Du Bois sobre a, 185; e vergonha, 145; folclore negro e, 127; Frazier sobre a, 185, 189-93; influência do Movimento Black Power na, 193; "respeitabilidade" priorizada pela, 157; Toomer sobre a, 123; *ver também* Novos Negros

Cleaver, Eldridge, 193

Coates, Ta-Nehisi, 170

Cobb, Howell, 199

Colbert, Claudette, 176

colonização, 70-2, 189

Colored American, The (revista), 83-4, 86-8

Comitê de Coordenação Estudantil Não Violento, 62

Conjure Woman, The [A mulher conjurada] (Chesnutt), 126

Convenção Constitucional do Mississippi, 110

Convenção Negra Nacional, 89

Cooper, Anna Julia, 148-50

Cornish, Samuel E., 78-9, 83, 86

Corra! (filme), 158-9

Crenshaw, Kimberlé, 204

Crisis, The (revista), 141, 177

cristianismo, 48, 85, 99

"Criteria of Negro Art" (Du Bois), 168

Crogman, William Henry, 113

Crummell, Alexander, 50-1, 111

Cuba, 98

Cuffee, John, 67-8

Cuffee, Paul, 67-9

Cugoano, Ottobah, 52

Cullen, Countee, 141-2

currículo avançado de estudos africano-americanos, 199, 205, 231-2n

"de cor" (termo), 64, 82-4, 86-7

Deaver, James, 76

"Décimo Talentoso", 112, 117, 130-1, 185-8

Declaração da Independência, 54, 56

Delany, Martin R., 13, 90, 203

DeSantis, Ron, 198, 205-6, 231-2n

designações raciais, 13

dialeto *ver* vernacular negro

Diálogos sobre a pluralidade dos mundos (Bovier de Fontenelle), 38

direito ao voto, 110

discurso de ódio, 207

distinção racial, 85

Dixon Jr., Thomas, 22

Douglass, Frederick (nascido Frederick Augustus Washington Bailey), 17-9, 24, 50-1, 57-61, 88-91, 96-7; abolicionistas e, 98, 101, 108; ancestralidade negra de, 94; data de nascimento desconhecida de, 102-3; Emerson e, 136; mãe de, 106-7; James Williams em contraste com, 108; oposições binárias usadas por, 104-5; pai de, 106-8; sobre as narrativas da escravidão, 103-4; sobre o circuito abolicionista de palestras, 98, 101; sobre o Egito e a representação da África, 60-1

Driscoll, Bobby, 127

Drop Sinister: What Shall We Do with It?, The [A gota sinistra: O que faremos com ela?] (quadro), 177-8

Du Bois, William Edward Burghardt, 13-5, 17-8, 22, 50, 58, 111, 116-7, 119; a caixa-preta descrita por, 20-1; classes sociais negras diferenciadas por, 129-31; conservadorismo e, 193; "Décimo Talentoso" definido por, 186-8; Hurston influenciada por, 162; Renascimento do Harlem criticado por, 143-5; sobre "o véu", 207; sobre a classe média negra, 185; sobre a "dupla consciência", 159-62, 167, 183; sobre a "traição da raça", 182; sobre *The Drop Sinister*, 177-8; Washington e, 111, 158-9

Dumas, Alexandre, 135

Dunbar, Paul Laurence, 184

"dupla consciência", 117; Du Bois sobre a, 159-62, 167, 183; James Weldon Johnson literatizou a, 162, 182; liberdade e, 169

Dvořák, Antonín, 134-5

...E o vento levou (filme), 114

Eberlé, Simon, 29

Ellington, Duke, 142

Ellison, Ralph, 11, 22, 169, 171-3

Emerson, Ralph Waldo, 133-6, 160

emigração, 65-7, 78-81, 90-1

Ensaio sobre os costumes e o espírito das nações (Voltaire), 40

Entre o mundo e eu (Coates), 170

Equiano, Olaudah, 26, 50, 52, 93

escravidão, 93-5, 110; Brown fugiu da, 16-7; cristãos resistindo à, 89-90; dialeto como reminiscente linguístico da, 122-3; Douglass contra a, 59-60; escapar da, 97-8; Harris representando a, 128; Rutherford defendendo a, 201-2

espírito das leis, O (Montesquieu), 40

estereótipos das mulheres pretas, 113-5

Europe, James Reese, 19

Exhibit of American Negroes [Mostra dos Negros Americanos] na Exposição de Paris, 116-7

Exposição de Paris (ou Feira Mundial), 116, 136

Exposição Internacional dos Estados Algodoeiros, 58; *ver também* "Atlanta Compromise"

Faneuil Hall, 35

Fanon, Frantz, 189

Faulkner, William, 206

Fauset, Arthur Huff, 151-2

Federação Nacional de Mulheres Afro-Americanas, 133

Filhas Unidas da Confederação, 199

Filho nativo (Wright), 162-3, 165-6, 170, 174

Filosofia da história (Hegel), 47

"Fine Clothes to the Jew" [Roupas finas para o judeu] (Hughes), 143

folclore negro, 148-9, 155, 172; africano-americanos avaliados pelo, 149-50; Brown sobre o, 128; classe média negra e, 127; reunião do, por Hurston, 171, 173; valorização do, por Fauset, 151-2

Folk-Lore of the Sea Islands [Folclore das Ilhas do Mar] (Parsons), 150

Foreman, P. Gabrielle, 75

Forrest, Leon, 171

Forten, James, 70-2, 86

Franklin, Benjamin, 46

Frazier, E. Franklin, 189, 191-3; Boas em contraste com, 155; classe média negra criticada por, 185, 189-92; debate com Herskovits, 153-4

Freedom's Journal (jornal), 65, 74, 76, 79

Frelinghuysen, Theodorus Jacobus, 52

Fundo de Defesa Legal da NAACP, 192

Garnet, Henry Highland, 88-92

Garrison, William Lloyd, 72, 76, 78, 82, 89, 95, 101

Garvey, Marcus, 19-20, 139, 142, 203

Gates-Hatley, Eleanor Margaret, 12-3

Gibson, John William, 113

Glaude Jr., Eddie S., 74, 76, 85

God's Trombones [Os trombones de Deus] (Johnson), 143, 171

Godwyn, Morgan, 48-9

"Goophered Grapevine, The" [A videira enfeitiçada] (Chesnutt), 126

Graham, Shirley, 35, 37

grande cadeia do ser, 43, 46, 60, 108

Grande Migração, 119, 137

Grice, Hezekiah, 76, 87

Griffith, D. W., 22

Gronniosaw, James Albert Ukawsaw, 37, 52-3

Guerra Civil, 37, 75-6, 91, 114-5, 201

"guerras culturais", 25; *ver também* DeSantis, Ron

Hadley, Spencer, 28-9

Hall, Prince, 66

Hall, Stuart, 195-6

Hamlet (Shakespeare), 143

Hampton Institute, 19

Hampton Normal School (Universidade Hampton), 148, 150

Hancock, John, 33

Harlem, 138, 140-1; *ver também* Renascimento do Harlem

Harpers Ferry (Virgínia), 63

Harris, Joel Chandler, 125-8, 151

Harrison, Hubert, 214*n*

Hastings, Selina, condessa de Huntingdon, 33, 35, 52

Hatley, Aaron, 11-2

Hayes, Terrance, 23

Hegel, G. W. F., 47, 60, 160

"Heritage" [Herança] (Cullen), 142

Herskovits, Melville J., 153-4

Higginbotham, Evelyn Brooks, 109, 112, 114

Higginbotham, Leon, 176

Higginson, Thomas Wentworth, 18

Hilyer, Andrew F., 116

hip-hop, 119, 170, 205

Homem invisível (Ellison), 11, 22, 169

homem que viveu debaixo da terra, O (Wright), 22

Houston, Charles Hamilton, 192

Hughes, Langston, 109, 141, 143-7, 170-1, 174

Hume, David, 22, 38-9, 47, 49-50, 53-4, 58, 60

Hurst, Fannie, 176

Hurston, Zora Neale, 122, 141, 144, 168-9, 174; Du Bois influencia, 162; folclore negro reunido por, 171, 173; multiplicidade abraçada por, 169-71; Wright debatendo com, 162-5, 167

Hutchinson, Thomas, 33

Igreja AME *ver* Igreja Metodista Episcopal Africana (AME)

Igreja Batista da rua 16, 192

Igreja Metodista Episcopal Africana (AME), 63, 70, 76

Igreja Metodista Episcopal Africana Mother Bethel, 70, 77

Iluminismo: autores negros durante o, 26-7; "negritude" inventada durante o, 25-6; raça e, 22; racismo antinegro no, 28

Imitação da vida (filme), 175-7

Imitação da vida (romance), 176-7

interseccional, teoria, 204

Jablonski, Nina, 45-6

Jackson, Bruce, 121

Jackson, Jesse, 62

James, Henry, 174

James, William, 160

jazz, 145-7

"Jazz at Home" [Jazz em casa] (Rogers), 147

Jea, John, 52, 96

Jefferson, Thomas, 22, 41-2, 46, 55, 58, 60-1, 63-4, 136; africanos desumanizados por, 57; Banneker e, 53-5; Phillis Wheatley desprezada por, 42-4; Walker citando, 56-7

Jennings, Thomas L., 65

Jezebéis (estereótipo), 113-5

Jim Crow, leis, 17, 109-12

Jocelyn, Simeon S., 78

Johnson, Barbara, 15

Johnson, James Weldon, 119, 143, 176-7, 183; "dupla consciência" literatizada por, 162, 182; Garvey temido por, 139-40; Renascimento do Harlem reivindicado por, 135

Johnson, Val Marie, 133

Jones, Gayl, 170

Journal of American Folklore, The (revista acadêmica), 150

juramento de fidelidade à bandeira, 198

Kant, Immanuel, 22, 39, 45-6, 49, 60, 136, 194

Kellermann, François Étienne de, 28

Kincaid, Jamaica, 170

King Jr., Martin Luther, 23, 192, 205

Knight, G. Wilson, 207

"Lady of the Lake, The" [A dama do lago] (Scott), 94

Langston, John Mercer, 75

Larrimore, George, 99

Larrimore Jr., George, 99

Latino, "O Negro" Juan, 49

Lawrence, Charles, 208

lealistas negros, 69, 78

lei da hipodescendência, 13, 178

lei de segregação nos transportes públicos (Louisiana), 110

Lei do Escravo Fugitivo, 90, 93-4

Lei do Negro (Carolina do Sul), 51

Leopard's Spots: A Romance of the White Man's Burden, 1865-1900, The [As manchas do leopardo: Um romance sobre o fardo do homem branco] (Dixon), 22

Letters of the Late Ignatius Sancho, an African [Cartas do falecido Ignatius Sancho, um africano] (Sancho), 50

Lewis, David Levering, 116, 130, 132, 160

Liberator, The (periódico), 72, 82, 95

Libéria, emigração para a, 66, 69, 75, 91

Life in a Box Is a Pretty Life [A vida em uma caixa é uma bela vida] (Martin), 23

Liga Urbana de Nova York, 143

Liga Urbana Nacional, 138, 140-1

Linha Mason-Dixon, 98-9

literatura racial, 133-6

livros escolares, 200-1

Lobkowitz, conde, 28

Lochner, Norbert, 217*n*

Locke, Alain, 21-2, 127, 138, 140-1

Logan, Rayford W., 109

Loja Maçônica Africana nº 1, 66

Lundy, Benjamin, 76

Lyons, Maritcha, 133

"Macaco Significador" (poema narrativo), 119-20, 122

MacKinnon, Catharine, 207

maçonaria, 66

Madison, James, 69

mammy (estereótipo), 113-5

"mamonismo", 185

Marcha Contra o Medo (1966), 62

Marcha sobre Washington por Emprego e Liberdade, 192, 194

Marrant, John, 26, 52

Marrow of Tradition, The [O cerne da tradição] (Chesnutt), 129

Marshall, Thurgood, 176

Martin, Dawn Lundy, 23

Matthews, Victoria Earle, 132-6, 140-1

McCune Smith, James, 63-5, 83, 102, 203

McDaniel, Hattie, 114

McKay, Claude, 141

Measuring Rod, A [Uma régua de avaliação] (Rutherford), 200-2

Memórias de um negro americano (Washington), 95, 111

Mencken, H. L., 30

Menn, Stephen, 217*n*

Meredith, James, 62

Meu sangue me condena (filme), 176

Mitchell-Kernan, Claudia, 121-2

modernismo, 165

Montesquieu, 40

Moore, Juanita, 176

Moore, William H. A., 137

Moral Choices [Escolhas morais] (Walker), 102

Morehouse, Henry, 185-6

Morrison, Toni, 157, 170-1, 173-4, 206

Moses, Ruth, 67

Movimento Black Power, 12*n*, 62, 193

Movimento da Convenção Negra, 73-81

movimento de retorno à África, 67, 69-70, 139

Movimento do Novo Negro, 122-3, 138

movimento negro socialista, 138-9

movimento pelos direitos civis, 131-2, 144, 191-4

Murray, Albert, 171

Murray, Daniel Alexander Payne (Daniel A. P.), 116, 124, 136

My Bondage and My Freedom [Minha servidão e minha liberdade] (Douglass), 101-2, 108

Myth of the Negro Past, The [O mito do passado Negro] (Herskovits), 154

NAACP *ver* Associação Nacional para o Progresso de Pessoas de Cor (NAACP)

NACW *ver* Associação Nacional das Mulheres de Cor (NACW)

narrativas da escravidão, 51-3, 97-8; Douglass sobre as, 103-4; movimento antiescravista e, 95; popularidade das, 93; tropo do livro falante nas, 96-7

Narrative of James Williams, The [A narrativa de James Williams] (Williams), 98-101

nascimento de uma nação, O (filme), 22

Natural History of Man [História natural do homem] (Prichard), 107

naturalismo, 165-6, 170

"negritude", 38; descoberta da (em *Autobiografia de um ex-negro*), 179-81; intelectuais negros em conflito com a, 27; inventada durante o Iluminismo, 25-6; traição da, 175-6

Négritude (filosofia), 21

"Negro's Americanism, The" [O americanismo Negro] (Herskovits), 153-4

"Negro Artist and the Racial Mountain, The" [O artista Negro e a montanha racial] (Hughes), 146

"Negro Folk Tales from the South (Alabama, Mississippi, Louisiana)" [Contos folclóricos negros do Sul (Alabama, Mississippi, Louisiana)] (Fauset), 151

"Negro-Art Hokum, The" [A falácia da arte Negra] (Schuyler), 146

"Negros" (termo), 62, 82

negro da Filadélfia, O (Du Bois), 130-1, 182

Negro Family in the United States, The [A família Negra nos Estados Unidos] (Frazier), 154

Negro Folk Rhymes (Wise and Otherwise) [Rimas folclóricas negras (sábias ou não)] (Talley), 150

Negro's and Indians Advocate, The [O defensor dos negros e dos indígenas] (Godwyn), 48

New Haven (Connecticut), 78, 81

New Negro for a New Century, A [Um Novo Negro para um novo século] (Washington), 137

New Negro, The [O Novo Negro] (antologia), 141, 147, 151, 153

"New Negro Literary Movement, The" [Movimento literário do Novo Negro] (Moore), 137

New York Times, The (jornal), 62, 103, 133, 198, 210-1, 231-2n

Newman, Richard, 77

Newport Mercury (jornal), 32

Notes on the State of Virginia (Jefferson), 41, 46, 56, 63

Nova York, cidade de, 138

Novos Negros, 116, 125, 129, 136-7; classe baixa negra em contraste com os, 118; sulistas negros rejeitados pelos, 138-9; Velho Negro em contraste com os, 115; Washington exemplificando os, 115; *ver também* Renascimento do Novo Negro

O'Malley, Lurana Donnels, 35

"o véu", 14-5, 21, 207

Obama, Barack, 194

Observações sobre o sentimento do belo e do sublime (Kant), 39-40

"Of National Characters" [Dos tipos nacionais] (Hume), 38-9

On Double Consciousness [Sobre a dupla consciência] (Binet), 160

"On the Death of Mr. George Whitefield" [À morte do sr. George Whitefield] (Wheatley), 32

Opportunity (revista), 141

Oxford English Dictionary, 15

Park, Robert E., 154-6

Parks, Rosa, 206

Parrott, Russell, 71

Parsons, Elsie Clews, 150

Partido dos Panteras Negras, 193

Passagem do Meio, 13, 31, 69, 148, 153, 197

passing, 176, 178, 181-3, 185, 194-5

Peele, Jordan, 158

Pele negra, máscaras brancas (Fanon), 189

Peola (*Imitação da vida*), 176, 179, 183-4

Pequit, Alice, 68

Phillis (navio negreiro), 31

Pitts, Helen, 102

Plessy versus Ferguson, 110, 191

poemas narrativos, 119-21

Poems on Various Subjects, Religious and Moral [Poemas sobre vários assuntos, religiosos e morais] (Wheatley), 33-4, 37

"política da desrespeitabilidade", 118-9

"política da respeitabilidade", 109, 112-4, 123, 129, 149, 152, 181, 205

"preto" (termo), 64

Prichard, James, 107

"primitivismo", 142

"problema do Negro, O" (Du Bois), 20

Proclamação da Emancipação, 91

Progress of a Race [O progresso de uma raça] (Gibson e Crogman), 113

Projeto 1619 (*The New York Times*), 198

Púchkin, Aleksandr, 135, 143

quiasmo (dispositivo retórico), 104-5

"raça e razão", discurso de, 39, 50-1

"raças", definição de, por Kant, 45

ragtime, 119, 122-3, 181

Ramsés II, 107-8

Randolph, A. Philip, 139

Rebelião de Shays, 66

Rebelião de Stono, 51

Reed, Ishmael, 97, 171, 173-4

regra da única gota, 13, 178

Renascimento do Harlem, 109, 138, 140-3, 168; direitos civis influenciados pelo, 132; Du Bois criticando o, 143-5; James Weldon Johnson reivindica o, 135; *ver também* Renascimento do Novo Negro

Renascimento do Novo Negro, 109, 120, 132, 136, 138, 140-1; *ver também* Renascimento do Harlem

Righteous Discontent [Um justo descontentamento] (Higginbotham), 109

Rittenhouse, J. B., 100

Robbins, Hollis, 38

Rogers, Joel A., 147

Rutherford, Mildred Lewis, 199-203, 205-6

Sambo (arte), 114-5, 136

Schuyler, George, 146

Scott, Walter, 94

"Selected Pictures of Seventy-Nine of Our Baby Friends" [Setenta e nove fotografias selecionadas de nossos amiguinhos bebês] (fotografias), 177-8

separação étnica ou linguística (mito), 155-6

Serra Leoa, 69

Sesay, Chernoh, 66

Seus olhos viam Deus (Hurston), 122, 143-4, 162, 165, 168, 170, 173-4

Shadd, Abraham D., 77

Shakespeare, William, 143

Shaler, Nathaniel S., 20

"Shine e o *Titanic*" (poema narrativo), 119-22

Sinfonia nº 9, *From the New World* [Do Novo Mundo] (Dvořák), 134

Slocum, Kofi (Cuff), 67

Smith, Bessie, 147

Smith, Caroline, 132

Smith, Justin E. H., 217n

"Sociedade Americana de Pessoas de Cor Livres" (convenção), 77

Sociedade Americana para a Reforma Moral (AMRS), 84-5

Sociedade Antiescravista Americana, 98, 100

Sociedade Antiescravista da Nova Inglaterra, 95

Sociedade da Civilização Africana, 91

Sociedade da Colonização Americana (ACS), 66, 69, 71-3, 77

Sociedade da União Africana, 67

Sociedade de Amigos de Serra Leoa, 69

Sociedade Folclórica Americana, 149

Sociedade Folclórica de Hampton, 148-9

Sociedade Literária Africana da Filadélfia, 71

Soliman, Angelo (Angelus Solimanus), 28-30

South Must Have Her Rightful Place in History, The [O Sul deve ter seu lugar legítimo na história] (Rutherford), 202

Southern Horrors [Horrores do Sul] (Wells), 133

Southern Workman, The, 148-9

"Southern Road" [Estrada do Sul] (Brown), 143

Soyinka, Wole, 21, 174, 203, 206-7

spirituals, 17-8, 119, 123, 128, 134-5, 146, 157, 159; *ver também* "canções de pesar"

St. Pierre Ruffin, Josephine, 133

Sterling, Dorothy, 66, 81, 91-2

Steward, Austin, 77

Story of Phillis Wheatley, The (Graham), 35

"Superstitions and Folklore of the South" [Superstições e folclore do Sul] (Chesnutt), 126

Talley, Thomas W., 150
Tappan, Arthur, 78
Tappan, Lewis, 100
Taylor, Anthony, 67
Teaching White Supremacy [Ensinando a supremacia branca] (Yacovone), 201
teoria racial crítica, 198, 204, 208
Terrell, Mary Church, 35
"teste da boneca" (experimento), 21
Thomas, Clarence, 176
Tia Jemima (marca de café), 114, 176
Tio Remus (Harris), 125-8
Toomer, Jean, 123-4, 141, 143, 157, 162, 171, 174
tráfico transatlântico de escravizados, 16, 26, 46
"traição da raça", 182, 194-6
Trent, Hank, 100
tropo do livro falante, 51-3, 96-7
Tucker, C. Delores, 205
Turner, Lana, 176
Turner, Nat, 81

Ulrich, Anton, 49
Uncle Tom's Children [As crianças do pai Tomás] (Wright), 163
Underground Railroad, 55, 70, 98
União Leal das Mulheres, 133
Universidade de Timbuktu, 39, 47

"Value of Race Literature, The" [O valor da literatura racial] (Matthews), 133-4
van Goch, Jacobus, 49

vendidos, 175-6, 181, 183
vernacular negro, 118-20, 123, 145-6, 152-3, 157, 164, 168, 171
Voltaire, 40-1
"Von der verschiedenen Rassen der Menschen" [Sobre as diferentes raças humanas] (Kant), 45

Walker, Alice, 157, 170-1
Walker, Madam C. J., 117
Walker, David, 56-7, 59, 74, 81-2, 89
Walker, Peter, 102-3, 107
Washington, Booker T., 19, 95, 136-7, 186; Atlanta Compromise e, 111-2; "caranguejos em um barril" metáfora de, 19-20, 191, 214*n*; discursa na Exposição Internacional dos Estados Algodoeiros, 58; Du Bois e, 111, 158-9; Novos Negros exemplificados por, 115; sobre a educação, 111
Watkins, William, 76, 87
Watrous, Harry Willson, 177
"We Wear the Mask" [Nós usamos a máscara] (Dunbar), 184
"Weary Blues, The" [O blues cansado] (Hughes), 143
Wells, Ida B., 133
Wenzel von Liechtenstein, 28
Wheatley, John, 31-2, 35
Wheatley, Phillis, 26, 33-5, 37, 51, 63; avaliação de, 36; Hastings encorajando, 33; Jefferson desprezando, 42-3
Wheatley, Susanna, 31-2, 35
Whipper, William, 77, 79, 84-7
Whitney, Eli, 55; descaroçadora de algodão, 55
Whittier, John Greenleaf, 100

245

"Why I Returned" [Por que retornei] (Bontemps), 152

Wichner, Mark, 205

Wigger, Iris, 28-9

Williams, Francis, 39, 50

Williams, James, 98-101, 108

Willis, Deborah, 117

Wilson, Woodrow, 109

Wind in a Box [Vento na caixa] (Hayes), 23

Woodson, Carter G., 74, 204

Woolf, Virginia, 206

Wright, Richard, 162-8, 170-2

X, Malcolm, 62, 193

Yacovone, Donald, 201

ESTA OBRA FOI COMPOSTA PELA SPRESS EM MINION E IMPRESSA EM OFSETE
PELA GRÁFICA BARTIRA SOBRE PAPEL PÓLEN NATURAL DA SUZANO S.A.
PARA EDITORA SCHWARCZ EM JUNHO DE 2024

A marca FSC® é a garantia de que a madeira utilizada na fabricação do papel deste livro provém de florestas que foram gerenciadas de maneira ambientalmente correta, socialmente justa e economicamente viável, além de outras fontes de origem controlada.